U0886952

暨南大学高水平大学建设经费资助丛书

暨南史学丛书

陆海丝路与文化交流

刘永连　著

中国社会科学出版社

图书在版编目（CIP）数据

陆海丝路与文化交流／刘永连著．—北京：中国社会科学出版社，2019.10

ISBN 978－7－5203－4644－3

Ⅰ.①陆… Ⅱ.①刘… Ⅲ.①丝绸之路—文化交流—中外关系—文化史—研究—唐宋时期 Ⅳ.①K203

中国版本图书馆 CIP 数据核字(2019)第 128610 号

出 版 人　赵剑英
责任编辑　刘　芳
责任校对　李　莉
责任印制　李寡寡

出　　版　中国社会科学出版社
社　　址　北京鼓楼西大街甲 158 号
邮　　编　100720
网　　址　http://www.csspw.cn
发 行 部　010－84083685
门 市 部　010－84029450
经　　销　新华书店及其他书店

印　　刷　北京明恒达印务有限公司
装　　订　廊坊市广阳区广增装订厂
版　　次　2019 年 10 月第 1 版
印　　次　2019 年 10 月第 1 次印刷

开　　本　710×1000　1/16
印　　张　18.25
插　　页　2
字　　数　281 千字
定　　价　89.00 元

凡购买中国社会科学出版社图书，如有质量问题请与本社营销中心联系调换
电话：010－84083683
版权所有　侵权必究

前　言

西域和南海两地，曾是中国对外交往和了解世界的主要窗口。直到当代“一带一路”建设，国人和学者们都予以高度的关注。然而，历史内涵之丰富常常超出人们之想象，在西域、南海所蕴蓄的中外交往史迹浩如烟海，学界所留下的研究成果亦汗牛充栋。而且即便如此，这些区域似乎永远云封雾罩，充满神秘，我们对其了解和认识亦无法穷尽，而只是不断增进。

20 年前，笔者负笈西安。作为汉唐十三代王朝的旧都，数千年来这里曾是中原前往西域的主要始发地，还生活着从世界各地聚集而来的众多域外使者、商人、僧侣和艺人等。从此，笔者开始踮足翘望那看似遥远的沙漠、草原地带，想象天山南北极其活跃的边地族群和交往史事。稍后，笔者转而南下，羁旅穗城。这里则是中国出南洋的主要港口城市，两千年里无数国人由此踏上南方海上丝绸之路。缘于专业学习的需要，笔者随之把较多的关注投向那广阔海洋。这些经历对笔者学术研究上的影响颇为深远。从限于中古和北方的隋唐史学习到更多着力近世和南海的中外关系史研究，这一史学领域的转换一度给笔者带来极大困难和窘迫，许多年只是埋头于文献资料而很怕发表言论。然而，笔者也由此感悟到可能与他人不同的一些思想和方法，在此乐于与大家共享。

笔者认为，探究西域和南海各自存在的史事和现象固然重要，然则将其整合起来，放在整个中国对外交往的宏观视野中来探讨其联系更是不可或缺。西域和南海本来就是息息相通的。汉武帝在派遣张骞出使西域的同时，亦命令黄门带船队远航印度半岛，这两大壮举共同构成了汉帝国发展对外关系的计划框架。7—8 世纪海路超越陆路的现象，既与西域道路阻塞和南海交通发展有着直接关系，也是中国对外关系主流从陆路转向海洋的历史体现。即使具体到某些人和事物，我们也可以看到西域和南海一体存在的相互关系。如法显及众多中外行者，往往是遵陆路而去，又从海路而返，陆海之间可以穿插转换。再如丝绸文化，最初从中原四披，在南海与西域同时蔓延，后来在广阔异域发展，又以不同的内容和形式回流到中原，使中外文化逐渐形成一股千年不息的洪流。此外，中外文化事物的双向传播亦多相关，不但一来一往各有内容和特点，而且往往交织在一起，甚至在文化现象和内涵上融为一体，难以分辨，东来的葡萄与西传的桃子同时存在于吐鲁番的出土文献和历史遗迹中就充分说明了这一情况。

基于此，我们看待西域和南海，就不能孤立开来，而应当将其视为中国对外交通的有机组成部分。即使具体到其中一个更小的空间或事物，我们也应当把它放在中外交往的宏观视野下来考量。如岭南地区，由于其北接中原，南临大海，其在中外交往中的地位和作用非常独特。一方面，中华文化先是蔓延至此，继而向海外传播；另一方面，异质文化最初在此登陆，然后向内地深入。可以这样认为，岭南之地是中外交往的前沿，更是双方文化互动的中间地带；无论异质文化由此地揽入，还是中华文化向此地流布，都是中外交往的重要环节。再如，从长江流域特别是江浙地区经赣江、梅关进入珠江三角洲一带的通道，本属中国内地水陆交通，但是历史上中国大量优质丝绸等物产正是由此通道流向海外，学界丝绸之路研究绝少提及此事，然而它何尝不是中外丝绸之路特别是南方丝路的重要组成部分呢？

本书所辑录的论文，是笔者十几年来学研西域和南海史地的主要成果。不过由于出版篇幅的限制，只能选取部分短文勾勒框架。同时，为了尽可能反映笔者所涉猎的大致领域和专题，个别论文虽是应时之作或仓促草成亦拾入备数。如果说其价值，除了以上笔者所论立足整体和联系起来考察西域、南海史地的视角和方法外，笔者介绍了一些学界较少关注的重要事物，如突厥丧葬风俗的流转和汉化、九姓胡远迁东北亚和胡汉文化在中国的分布、“东南丝绸之路”的构成和发展、南洋唐番通婚及与中国内地间的文化交流，还有近代全球化发展趋势下中国海洋意识的发展和海疆管理问题、外来势力从岭南渗入和撤出的历史环节等。

最后，笔者自知个性愚钝而又从业不专，讨论西域、南海问题想必疏离和讹误丛生，浅薄之论也在所难免。故而趁此结集付梓之机，诚挚祈盼学界同人尤其是西域、南海史地专家慷慨赐教，以促使笔者学研之业不断进步。

刘永连

丁酉夏末于暨大南湖

目　　录

唐代中西交通海路超越陆路问题新议

在沟通中西的多条丝绸之路中，海路的作用和地位超越陆路是中外关系史上一个重大的变化。这一变化的发生，学者们多认为是在唐代安史之乱之后，① 或认为是在15世纪地理大发现之后。② 其实，早在唐代初期就有了这一动向，到武则天统治时期海路则明显超越了陆路。笔者试从以下几个方面进行论证。

一　海路交通不断发展

唐代记述中西海路交通的史料相当丰富，其中对武则天时期记载最详的是《大唐西域求法高僧传》。作者义净自咸亨二年（671）到证圣元年（695）游历海外，不但到过南洋许多地方，而且长期寓居室利佛逝（主要位于苏门答腊岛，义净西游后期势力达到爪哇岛、马来半岛及加里曼丹岛西部，为南洋大国），结识了许多往来僧、商。因此，他对武则天时期中、印之间的海上交通了解得非常翔实，反映应较准确。从该书中可见当时中印航海路线已有多条，较重要者有：

（一）义净入天竺道

从广州登船，过南中国海，行近20日到室利佛逝；转经位于马六甲峡口的末罗瑜，入印度洋，至马来半岛西海岸的羯荼国；然后“从羯荼

① 参见章巽《我国航海史的光辉经历》（《章巽文集》，北京海洋出版社1986年版，第1—37页）、卢苇《中外关系史》（兰州大学出版社1996年版第4章第1节）等著述。

② 参见刘迎胜《丝路文化·海上卷·绪论》，浙江人民出版社1995年版。

北行十余日，至裸人国（印度洋岛国，位于马来半岛与印度半岛之间）”，“从兹更半月许，望西北行，遂达耽摩立底国（孟加拉湾港口，位于恒河河口西岸），即东印度之南界也”①。这条海路是西行僧、商惯走路线，并为义净所亲身经历，地点、方向及日程都倍加详细。

（二）明远入天竺道

从交趾（汉朝郡名，唐属交州，在今越南河内一带）下海，“到诃陵国（又称社婆或阇婆，在加里曼丹岛西部海岸）”；之后经室利佛逝向西航行，直到狮子洲（又称狮子国或执狮子国，即今斯里兰卡）；再转北“向南印度”，即入天竺界。② 这条航线也是非常重要的海道，东晋法显从印度返程时就走了近似的路线。在明远前后西游的大乘灯禅师、智行法师、慧琰和尚及明远弟子窥冲，走的都是此道。

（三）义朗入天竺道

从乌雷（唐岭南道陆州治所，在今广西钦州，濒海有乌雷洲）升帆，经扶南（今中南半岛之柬埔寨及越南南部，包括洞里萨湖周围、湄公河下游三角洲一带）到郎迦（即郎迦戌，或译狼牙修、楞加修，在马来半岛东海岸），然后再次“附舶向师（狮）子洲”③。

（四）智弘、无行入天竺道

自合浦（汉朝郡名，唐置廉州，境内有合浦江，在今广西合浦县东北）出海，向南经交趾、匕景，至室利佛逝，再“经十五日到那伽钵亶那国（南天竺港口，在今印度纳伽帕蒂以南）”；从那伽钵亶那国，南行“泛海二日，到师子洲”，向北航行 28 天，到诃利鸡罗国（孟加拉湾港口，位于恒河东岸，与耽摩立底国隔河相望）。④

综合以上史料可知，就出海地点而言，广州之外还有交趾、合

---

① （唐）义净原著，王邦维校注：《大唐西域求法高僧传》，中华书局 1988 年版，第 152—154 页。

② 同上书，第 68 页。

③ 同上书，第 72—74 页。

④ 同上书，第 174—182 页。

浦、乌雷、占婆等地；若看中转港口，或经苏门答腊岛上的室利佛逝，或经加里曼丹岛上的诃陵国，或经马来半岛上的郎迦戍，不一而足；入印度洋后，可由羯荼到南印度的那伽钵亶那国，或者直达狮子国，也可经裸人国直达东印度耽摩立底国，路线也有多条。这样，在中、印之间形成一个畅通便利的海路网络。进一步比较航海日程，汉代西航印度半岛需十个月，而唐代则一个半月就到达了。由此足可见唐代中西海路交通的发达程度。

结合其他史籍，我们还可看出武则天时期中西海上交通超越前代的另一个侧面，即从南中国海到波斯湾乃至红海和非洲东南海岸之间这条万里干线有了实质性发展。对这条海路作出明确记述的史籍，最早是德宗时贾耽所著《皇华四达记》，《新唐书·地理志》加以引录，称为“广州入海夷道”。这条航线在过狮子国后，向西北经没来国（或译故临或俱兰，在今印度奎隆）、拔（飓）国（今印度河口以西、卡拉奇以东地区），转向西行入波斯湾，直达波斯湾头的提罗卢和国（今伊拉克南部阿巴丹港附近）。它是当时西亚航运业最为发达的港口，已经建有引航灯塔之类的航海设施。[①]再由提罗卢和国溯幼发拉底河北行，可通后来黑衣大食的王都缚达城（或译报达，在今巴格达）。如果出波斯湾继续向西南行，则经拔离诃磨难国（在巴林岛上）、没巽国（今阿曼苏哈尔）、萨伊瞿和竭国（今阿曼哈德角），可到红海海口的设国（今也门席赫尔，也有人认为在吉布提港），最远可达非洲东南海岸的三兰国（今坦桑尼亚首都达累斯萨拉姆）。[②]

尽管贾耽记述较迟，但史料证明早在武则天时期乃至以前这条航线就已繁荣起来。早在二三世纪，罗马人就实现了从地中海到南中国海的远航。东汉延熹九年（166），安敦使者自日南叩塞而入；孙吴黄龙五年（226），商人秦论进一步泛海至建业；西晋泰康二年（281），又有罗马商人经广州进献火浣布。到南梁时，东罗马商人“行贾，往往至扶

① （宋）欧阳修、宋祁《新唐书》卷43下描述道：“提罗卢和国，一曰罗和异国，国人于海中立华表，夜则置炬其上，使舶人夜行不迷。”（中华书局1975年版，第1153页）

② 《新唐书》卷43下《地理志下》，第1153—1154页。

南、日南、交阯"①。波斯兴起之后，取代罗马掌握了中西海路霸权。在当时最为重要的中转站锡兰岛，"波斯人充斥于每一个港口"②。6世纪后期陆路被西突厥阻塞，为此波斯更加重视海路的作用。波斯商人"常于西海汎舶入南海③，……直至广州，取绫绢丝绵之类"④。在中国方面，造船技术达到了相当高的水平。如贞观年间（627—649），仅洪州一次就能造出"浮海大航五百艘"⑤。同时，由于中国船只船体巨大、坚固，可以在从南中国海到波斯湾之间畅行无阻，在波斯和阿拉伯货物集散地尸罗夫，"大部分中国船在此装货"⑥。据《大唐西域求法高僧传》载，在武则天擅权（以麟德元年高宗废武失败为标志）后西行求法的约50位僧人中，有39位是沿海路往返的。进一步说，"僧人们求法和布教的路线，其实就是商业贸易的路线"⑦，因为他们主要搭乘民间商船旅行（偶尔也求来往经商的室利佛逝王舶带上一程）。

考察唐前期对外交通状况可知，尽管经过太宗和高宗初期的拓边和经略，陆上丝绸之路达到鼎盛状态，但是其持续时间极短。高宗后期，周边形势风云突变，后突厥暴起复国、吐蕃蚕食西域，绿洲诸族附而旋叛，陆路诸道很快陷入壅塞状态。相反，海路交通则一直平稳发展，地位稳步上升。除了以上反映海路交通发展和繁荣的诸多史实外，还有不少史料值得我们注意。据载，早在贞观中玄奘准备回国的时候，鸠摩罗王一度建议他走海路，并说"师取南海去者，当发使相送"⑧。言外之意，若走陆路，因要经过许多敌国境界，面临不少艰难险阻，使者就难以护送。到义净时代，打算从陆路返程的僧人基本都失败了。玄照法师西行最早，当时已经是"泥波罗道以吐蕃拥塞不通"；无

① （唐）姚思廉：《梁书》卷54《诸夷·海南诸国》，中华书局1973年版，第798页。

② 参见（唐）慧超原著，张毅笺释《往五天竺国传》所引普洛柯比攸土（Procupius）《波斯战纪》首卷文字（中华书局2000年版，第105—106页）。

③ 学术界多认为这里西海即红海或地中海，南海即阿拉伯海。

④ （唐）慧超原著，张毅笺释：《往五天竺国传》，第101页。

⑤ 《新唐书》卷100《闫立德传》，第3941页。

⑥ ［阿拉伯］苏莱曼：《中国印度闻见录》，穆根来等译，中华书局1983年版，第8页。

⑦ （唐）义净原著，王邦维校注：《大唐西域求法高僧传》序言，第12页。

⑧ （唐）慧立著，孙毓棠、谢方点校：《大慈恩寺三藏法师传》卷5，中华书局2000年版，第113页。

行、智弘、道琳三位法师先后尝试从北天竺过中亚诸国这条玄奘走过的主路，结果，无行殒殂于中途，智弘遇贼失踪，法琳闻难而退。其他滞留失所、遭抢丧命的还不知有多少人。由此可见，这一时期所谓陆路的繁荣鼎盛已虚妄不实。相比较之下，海路比绿洲、草原和西南丝路都更为通畅和安全，在中西交往中具有明显的地理优势。

二 人员往来多遵海路

海路交通的发展首先使中外人员在南洋一带的往返明显频繁起来，到武则天时期他们已多走海路。笔者主要从对中外关系影响较大的几个群体作以统计和分析。

（一）使节

下面我们以《册府元龟》外臣部朝贡门为基本史料，通过考察从高祖至武则天时期西域和南海国家（或民族政权）从陆路或海路朝贡的次数①来分析中西海、陆往来的发展变化。

表 1 唐高祖至玄宗时期西域南海使节来华遵行海、陆次数变化

时期	海路		陆路		未详		文献出处
	国家或民族政权	次数	国家或民族政权	次数	国家或民族政权	次数	
高祖时期	林邑	2	西突厥	7			（宋）王钦若：《册府元龟》卷970《朝贡三》，中华书局1960年版，第11396—11397页
	参半	1	吐谷浑	7			
	真腊	2	高昌	4			
			龟兹	1			
			康国	2			
			曹国	1			
	合计	5		22		0	

① 这里限制在陆路和海路沿线区域，“陆路”条指通过陆上丝路往来者，“海路”条指通过海上丝路往来者。

续表

时期	海路		陆路		未详		文献出处
	国家或民族政权	次数	国家或民族政权	次数	国家或民族政权	次数	
太宗时期	林邑	2	西突厥	12			《册府元龟》卷970《朝贡三》，第11397—11401页
	真腊	1	吐谷浑	15			
	盘盘	2	龟兹	2			
	婆利	1	疏勒	3			
	陀洹	1	于阗	6			
	悉立	1	焉耆	3			
	婆罗门	1	竭盘陀	1			
	俱兰	1	吐火罗	3			
	拂菻	1	罽宾	4			
	僧高	1	康国	8			
	武令	1	石国	3			
	迦乍	1	安国	2			
	鸠密	1	何国	1			
	章拔求	1	乌罗浑	1			
	喝罗	1	独和罗（吐火罗？）	2	天竺	1	
			朱俱波	1	波斯	1	
	合计	17		67		2	
高宗时期	林邑	6	吐谷浑	3	大食	3	《册府元龟》卷970《朝贡三》，第11401—11403页
	真腊	2	龟兹	2	波斯	3	
	诃陵	2	于阗	2	泥婆罗	1	
	丹丹	2	吐火罗	5			
	南天竺	3	罽宾	6			
	私弗	1	曹国	3			
	鸠密	1	康国	3			
	陀提	1	石国	2			
	赡国	1	史国	1			

续表

时期	海路		陆路		未详		文献出处
	国家或民族政权	次数	国家或民族政权	次数	国家或民族政权	次数	
高宗时期	婆岸	1	拔汗那	3			《册府元龟》卷970《朝贡三》，第11401—11403页
	多篾	1	富那	1			
	耽罗	1	迦篦叶	1			
	都罗	1					
	失利多福	1					
	于弗	1					
	摩腊	1					
	王濮	1					
	哥罗舍分	1					
	修罗分	1					
	甘毕	1					
	合计	30		32		7	
武则天时期	林邑	8	疏勒	1	大食	1	《册府元龟》卷970《朝贡三》，第11403—11404页
	真腊	1	突骑施	1			
	室利佛逝	1	葱岭	1			
	南天竺	1	勃律	2			
	东天竺	1	罽宾	1			
	西天竺	1	安国	1			
	中天竺	1					
	合计	14		7		1	
玄宗时期	林邑	9	龟兹	3	大食	10	《册府元龟》卷971《朝贡四》，第11405—11414页
	南天竺	4	突骑施	11			
	中天竺	5	于阗	3			
	东天竺	1	焉耆	4			
	西天竺	1	勃律	7			
	北天竺	1	疏勒	2			
	天竺	1	石汗那	1			

续表

时期	海路		陆路		未详		文献出处
	国家或民族政权	次数	国家或民族政权	次数	国家或民族政权	次数	
玄宗时期	真腊	2	吐火罗	14			《册府元龟》卷971《朝贡四》，第11405—11414页
	狮子国	2	罽宾	6			
	佛誓	4	拔汗那	14			
	苏禄	2	康国	13			
	文单	2	石国	12			
	丹洲	1	安国	8			
	喃国	1	米国	7			
	越嘉	1	护密	4			
	陀拔斯单	2	曹国	3			
	佛律	1	葛逻禄	5			
	习阿薛般	1	史国	2			
	舍磨	2	谢旭	5			
	黑衣大食	6	火寻	3			
	波斯	14	俱密	2			
	具立	1	处密	1			
	波斯锦史	2	拔悉密	1			
	俱可兰	1	悒恒	1			
	拂菻	2	苏颉利发屋兰	1			
			苏利悉单	1			
			识匿	3			
	合计	69		137		10	

以上统计反映出两种趋势：一是海路国家和朝贡的绝对量次增长。在高祖朝，仅有林邑等3个国家共5次的朝贡；到玄宗朝，则发展到25个国家达69次的规模。由此可看出前来沟通的南洋国家不但在地域范围上不断扩大，而且它们与中国关系之密切程度也得到加强。二是就中国对外交往全局而言，海路方面比重增加。高祖朝仅占

18%，则天朝则达65%。尽管玄宗朝似有反复，但我们都清楚，玄宗朝陆路勤于朝贡者多是唐羁縻州府制度下的半独立民族政权，与中原王朝关系渊源很深，而且当时急于求取唐廷保护，在玄宗初边疆形势一时见好的情形下它们再度蜂拥朝贡是可以理解的。这属于一种偶然，并没有改变海路取代陆路主要地位的大趋势。同时需要指出的是，玄宗时期吐蕃势盛已久并向祁连山以北等地扩张，回鹘、突骑施等亦崛起且影响中国西北地区，陆路交通断续不定，不少原来通过陆路与中国来往的国家，如波斯、大食诸国从此改行海路，甚至一些内陆国家后来也有绕道海路的记录。[①] 这一史实更加充分地说明了海路在中西交往发展过程中愈加关键的地位和作用。

（二）商贾

在往来人员中，商贾恐怕是最为活跃和最具影响的群体了。他们应该是中西海上交通的主要开创者和经营者，因为商业贸易是沟通两地最强的原动力。在两国交往之初，出使任务往往由商人兼任（也有个别商人为了营利有意冒充使者身份）。即使史书上不乏类似张骞通西域的使节"凿空"之说，然而在此之前已经有不知多少商人往来其间，并为两地的所谓"凿空"提供足够的信息了。此外，大量的蕃汉僧侣乃至使节往往是附乘商舶往来各地的。法显、义净的见闻都证实了这一点。

武则天时期，大量蕃商从海路来华，并在汉地已经颇具影响。"广州地际南海，每岁有昆仑乘舶以珍物与中国交市"。[②] 光宅元年（684），由于广州都督路元叡（睿）勒索蕃商，"昆仑舶酋不胜忿，有昆仑袖剑直登厅事，杀元叡及左右十余而去，无敢近者"[③]。可见当

---

① 玄奘《大唐西域记》记有中天竺国鸠摩罗王有玄奘若从海路回国则愿发使护送之请；张鷟《龙筋凤髓判·波斯昆仑等到拟给食料判》中有"扶南杂种、安西诸国，跨险凭危，梯山航海"之语；柳宗元《柳河东集》卷2《岭南节度使飨军堂记》也提到西域大夏、康居等国来广州贸易。

② （五代）刘煦：《旧唐书》卷89《王方庆传》，中华书局1973年版，第2897页。

③ （宋）司马光：《资治通鉴》卷203光宅元年七月戊午条，中华书局1956年版，第6420页。

时昆仑商人在广州已有相当势力，否则他们不足以对抗官府，更不会在血洗岭南最高地方军政衙门时没人敢靠近半步。在华的波斯商人更是举足轻重。1949 年以来，我国境内出土了数量相当可观的波斯萨珊王朝的银币，其中绝大部分为其末期卑路斯在位时所铸。检核其年月，从龙朔元年（661）到景龙二年（708），正好主要在武则天当政时期。[①] 当时波斯商贾泛海来华后，就近在广州、扬州等中国南部港口城市居住下来。其势力迅速膨胀，在肃宗乾元元年（758）安史之乱冲击中原之际，曾勾结大食等国蕃客趁火打劫，围攻广州城池。广州刺史韦利见抵挡不住，逾城逃难，这伙强盗则“略仓库，焚庐舍，浮海而去”[②]。上元元年（760），唐将田神功因对波斯商人的财富垂涎不过而大掠扬州，当时“商胡波斯被杀者数千人”[③]。

与此同时，泛海西行的中国人也是不少的。杜环流落大食期间，曾耳闻目睹了居住当地的不少中国工匠；[④] 阿拉伯史料更明确记述中国商船常在波斯湾港口装载货物，并在中西海路上享有很高声誉。这些工匠和商人肯定是陆续西行的，武周时期距此不远，恐怕已有相当规模。

（三）僧侣

武则天当政时期，不少梵僧如那提、金刚智和不空等从海路来到中国，以至于梵僧、梵语为唐人所习见。在唐人的小说、笔记中多有相关的故事。其中一则叙述一位妇女在阴间不胜其苦，央求女婢学念佛经超度其魂。女婢昏绝三日，苏醒后回忆说：“见一婆罗门僧从空中下，作梵语教素玉念金刚、法华、药师经各一遍，令去。既活，并不遗忘。”后来“有梵僧所之，云素玉所传如同西国语，与中国异也”[⑤]。张彦远《历代名画记》卷三提到，太平公主的驸马武攸暨

---

① 夏鼐：《中国最近所发现的萨珊王朝银币》，《考古学论文集》，北京科学出版社 1961 年版。

② 《旧唐书》卷 198《西戎传》，第 5313 页。

③ 《旧唐书》卷 124《田神功传》，第 3533 页。

④ （唐）杜环原著，张一纯笺注：《经行记》，中华书局 2000 年版，第 55 页。

⑤ （宋）李昉：《太平广记》卷 115《崔义起妻》条，中华书局 1961 年版，第 799 页。

有玉印一方，上刻“三藐母驮”四字。据考这四字为梵语音译，意为“侯爵”。可见当时即使下层仆隶、使女，也能识梵僧、用梵语；不具语言专业学问的普通人，可能也懂梵语，并以书写梵文为时髦。

与此同时，中国僧人将西游求法的运动推向高潮。义净所记述的39位僧人，南渡沧溟，远足西域，是当时这一群体的典型代表。这些舍身求法的人们，只要一脚跨出国门，就很少可能再回故国。据统计，包括走陆路者在内总共61位西游僧人中，返回国内的寥寥无几。即使像义净那样重踏故土的人，也在国外寓居了20多年。因此，有学者认为这些人应视为南洋历史上最早的华侨。

佛教之外，还有其他教派的僧侣来华。鉴真在广州看到除了有大云寺、开元寺两座佛教寺庙外，“又有婆罗门寺三所，并梵僧居住”①，其规模不下佛教。早自高宗时起，全国各州就有景教寺庙的设置；祆教及摩尼等教当时也有流行。在陆路日益壅塞，海路愈加发达的条件下，这为数众多的蕃僧恐怕多数是从海上过来的。

此外，从海路各国流入中国的贡口和奴隶明显增多。贡口是不同国家之间表示友好的馈赠方式，往往随着交往的频繁而增加。唐是古代中国对外交往的鼎盛时期，南蛮、北狄重译而至，大量贡口被使者们带到汉地。至于奴隶，多由商人在海外买来，或被盗寇抢掠而来。自大足元年（701）起，朝廷连续发布了几道禁止掠卖奴隶的诏书。可见武则天时期外蕃奴隶流入已经颇盛，以致造成了严重的社会问题，迫使统治者不得不着手解决。在外蕃贡口和奴隶中，一般是音乐艺人、歌舞女伎，还有容色仪态秀丽奇艳的少女、相貌形体怪异稀见的人种。其中卷发穿耳的昆仑奴、高鼻深目的僧祇和小巧玲珑的侏儒等是海路贡口的典型群体。如昆仑奴，张籍《昆仑儿》描绘道：“昆仑家住海中洲，蛮客将来汉地游。言语解教秦吉了，波涛初过郁林州。金环欲落曾穿耳，螺髻长卷不裹头。自爱肌肤黑如漆，行时半脱木棉裘。”由此可以明确看出，他们来自海洋岛国，一般戴耳环、卷

① ［日］真人元开原著，汪向荣校注：《唐大和尚东征传》，中华书局2000年版，第73—74页。

头发、黑皮肤，喜欢裸身，明显具有马来亚人种特征。还有史料说，他们善识水性，多被用来潜进深海采摘珍珠；同时他们习性忠诚，“唐时贵家大族多畜之”①。僧祇（或译为层期）黑奴多来自非洲东部海岸的摩邻、殊奈等国，不但史书中常常提到，而且考古多有发现。在广州附近的发掘中，就发现了大量黑奴雕像陶俑。其中唐宋时期出土的黑奴形象，有“深目高鼻”者。在广州市内儿童公园出土的一枚唐代象牙质地的胡人头像印章，其执纽是一女性黑人形象，更明显具有非洲黑人特征。②

三 海路济文化交流日益频繁

海路交通和人员往来的变化，推动了丝路上经济文化交流的发展。武则天时期，在中西海路上的经济文化交流是相当可观的。今择其重点而言之。

（一）商业贸易

中西海路上商业贸易的繁荣由来已久。广州、扬州、安南等地向来是停泊南洋商舶的重要港口，“交广扬益”四大工商业城市享誉海外。尤其是广州，在唐代已经成为最大的国际贸易港口之一。港内常有昆仑舶、狮子舶、波斯舶等大量停泊，以至于“瑰宝山积”③，货额极大。另外，早在隋文帝开皇十四年（594），广州东20公里处溺谷湾建立了南海神庙。④ 到唐代，神庙附近人烟渐稠，形成广州外港，并发展成为扶胥大镇。南海神是出海商人最惯祭祀以保航行平安的神灵，加上庙旁繁荣城镇的形成，可以证明中国海外行商这一队伍日益壮大。

在武则天当政之前和初期，朝廷对广州的外贸管理进行了一系列

① （清）屈大均：《广东新语》卷7《人语》，中华书局1985年版，第234页。

② 广州文化局编：《广州文物保护工作五年》，广州出版社2001年版，第54页。

③ 《旧唐书》卷98《卢怀慎传》，第3070页。

④ 参见（唐）魏征《隋书》卷7《永仪志二》，中华书局1973年版，第140页。

改革。显庆六年（661）高宗在《定夷舶市物例敕》中指令道："南中有诸国舶，宜令所司，每年四月以前预支应须市物，委本道长史，舶到十日内，依数交付价值，市了任百姓市易，其官市物送少府监简择进内。"① 可见基本的市舶条例已经确定。② 光宅元年（684），武则天委任王方庆都督广州，大刀阔斧革除了积弊。当初，"南海（此指广州）有蕃舶之利，珍货辐辏，旧帅作法兴利以致富，凡为（官）南海者靡不拥载而归"③。路元叡就是由于勒索群胡而被昆仑商人杀死的。王方庆到任后，"乃集止府僚，绝其交往，首领纵暴者悉绳之"，对商人"秋毫不犯"，使岭南"境内清肃"④。

不少史料从各个侧面反映了武则天时期商业贸易的盛况。《广异记》是一部较多叙述则天朝故事的笔记小说，《太平广记》多有抄录，其中最有代表性的是卷402"青泥珠""径寸珠""宝珠"和卷441"阆州莫徭"等几则。这些篇章形象描述了当时波斯等国商胡很高的经商水平。他们几乎走遍海内各地，而且睿眼识货，精于商机，往往骤致巨富。因此，"富波斯，裸林邑"成为唐朝社会妇孺皆知的流行俗语。两《唐书》和《资治通鉴》以及《太平广记》都记述了武则天建造明堂和天枢的事情。其中"大周万国述德天枢"高达90尺（《通鉴》说高有105尺，直径12尺），天枢脚下浇铸铁山，树立铜麒麟，无比壮观，而其铜、铁材料就是"并蕃客胡商聚钱百万亿所成"⑤。正是有了武则天时期良好的治理和发展基础，几十年后鉴真和尚在广州才能见到外国商舶"不知其数"，"香药宝货积载如山"的盛况，⑥ 广州才能有"金山珠海，天子南库"⑦ 的突出地位，玄宗也才合乎情理地晋封南海神灵为招财富国的"广利王"。

---

① （清）陆心源：《唐文拾遗》卷1，上海古籍出版社1990年版，第4页。

② 刘迎胜在《丝路文化·海上卷》（浙江人民出版社1995版）提出在高宗显庆六年或稍前市舶使开始设立，但更多学者认为市舶使是在玄宗开元初设立的，目前两种意见都缺乏充分证据。

③ 《旧唐书》卷177《卢钧传》，第4591页。

④ 《旧唐书》卷89《王方庆传》，第2897页。

⑤ 《太平广记》卷236《则天后》条，中华书局1961年版，第1815页。

⑥ ［日］真人元开原著，汪向荣校注：《唐大和尚东征传》，第74页。

⑦ （清）屈大均：《广东新语》卷15《货语》，第433页。

（二）宗教文化

武则天时期的唐是中国佛教长足发展的时代。后来成为中国佛教主流的禅宗基本成熟，并传布于天南海北；其他如律宗之类也有不小的发展。这些与求法热潮中许多印度佛教文化的传入不无关系。

据史料记述，律宗代表义净行满回国，带来“梵本经、律、论近四百部，合五十万颂，金刚座真容一铺，舍利三百粒”，结果大得女皇帝青睐，到达神都洛阳时，武则天“亲迎于东门外”[①]。之后，义净在皇帝支持下设立道场，组织了包括于阗人实叉难陀、南天竺人菩提流姿和汉僧复礼、法藏在内的中外僧侣共同译经，“前后所翻经一百七部，都四百二十八卷”[②]，这些佛教经典以律为主，占总数的四分之三，对中国佛教界整饬戒律、发展佛学起了重大作用。还有些僧人在自身难以回国的情况下，也委托别人把翻译好的经书送到国内。例如高僧会宁，他在诃陵翻译了《阿笈摩》等经，“遂令小僧运期奉表赍经，还至交府，驰驿京兆，奏上阙庭，冀使未闻流布东夏”[③]。

当时也有西土高僧携经来华传布，对中国佛教发展影响巨大。长安（701—704）末年，有天竺僧人般剌密谛三藏持《楞严经》梵本“浮南海而至”，掌知南铨的房融将他安置在广州光孝寺，并与其合作译经，完成后进献朝廷。奏闻皇帝之前房融遭贬，结果经书被压在内道场。后来著名禅宗北宗领袖神会偶然发现，加以传布，“由是《楞严经》大显于世。融所笔授者，为佛学之宗”[④]。

武则天时期，西土宗教对唐朝社会的影响至深，从生活方式到思想文化，都有明显痕迹。例如，武则天所建万国天枢，据某些学

① （唐）智升：《开元释教录》卷9，大正新修大藏经本。

② （唐）智升：《贞元新定释教目录》卷13，大正新修大藏经本。

③ （唐）义净原著，王邦维校注：《大唐西域求法高僧传》，第177页。

④ （明）黄佐：《广东通志》卷52。

者考证，是受古印度阿育王石柱等纪念性建筑文化因素的影响。[①] 而龙门石窟中的阿育王造像，则与武则天推行转轮王政教实践有着密切的关联。[②]

在僧侣往来和宗教传播过程的同时，不少中国传统文化也传到国外。在义净《求法高僧传》所讲到的学问僧中，大多数不但精通佛教经典，而且研究中国传统文化。他们在海外学习佛教经典的同时，也把中国文化弘扬出去。据载，在印度大觉寺留下唐代汉文碑刻甚多，与义净同时代的道希法师就曾“在大觉寺造唐碑一首”[③]。同时不少汉文经典流传海外。如在印度那烂陀寺，保留着道希法师“所将唐国新旧经论四百余卷”[④]，后来大乘灯禅师亲见其“汉本犹存”；义净在寻检该寺佛经时，还发现了慧业法师译写的汉文本《梁论》等经。在室利佛逝国，有智岸法师“所将汉本《瑜加》及余经论”[⑤]，大津法师从汉地所“赍经像”也留于此地。

（三）天文历法和音乐艺术

唐代历法多采自印度。在其司天台里，有不少印度僧侣任职，如迦叶孝威、俱摩罗、瞿坛谦、瞿坛宴、瞿坛罗、瞿坛悉达等。他们精通天文历法，把印度迦叶、摩罗、瞿坛三派历法都传入中国。其中影响最大的瞿坛派，由瞿坛罗在武则天时期创制了“光宅历”[⑥]。

音乐艺术方面，更是博采了外来文化。不但在民间流行着五花八门的“胡乐”，而且朝廷大典中所用的仪仗乐舞也有许多外蕃文化的踪影。例如，《五方狮子舞》出自天竺、狮子国，杜佑认为是高宗时传入中国，加工改编为《太平乐》，[⑦] 武则天时期已流行使用。至于

---

① 张乃翥：《武周万国天枢与西域文明》，《洛阳大学学报》（社会科学版）1995 年第 1 期。

② 张成渝等：《略论龙门石窟中新发现的阿育王造像》，《敦煌研究》2001 年第 4 期。

③ （唐）义净原著，王邦维校注：《大唐西域求法高僧传》，第 36 页。

④ 同上书，第 23 页。

⑤ 同上书，第 96 页。

⑥ 参见《旧唐书》卷 32《历志一》，第 1153 页。

⑦ 参见（唐）杜佑著，王文锦、王永兴等点校：《通典》卷 146《乐六》，中华书局 1988 年版，第 3720 页。

融为一体的散乐和幻戏，从前代早有传入，尽管唐高宗等统治者一再宣布禁断，民间仍然非常流行。

（四）异域方物

有唐一代，流入中国的方物相当丰富。美国学者谢弗将其分成十六大类：家畜、野兽、飞禽、羽革、植物、木材、食物、香料、药物、纺织品、颜料、矿石、珠宝、金属制品、世俗器物、宗教器物和书籍等。① 查阅武则天时期进贡事例，可以得知异域方物中尤以林邑象类最为突出。仅就《册府元龟》所提供资料统计，自垂拱二年至长安二年（686—702）林邑先后七次朝贡，其中大象最多，包括表演歌舞的驯象、冲锋军阵的战象，可能还有野生象。贡入朝廷后，主要用于娱乐活动及大典仪式，优美的象舞时有演出。神龙元年（705）八月丁丑日，武则天还在病中，中宗就曾“幸洛城南门，观斗象”②。这种斗象活动是模仿战斗场面编排的节目，肯定在武则天时期业已流行。同时，真腊、占婆、波斯等国也进贡了不少大象。马匹是朝贡方物中又一重要类别。名马引进有利于改良我国马种，向为中原王朝所注重。唐代马贡极盛，则天朝以大食等国为最著。此外还有其他方物从海路充斥进来，如水精、火珠、象牙、羽裙火浣等奇珍宝货，胡椒、沉香、檀木家具、金银器皿等奢侈用品，导致唐廷官宦豪奢奇侈，像宗楚客建造宅院“皆是文陌为梁，沉香和红粉以泥壁”，张易之母亲“铺象牙床，织犀牛角簟”，都是寻常的例子。③

总结以上史实和论证，我们足以说明这么一个问题：早在武则天时期而非安史之乱以后，逐步发达的海路交通就开始超越陆路而成为中西交往的主要渠道，日益活跃的海洋文化开始在中国迅猛涌现并拥有举足轻重的地位。从武则天时期开始，中国与南海诸国的联系得到空前加强，海洋国家成为中外交往中的一个重要部分。不但政治交往

---

① 参见［美］谢弗《唐代的外来文明》（吴玉贵译，中国社会科学出版社 1995 年版）各章节。

② 《新唐书》卷 4《中宗本纪》，第 107 页。

③ 参见（宋）李昉《太平广记》卷 236《宗楚客》条，第 1816 页。

密切起来，其经济、文化诸方面的大量新鲜事物也开始以超乎前代的规模流入中国，影响了中国的经济和文化。这一巨大变化，构成了武则天时期中外关系的一个重要特点。

原载《陕西师范大学学报》（哲学社会科学版）2013 年第 1 期，原名为《唐代中西交通海路超越陆路问题新论》。

从"西域"到"东海"
——以九姓胡东迁为例看两大区域的联系

这里所谓"东海"，指包括中国东部沿海和朝鲜半岛、日本群岛、琉球群岛等在内的东亚海域。[①] 它与"西域"遥遥相对，看似彼此独立的历史世界，然而至迟至中古时期，二者就有了相当频繁的往来。不过就学术研究而言，西域史学界很少关注到这种联系。[②] 具体到九姓胡东迁问题上，流入中国北部草原和中原内地的九姓胡得以比较充分的研究，但很少有人放眼到"东海"地区，对九姓胡向朝鲜半岛等地的迁徙更是缺乏认知。从九姓胡迁徙活动论起，我们可以看到"东海"与"西域"这两大区域之间远非阻绝，而是充满着千丝万缕而且持续不断的历史联系。

---

① "东海"这一概念由葛兆光先生在几年前提出，他认为学界对"西域"史研究由来已久，而对"东海"地区关注不够；两大区域不同，研究方法各异，"东海"的区域特点促使人们采取不同的视角来看待这一"新历史世界"（参见葛兆光《从"西域"到"东海"——一个新历史世界的形成、方法及问题》，《文史哲》2010 年第 1 期）。

② 近年有学者开始从交通和贸易等层面注意两大区域的联系，如中俄学者对"黑貂之路"的讨论，主要辨析草原商道与中原交通在沟通"西域"与"东海"上的主次地位（参见［俄］E. V. 夏富库诺夫《东北亚民族历史上的粟特人与黑貂之路》，《东亚的古代文化》，大和书房 1998 年版，第 96 号，第 138—151 页；王小甫《"黑貂之路"质疑——古代东北亚与世界文化联系之我见》，《历史研究》2001 年第 3 期；等等）。中国学者对"丝绸之路东线"的探讨也涉及与"西域"的某些联系（参见孙泓《丝绸之路向东延伸的新资料——从东北地区出土的考古资料看西域文化的传播》，《丝绸之路与文明的对话》，新疆人民出版社 2007 年版，第 315—357 页等）。

一 九姓胡在“东海”地区的活动遗迹

大量文献和考古资料证明，九姓胡几乎涉足“东海”域内各个地区。

在中国沿海一带，南部江淮等地有六胡州移民的足迹，黄河下游以北河朔三镇则曾是严重胡化的地区。不过，东北一些地区更加值得关注。

在辽西走廊上的营州即今朝阳地区，王小甫先生指出最迟 4 世纪上半叶已经有了九姓胡聚落，这与石赵政权的兴衰有关。[①] 至唐初“营州人石世则执总管晋文衍，举州叛，奉靺鞨突地稽为主”[②]，可见 7 世纪初九姓胡在该地占据了举足轻重的地位。万岁登封元年(696)，由于契丹占据营州，东北形势吃紧，武则天“大发河东道及六胡州、绥、延、丹、隰等州稽胡精兵，悉赴营州”[③]。与此相近时期，应该还有九姓胡人从东突厥境内流散、迁徙而来，如安禄山等即属此类。[④] 该地区九姓胡人深受游牧民族影响，擅长骑射，彪悍好战。高适有诗云：“营州少年厌原野，狐裘蒙茸猎城下。虏酒千钟不醉人，胡儿十岁能骑马。”[⑤] 堪称其民风写照。安史乱后，九姓胡势力在安禄山旧将卵翼下继续发展，导致 8—9 世纪河北藩镇形成了胡气极重的文化局面。求证于考古发掘，可知在以朝阳为中心的辽西地区出土了大量具有粟特文化色彩的文物，包括胡人陶俑、狮子雕刻和西域玻璃器、金银器等，这无疑多是九姓胡人的文化遗迹。其中具有明显九姓胡相貌特征的陶俑及与九姓胡生活密切相关的器物和雕刻内容等，尤

---

① 参见王小甫《“黑貂之路”质疑——古代东北亚与世界文化联系之我见》，《历史研究》2001 年第 3 期。

② 《资治通鉴》卷 189 武德四年六月庚子条，第 5920 页。

③ （唐）陈子昂：《上军国机要事八条》，《全唐文》卷 211，上海古籍出版社 1995 年版，第 3212 页。

④ 参见两《唐书》安禄山本传及《安禄山事迹》等。

⑤ （唐）高适：《营州歌》，《全唐文》卷 214，第 1685 页。

其可以印证九姓胡大量且长期聚居该地区的情况。①

在辽河以东地区，至迟4世纪末5世纪初有了较大的九姓胡群体。据《魏书》记载，当时有辽东胡人安同，被北魏皇帝任命为征东大将军，学界认为属九姓胡，由此可以推测九姓胡在辽东很可能已有一定势力。② 稍晚高句丽境内也有九姓胡迁入，因为在不少高句丽文化遗址中发现了如护法狮子等动物雕刻；吹胡角、打腰鼓及受胡腾舞影响改进舞步动作的双人舞等乐舞形式；陶俑、壁画等各种形式的胡人形象等。其中尤其引人注目的是在集安长川一号墓（学者界定于5世纪至6世纪中叶之间），该墓前室北壁壁画里绘有偌大一个九姓胡群体，包括男女老幼，有礼拜七宝树者、有娱乐游戏者、有接待往来宾客者、有服侍贵族起居者；姿势情态上则有坐地者、奔跑者、惊愕者、顾盼者等，皆高鼻深目，男多髭须，部分尚剪发胡服，部分则是土著打扮，可见不少九姓胡人已经成为辽东居民。③ 到渤海国时期，九姓胡进一步发展。据日本史料可知，出使日本的渤海国人有不少出身于九姓胡，如安宝贵、史都蒙、史道仙、安欢喜等。④ 就考古资料看，渤海国境内出土了不少中亚原产或仿其风格的器物，如上京龙泉府（治在今黑龙江省宁安县）出土的盛舍利子玻璃瓶、东京龙原府（治在今吉林省珲春市）出土的银盘（发现于今俄罗斯滨海边疆区哈桑一带）、安边府（今俄罗斯滨海边疆区阿尔瑟尼耶夫市一带）出土

---

① 参见辽宁省朝阳地区博物馆《辽宁朝阳姑营子辽耿氏墓发掘报告》（《考古学辑刊（4）》，文物出版社1983年版）、安家瑶《中国的早期玻璃器皿》（《考古学报》1984年第4期）、辽宁省文物考古研究所《辽宁朝阳市黄河路唐墓的清理》（《考古》2001年第8期）、金殿士《辽宁朝阳西大营子唐墓》（《文物》1959年第5期）等文。

② 安同其人在《魏书》卷35有传。张庆捷认为安同虽自叙出自安息王族，但是实际应是九姓胡人冒称而已（参见张庆捷《北朝入华外商及其贸易活动》，《4—6世纪的北中国与欧亚大陆》，科学出版社2006年版，第12—36页）。

③ 参见孙泓《从东北亚地区发现的壁画等考古资料看古代西域文化的传播》，《东北史地》2009年第1期。

④ 参见［日］藤原继绳《续日本纪》卷22淳仁天皇天平宝字四年（760）年春正月己巳条，卷34光仁天皇宝龟七年（776）十二月乙巳，八年春正月癸酉、二月壬寅、四月庚寅至五月癸酉等条；［日］佚名编撰《日本纪略》前篇十二，宝龟八年二月壬寅等条；［日］藤原基经《文德天皇实录》卷1文德天皇嘉祥三年（850）五月壬午条；［日］藤原良彦《续日本后纪》卷10仁明天皇承和九年（842）夏四月己巳条。

的安国银币仿制品等。[①] 有学者指出，8—10 世纪九姓胡至少在今俄罗斯滨海边疆区的阿努钦斯克等地区形成了固定的移居点，甚至还在松花江下游建立五国城与北方蛮族进行贸易。[②] 可见，在渤海国九姓胡非常活跃。

朝鲜半岛曾是九姓胡迁居和活动的重要地区。尽管由于文献上记载不多，学界对此至今缺乏关注，但是考古资料反映出极其明显的九姓胡史迹。在平安道安岳三号墓的壁画里，多处出现九姓胡人形象及其文化成分，而后室东壁乐舞图尤其醒目：一人起舞，三人奏乐，其中舞者“鼻子很明显又高又长……裤管上的直线与他的头饰表明他身着的是胡装”[③]。据研究，墓主冬寿即前燕辽东大将慕容仁部下佟寿，336 年因内争失败而率部逃到朝鲜半岛，曾被东晋封为“使持节都督诸军事、平东将军、护抚夷校尉”等官，357 年客死该地。[④] 壁画反映冬寿身边应有一些胡人，可见 4 世纪已有九姓胡踏上朝鲜半岛了。

大量出土文物反映，5—7 世纪九姓胡文化在朝鲜半岛的痕迹更加明确和突出。就各种器物而言，玻璃器中罗马式、萨珊式、伊斯兰式等不同风格陆续出现，但“从制作工艺以及器型来看，此类玻璃器均是来自中亚地区”[⑤]，且其传播路线“与粟特人的活动踪迹是一致的”[⑥]。金银器包括现罗马式、萨珊式和粟特式，以粟特式器物最多，中亚色彩最为浓厚，至隋唐时期即 6 世纪以后流行中国并传播到朝鲜

---

① 参见宁安县文物管理所《黑龙江宁安县出土的舍利函》(孙进已主编《中国考古集成·两晋至隋唐》(三)，北京出版社 1997 年版，第 662—666 页)、[俄] E. V. 夏富库诸夫《东北亚民族历史上的粟特人与黑貂之路》(第 139、148 页)。

② 参见 [俄] Э. В. 沙弗库诺夫《索格狄亚那人的貂皮之路》，杨振福译，《北方文物》2003 年第 1 期。

③ [韩] 李惠求：《朝鲜安岳三号坟壁画中的奏乐图》引《安岳三号坟发掘报告》，宫宏宇译，《黄钟》2005 年第 1 期。

④ 参见 [朝] 金瑢俊《关于安岳三号壁画坟的墓主及其年代》(雪华译，《美术研究》1958 年第 4 期)、洪晴玉《关于冬寿墓的发现和研究》(《考古》1959 年第 1 期)、孙进已《公元 3—7 世纪集安和平壤地区壁画墓的族属和分期》(《北方文物》2004 年第 2 期) 等文。

⑤ 孙泓：《从考古资料看西域文化在新罗的传播》，《朝鲜·韩国历史研究》第 10 辑，第 70 页。

⑥ 王义康：《正仓院藏西方风格玻璃器研究》，《中国历史文物》2007 年第 6 期。

半岛，其中亦当不少由九姓胡携带而至。表现九姓胡形象者开始出现于陶俑、雕刻等实物。① 1991 年出土于扶苏山城（在今忠清南道扶余郡扶余邑双北里）东门附近的一件佛像背光（图 1）尤其值得我们注意。其装饰结构采取联珠纹样式，背面镏金板下边刻有“何多宜藏法师”铭文，显然是九姓胡僧侣留下的遗物。考其时代，应该在百济建都毗泗城时期，亦即 538—668 年。

图 1　百济扶苏山城出土的佛像背光

（摘自韩国国立文化财研究所编《韩国考古新发现》，科学出版社 2011 年版，第 30 页）

就种族成分而言，壁画中九姓胡人的形象陆续出现，如在朝鲜境内高丽后期的墓葬壁画中出现了九姓胡人参与摔跤和掌力赛的场面（如图 2、图 3 所示）。

与此同时，九姓胡文化从乐器到乐舞以及百戏等娱乐艺术更多渗入半岛社会。三国时期高句丽、百济和新罗都引进了由九姓胡东传的西域乐器，如竖箜篌、琵琶、筚篥、腰鼓、五弦等；高句丽后期双人舞受到胡腾舞的影响，柘枝舞在半岛演化成连花台舞。②

① 参见孙泓《从考古数据看西域文化在新罗的传播》，《朝鲜 · 韩国历史研究》第 10 辑，第 65—78 页。

② 参见孙泓《5—14 世纪西域音乐舞蹈在朝鲜半岛的传播和影响》，《朝鲜 · 韩国历史研究》第 11 辑，第 30—44 页。

图2、3　朝鲜平安道摔跤古坟、安岳三号坟等墓葬壁画中的胡人摔跤图和掌力赛图

（摘自朝鲜民主主义人民共和国文物保存指导局画册编辑室编《高句丽壁画》，朝鲜中央历史博物馆1979年版，第19、12页）

就文献资料而言，朝鲜半岛罕见对九姓胡种族性质的直接表述。然而依据《三国史记》《高丽史》等史料，可以判断这里确实存在九姓胡群体。它以康、安二姓为主体，在姓氏来源上可以排除属于东亚诸民族的可能；文化上具有诸姓聚居、同族共事、相互通婚、译语人多、极擅斡旋等九姓胡特征；而以军职人员为主体、风俗尚武好战、兼具中国北方胡俗色彩及族属认同的转化等特征与营州杂种胡尤相一致。此外，其迁徙分布和发展进程与营州杂胡具有明显的继承关系。这一群体在10世纪开始兴起，具备一定规模和势力，其中新罗末王和高丽太祖的王后、高丽征讨后百济大军中的左右纲大将等出自信州康氏。这在拙文《朝鲜半岛康安诸姓群体初探》（《文史》2013年第2期）已有详论，此不赘言。不过值得进一步提出的是，诸姓籍贯特别是康氏之信州与九姓胡较早出现的安岳毗邻，同在半岛北部极近地区，这应该有着历史继承关系，而不是偶然所致。

在日本群岛等地也出现了九姓胡行迹。有学者指出，"据不久以前在日本发现的中世纪数据表明，远在渤海国建立之前，即公元654年、657年、659年、660年及676年，曾有几批拜火教的信徒由托哈里斯坦（托哈里斯坦系古地名，指当今乌兹别克和塔吉克境内的阿姆河流域——译注）逃入日本。这些拜火教的信徒不愿意信奉侵入伊朗和中亚的阿拉伯占领者强制人们信奉的伊斯兰教”①。据《东国舆地胜览》记述，忠清道槐山郡有日本安氏移民，很可能是九姓胡从日本向朝鲜半岛的回流迁徙。② 与此相应，在日本境内也发现了不少具有粟特文化特征和由九姓胡人制造的器物，包括玻璃器和金银器等诸多种类。③

二　九姓胡在“东海”迁徙活动的时空线索

九姓胡在“东海”的迁徙时空广阔而复杂，不过以下几个环节可以勾勒出其主要线索。

（一）从营州向朝鲜半岛的迁徙路线

这首先体现在九姓胡相关遗物的传播上。比照它们在东亚各个区域的形制特点，可见朝鲜半岛与我国东北及内蒙古等地区关系密切，存在非常清晰的传播趋向。以玻璃器物为例，其中呈现罗马风格者，韩国庆州瑞凤冢出土的玻璃碗与河北景县封魔奴墓出土者最为一致，玻璃杯则与辽宁朝阳北票墓出土者较为相似；作为伊斯兰风格主要器型的玻璃瓶，韩国庆州晃南洞98号墓出土者与内蒙古敖汉旗李家营子和辽宁朝阳北塔出土者都很相似，明显有前后相承的关系。④ 同样，与粟特人的活动踪迹相一致的萨珊型环纹玻璃器，“在中国北部境内流传的线路呈现由西向东的趋势”，6世纪起流行于中国，7世纪传播到朝鲜和日本。其他文化遗物之传播大概一致，如韩国庆州隍城洞出土的7世纪的男子像等，均与中国东北出土的胡人像非常相似。⑤

其次考察朝鲜半康安诸姓群体，非但其文化特征与营州杂种胡最

---

① ［俄］Э. В. 沙弗库诺夫：《索格狄亚那人的貂皮之路》，杨振福译，《北方文物》2003年第1期。

② ［朝］卢思慎编纂，李荇增补：《新增东国舆地胜览》卷55，奎章阁藏影印嘉靖刊本，第1006页。

③ 参见王义康《正仓院藏西方风格玻璃器研究》，《中国历史文物》2007年第6期。

④ 参见孙泓《从考古数据看西域文化在新罗的传播》（《朝鲜·韩国历史研究》第10辑，第65—78页）及王义康《正仓院藏西方风格玻璃器研究》（《中国历史文物》2007年第6期）等文。

⑤ 王义康：《正仓院藏西方风格玻璃器研究》，《中国历史文物》2007年第6期。

为相近，而且其分布区域亦显示出与我国东北的密切关系。据《东国舆地胜览》等朝鲜典籍记载，康安诸姓首先以半岛西北部包括黄海道和平安道在内的地区为主要分布区域。这与九姓胡流入半岛的渠道和态势是相对应的。九姓胡从营州向朝鲜半岛迁徙蔓延，最初应当就近在半岛西北部落籍定居。《新唐书》所记营州入安东都护府道，是经过鸭绿江下游而达安东都护府治所平壤城。如果对照康安诸姓在平安、黄海两道的分布情况，则可见其西部地区明显比东部密集，尤其集中在自义州经定州、安州、甑山等至平壤、开京的交通路线附近。两种资料如此吻合，很能说明九姓胡自营州而来的迁徙态势。

（二）7—8 世纪向营州一带的会聚

营州是九姓胡介入“东海”地区的第一个大站。该地扼中原入东北之咽喉，向西则连接草原商路，地理位置非常重要。尽管九姓胡起源甚早，但其规模和势力的发展在 7 世纪下半叶至 8 世纪上半叶尤为突出。就其原因，一方面由于 7 世纪中叶中亚诸国遭受大食势力冲击，迫使大量九姓胡人向东逃亡。正如前引资料所提及，有些九姓胡人甚至逃到遥远的日本，流入营州者肯定更多。另一方面为对付崛起的契丹势力，武则天和唐玄宗都曾大规模征发六胡州和河东道的精锐胡兵迁居该地；同时以安禄山为代表，后突厥汗国内部的九姓胡亦有不少流入。由此，使得九姓胡势力在此膨胀起来。荣新江先生指出，正是这一时期九姓胡已在柳城聚落基础上发展为庞大的幽州军事集团，成为安禄山、史思明发动叛乱的支柱。[①] 唐中期以后，河北藩镇之所以形成胡气极重的局面，其背景就是东北一隅聚集了大量九姓胡人。[②]

（三）安史之乱后从营州向朝鲜半岛的迁徙

九姓胡从营州向朝鲜半岛的迁徙总体上是在长时期内断续进行

① 参见荣新江《安禄山的种族与宗教信仰》，《中古中国与外来文明》，生活·读书·新知三联书店 2001 年版，第 222—237 页。

② 参见陈寅恪《唐代政治史述论稿》，上海古籍出版社 1997 年版，第 25—47 页；荣新江《安史之乱后粟特人的动向》，《暨南史学》第 2 辑，暨南大学出版社 2003 年版，第 102—123 页。

的，不过入唐以来特别是安史之乱平定后尤为关键和重要。究其原因，主要是如前所述大量九姓胡因亡国而向东逃亡导致营州杂胡势力膨胀起来，而安史之乱被平定则迫使叛军中的九姓胡人向东逃亡；同时辽西地区与朝鲜半岛之间的交通也发展起来，形成一条非常便捷的交通路线：自营州出发，向东经辽东城即今辽阳，转而东南过鸭绿江下游，可直达安东都护府治所平壤城。据《新唐书》对其走向、里程的记述来看，该通道已颇成熟。①

对应考察朝鲜半岛九姓胡发展状况，在最初密集分布在半岛西北部之时，他们以康、安二姓为主体部分，以行伍从军为主要职业，显然与安禄山赖以发动叛乱的军事集团有着内在联系。料想安史乱平之后，当有其余部不甘承受惩罚和归附朝廷，向东逃窜而入朝鲜半岛。关于安史旧部的踪迹学界多关注河朔三镇，不过目前亦有学者注意到部分残余东窜的迹象。如俄罗斯学者沙弗库诺夫指出，渤海国曾与安史乱军曾建立起友好关系，并在安史之乱被平后成了许多叛乱分子可靠的藏身之处。② 由此看，作为安史死党和叛军中坚力量的九姓胡人亦极有可能向朝鲜半岛逃窜和迁徙。再就是九姓胡在新罗末高句丽初（10 世纪初）较多出现上层人物，且不乏与王族的通婚；③ 而康、曹

① 参见《新唐书》卷 43 下《地理志七下》，中华书局 1975 年版，第 1146—1147 页。近年，有学者“亦将朝阳、辽阳等地点划为中原丝绸之路东向延伸的经行地点”（孙泓：《横贯东西、连接欧亚的草原商路——以 4—15 世纪为中心》，《“草原丝绸之路”学术研讨会论文集》，甘肃人民出版社 2010 年版，第 85 页）。

② 参见［俄］Э. В. 沙弗库诺夫《索格狄亚那人的貂皮之路》，杨振福译，《北方文物》2003 年第 1 期。

③ 新罗末代国王金弓裔有夫人康氏，“以王多行非法，正色谏之”，结果在贞明元年（915）遭到残害（［高丽］金富轼纂，孙文范校：《三国史记》卷 50《弓裔传》，第 555 页）；朝臣有知基州诸军事康瑄以王建副将经略罗州，有左纲大将康英柔、右纲大将康忠负责讨伐后百济（参见《高丽史》卷 1 后梁乾化四年条，《四库全书存目丛书》第 159 册，齐鲁书社 1997 年影印云南大学藏本，第 19 页；（清）刘喜海编著：《海东金石苑》卷 3《高丽国弥智山菩提寺教谥大镜大师玄机之塔碑铭并序》，第 2 册，文物出版社 1982 年版，第 14 页）。高丽初期，还有由广评郎中升为内奉监的开国功臣康允珩（参见《高丽史》卷 1 太祖元年六月条，《四库全书存目丛书》第 159 册，第 50 页）、笃信佛教的大匡康公某（参见《韩国金石文》第 152《开丰五龙寺法镜大师普照慧光塔碑》，亚细亚文化社 1984 年版，第 333 页）等。

等姓谱系亦可上溯到新罗时期，料其移民历史必非短暂。以此推论，九姓胡在8—9世纪必有一段在朝鲜半岛大量移民和势力壮大的历程。

如以考古资料来印证，最突出之处就是许多西方新器物和装饰纹样在7世纪末8世纪初大量充斥中国，此后进而涌入朝鲜半岛。例如，在金银器中种类最为丰富的粟特式器物就出现在相应时期。更为重要的是，最能体现九姓胡群体存在的胡人陶俑、雕刻等，半岛所出土也以这一时期为主，故而有学者据此确论“新罗时期已经有西域人来到朝鲜半岛”①。

（四）因渤海国兴衰而形成的迁徙洪流

渤海国虽然地居东北偏东一隅，但是由于其立国和崩溃都曾导致九姓胡群体流动，故而亦是九姓胡向朝鲜半岛迁徙的重要环节。目前，已有学者观察到营州杂胡向渤海国移民的史迹。作为必争要地，营州聚集了突厥、契丹、奚、靺鞨及汉人势力。万岁通天元年（696），契丹酋长李尽忠、孙万荣杀掉都督赵文翙叛据营州。迫于其威胁，粟末靺鞨首领舍利乞乞仲象、乞四比羽等率部东走，退保长白山地区。基于长期追随靺鞨首领的原因，九姓胡部众就裹挟在东迁队伍中。② 这一点亦可由前述相关文献和考古遗迹充分证明。

924—926年渤海国被契丹攻灭，渤海人被迫大量向南逃亡。《高丽史》显示，他们自925年起渤海国人成批南下，至982年（该年辽主撤销藩王直接控制了该地区）至少13批渤海遗民流入高丽。1030年大氏兴辽国又亡，其后约20年内投奔高丽者近30批。在这些移民群体中，夹杂着不少九姓胡人。同时史料表明，某些移民群体就是由九姓胡人所率领的。如高丽德宗元年（1032）二月“戊申，渤海史通等十七人来投”③。有学者还把在此前后投奔高丽者如显宗七年

---

① 孙泓：《从考古资料看西域文化在新罗的传播》，《朝鲜·韩国历史研究》第10辑，第76页。

② 参见张碧波《渤海国与中亚粟特文明考述》，《黑龙江民族丛刊》2006年第5期。

③ 《高丽史》卷5，德宗元年二月条，《四库全书存目丛书》第159册，第127页。

（1016）曹恩等、九年史夫等、十年曹兀等也归入渤海遗民。[①]

渤海国人流入朝鲜半岛之初，高丽王朝将其顺势安排在北部边疆或其附近地区。[②] 后来可能因为半岛北部聚集了过多的渤海遗民而影响到国家安全，或为有意避免引起辽国警觉而影响两国关系，高丽王朝改以南方地区安置。[③] 如显宗二十一年（1030）十月，“是月契丹奚哥、渤海民五百余人来投，处之江南州郡”[④]；二十二年冬十月“丁丑，契丹王守南等十九人来投，处之南地”[⑤]。在朝鲜全罗、庆尚二道安、曹、石等姓为数颇多，当与此有关。

三 “东海”与“西域”之间的沟通条件及其密切联系

九姓胡人向“东海”一带的迁徙不是偶然的，而必须以“西域”与“东海”能相沟通的诸多条件为基础。这在交通方面表现得尤其突出。7世纪末九姓胡之所以能够从营州向渤海立国之地移民，主要得益于高句丽时期从辽西走廊到国内城即今吉林集安一带交通的发展；至渤海国时期，则已形成营州道、朝贡道、契丹道等至少三条渤海通内地的交通路线。[⑥] 10世纪九姓胡从渤海国向朝鲜半岛的流动，亦有其条件和基础。《新唐书》记述了渤海通南方数条道路：“龙原东南濒海，日本道也；南海，新罗道也；鸭绿，朝贡道也；长岭，营州道也。”[⑦] 亦即从东南部龙原府，越日本海可通日本

① 梁玉多：《渤海移民的流向》，《学习与探索》2010年第2期。

② 武玉环《高丽时期的渤海移民》提及979年高丽将数万渤海流民安置在白州一带，可以作此佐证。

③ 武文亦注意到这一现象，分析原因则认为是高丽王朝出于戒备心理和利用渤海移民开发南部的意图。

④ 《高丽史》卷5，显宗二十一年十月条，《四库全书存目丛书》第159册，第125页。

⑤ 同上书，第126页。

⑥ 参见孙泓《丝绸之路向东延伸的新资料——从东北地区出土的考古资料看西域文化的传播》（第315—357页）、王小甫《“黑貂之路”质疑——古代东北亚与世界文化联系之我见》（第81—91页）等。

⑦ 《新唐书》卷219《渤海传》，第6182页。

群岛；向南遵陆路直行，左经南海府可入新罗，是渤海、新罗两国之间交通要道；右过鸭绿府可至卢龙节度使辖区，是渤海朝贡常走的路线；向西南经长岭府而行，则可通向营州。其中，“在新罗国与渤海国之间的通衢大道上有35个驿站”①，可见已经非常便利。在营州与朝鲜半岛之间，其交通路线更为便捷和成熟。这为九姓胡穿越辽东移居半岛提供了更好条件。

如果放眼于沟通“西域”与“东海”两大区域的交通路线，可知7—9世纪陆上丝绸之路（包括绿洲部分和草原部分）达到鼎盛，为九姓胡东迁高潮提供了客观条件；而10—12世纪北部草原向东至我国东北和朝鲜半岛一线所遗留下来的玻璃瓶及狮子雕刻、珠宝饰件等大量西域文物，则表明辽帝国时期在绿洲丝路衰落的同时草原之路依旧畅通或说呈现复兴态势，② 使得九姓胡东迁余波到11世纪还在延续。前述营州或经渤海，或经辽东向朝鲜半岛之间的交通路线，有学者如孙泓先生称其丝绸之路东线或东支部分。这一部分交通的发展成熟，无疑构成九姓胡东迁所依赖的“西域”至“东海”整个丝绸之路网络的重要部分。

反过来，九姓胡东迁迹象反映出“东海”与“西域”之间为时长久而且内容丰富的历史联系。纵观九姓胡移民“东海”的历史，前文所述不过是主要线索而已，而历史全貌要远远超出这些。

一则东迁空间非常广阔，可能遍及东亚陆、海各线。在自营州或经辽东，或经渤海至朝鲜半岛兴起的九姓胡移民主流之外，海路南、北各航线（南如自广东、福建、浙江各地港口至朝鲜半岛南端和日本群岛等，北如山东半岛至朝鲜半岛西岸等）亦有九姓胡东行迹象。如新罗王讫解尼师今“三十六年（345）春正月，拜康世为

① ［俄］A. A. 基姆：《韩国学者论新罗与渤海两国之间的关系》，杨振福译，《北方文物》2007年第4期。

② 参见付宁《史前至12世纪中国北方地区的东西文化交流——以考古发现为主进行的探讨》（博士学位论文，内蒙古大学，2007年）、黄雪寅《散落在内蒙古草原上的古玻璃器》（《内蒙古文物》2005年第1期）、孙泓《横贯东西、连接欧亚的草原商路——以4—15世纪为中心》（《“草原丝绸之路”学术研讨会论文集》，第79—88页）等文。

伊伐飡”①；新罗文武王（661—681 年在位）微服出访武珍州（在今韩国光州一带），“州吏安吉见是异人，邀致其家，尽情供亿”②，结果得其厚报。若这二位也是九姓胡，当属此类情况。韩国庆州所出土早期磨饰纹玻璃碗明显以海路传入为主，更应与此有关。③

二则持续时间漫长，超出我们想象。前述早自 4 世纪已有九姓胡人迁入“东海”，此后陆续不断，直至 11 世纪仍有不少九姓胡人从辽境内向朝鲜半岛流散。据某些史料推测，甚至其后还有再迁余波。如韩国忠州石氏谱牒云，“石氏本唐人，宋绍兴间有讳邻，自广陵始浮海而东，高丽明宗朝以军功官至上将军，封芮城君。芮即忠州古号也，因以为贯”④；会宁康氏史料云，该支“本（中国）通州人”，移居湖北荆州，以行伍“世事明天子”，有康世爵者从父远徙辽东，参与杨镐等讨伐后金之役，父死军没而亡奔朝鲜。⑤ 可见石、康这些支系是南宋和明末才迁入朝鲜半岛的。如此推算九姓胡在“东海”的迁徙历史，可长达一千三百多年。至于九姓胡文化的影响，为时则更为久远。如高丽仪卫有着浓郁的安国文化特色，在国王法驾卫仗、燃灯卫仗、奉迎卫仗等仪仗队中都使用安国伎四十人；⑥ 生活用具中仿西域形制而自产的胡瓶，到高丽后期多作

① ［高丽］金富轼纂，孙文范校：《三国史记》卷 2《新罗本纪第二》，吉林文史出版社 2003 年版，第 32 页。

② ［高丽］一然著，孙文范校：《三国遗事》卷 2《文武王金法敏传》，吉林文史出版社 2003 年版，第 67 页。

③ 参见王义康《正仓院藏西方风格玻璃器研究》，《中国历史文物》2007 年第 6 期。

④ ［朝］许愈：《后山集》卷 16《兵马使石公墓碣铭并序》，《韩国历代文集丛书》第 920 册，第 400 页。

⑤ 参见［朝］佚名《文献考略》卷 19，李朝显祖十八年（1794）写本，第 37 页；［朝］佚名《海东外史》卷 2，奎章阁藏本，第 6 页；［朝］成海应《研经斋全集》卷 40《康世爵避兵记》，韩国民族文化推进会编：《韩国文集丛刊》第 278 册，韩国景仁文化社 1990 年标点影印本，第 521 页。

⑥ 参见《高丽史》卷 72《舆服一》，《四库全书存目全书》第 160 册，第 726—734 页。

为方物进贡元廷；[①] 一直到李氏朝鲜时期，朝鲜半岛各地仍流行安石榴习俗。[②]

原载《中国与中国学》第24号，2015年1月。

① 如忠烈王在位期间，二十年（1294）四月甲午，“（元）皇太子即皇帝位，是为成宗。王与公主献……半镂银尊、胡瓶各一事”；二十二年十一月甲申，“王与公主谒帝，献方物：……银胡瓶、银大尊各一事；半镂银胡瓶二事”（《高丽史》卷31，《四库全书存目全书》第159册，第638、644页）。可见胡瓶成为高丽重要物产。

② ［朝］洪锡谟：《东国岁时记》（不分卷），台北文化书局1971年版，第12页。

“东南丝绸之路”刍议

——谈从江浙至广州的丝绸外销干线及其网络

自德国人李希霍芬最初提出概念，百余年来丝绸之路研究获得了巨大发展。不但从古都西安经河西走廊、塔里木盆地至中亚、西亚等地的绿洲丝路基本澄清了每段路程及其发展概况，而且横亘西伯利亚的草原丝路、起自南中国海的海上丝路、穿越青藏高原的唐蕃古道乃至深藏于横断山区的西南丝路也都得到相当深入的考察和研究。后来学界又将自中国东部沿海到朝鲜半岛和日本群岛的水陆交通纳入丝路范围，称之为“丝绸之路东线”。不过，还有一个与中国对外交往紧密相关的古老商道网络至今尚未得到关注。基于它首先在丝绸外销中表现出的重要作用和地位，笔者称其为“东南丝绸之路”，并对其作以专门考察和论述。

一　线路里程

笔者所谓“东南丝绸之路”，即指从我国历史上规模最大、水平最高的丝绸生产区域——江浙一带（包括今浙江和江苏南部在内），主要经由内河水运，通向我国重要外贸口岸——广州的运输和贸易通道，以及由它与诸多支线所共同构成的丝绸外销网络。其主干通道可以分为以下三个区段：

（一）从江浙等地到赣北鄱阳湖一带

该段贸易通道较重要者有三条：

第一条，从杭州府经常山、玉山至南昌府道。明代黄汴《一统路程图记》称之为"江西城由广信府过玉山县至浙江水（路）"，并反向记述其里程云："江西南昌府，六十里（至）赵家围，六十里（至）瑞虹，九十里（至）龙堀（音 kū，亦作'窟'——笔者注），八十里（至）安仁县，百里（至）贵溪县，八十里（至）弋阳县，八十里（至）沿山县（此处讹误，应为'铅山县'——笔者注）河口，八十里（至）广信府，百里（至）玉山县，陆路四十里（至）草平驿（据各本《常山县志》及《玉山县志》应为'草坪驿'或'草萍驿'——笔者注），四十里（至）常山县，下水八十里（至）衢州府，八十里（至）龙游县，八十里（至）兰溪县，九十里（至）严州府，五十里（至）钓台，三十里（至）桐庐县，九十里（至）富阳县，九十里（至）钱塘江，十五里（至）杭州府。"[①] 该段路经6府、15县，全程计1415里。其路况，"江西至玉山水缓。夜有小贼，可防。无风浪之险。沿山河口之上滩多水少，船不宜重。草平（坪）路上，脚夫弱，饭店洁。衢州船户良善。富阳之下潮，盗可防。若闻潮大，富阳陆路至于江口"[②]。从黄汴成书情况看，这条商业通道至迟在明代就已成为天下重要商道，并为商人们所熟知。

该通道经过诸多交通要冲，堪称一条通衢。其重要路段和港口、城镇及驿站有[③]：第一，杭州府。位居钱塘江口，城外有武林驿（在今杭州市北武林门外）北接湖州丝货，吴山驿（亦在武林门外）东北接嘉兴航路，城南有西兴驿（在今萧山县东衙前）连属绍兴、宁波乃至台州、温州诸府，西南有浙江驿（在今杭州市南）、会江驿（在今富阳县通济桥），发送船货溯钱塘而上，可谓浙江交通枢纽。第二，衢州府。位居富春江上游，号称浙西门户。其西偏常山县最是要冲，"内而闽、楚、粤、蜀、黔、滇商旅所辐辏，外而番夷琛赆之所

---

① （明）黄汴：《一统路程图记》卷7《江南水》第4"江西城由广信府过玉山县至浙江水"，《四库全书存目丛书》第166册，第538页。

② 同上。

③ 以下驿站地理位置参见了杨正泰《明代驿站考》（上海古籍出版社1994年版）等学术成果，特此说明。

由"[①]。从常山县城至江西玉山县是80里陆路，"为南北孔道，任商往来，驮运络绎，几昼夜无停"[②]，连带浙、赣、闽、皖乃至湘、鄂、川、粤，以至被称为"八省通衢"[③]。第三，广信府。位于江西省东部、信江上游，"牙闽接粤，襟淮面浙，隐然为要冲之会"[④]。最东偏玉山县"联闽越，控吴楚，乘轺之使，聚粮之旅，过是都而问津者，毂相击，躧相错"[⑤]，实为南方数省交通枢纽。在该路段聚集了大量商民，如县城东28里古城街"有商民百余家"，城西50里沙溪镇"有商民千余家"，富者"日佣数千人以治其事，而声价驰大江南北，骡马络绎，日夜不绝"[⑥]。第四，饶州府。位于信江下游、鄱阳湖东，"在吴、楚、越之交"[⑦]，"地势平衡，当东西南北四会之冲"[⑧]。其属县余干又最重要，"南控闽广，北镇池阳，东带吴越，西滨彭蠡，为水陆之冲，无关隘险阻"[⑨]。在其境内，有"水为龙窟河者，去治西南十五里……其水西流经石郙……注瑞洪，瑞洪滨鄱阳湖，百货所通"[⑩]。

---

① （清）谭恩黻：《重修大路记事编序》，载（清）李瑞钟等纂修《常山县志》卷67《艺文下》，成文书局1975年版，第1794页。

② （清）阮恩洪：《重修常山大路记》，载李瑞钟等纂修《常山县志》卷67《艺文下》，第1742页。

③ 参见李瑞钟等纂修《常山县志》卷67《艺文下》所引刘仲海《重修常山通玉大路记》（第1740页）和（清）黄寿祺等同治十二年纂修《玉山县志》卷1《地理志·疆域》（成文书局1975年版，第164页）。

④ （清）谢旻等修：《江西通志》卷4《形胜》，成文书局1989年影印雍正十年刊本，第128页。

⑤ （清）连柱等修：《玉山县志》卷2《地理·形胜》引（明）夏子阳《玉桥记》，成文书局1989年版，第163页。

⑥ （清）武次韶等纂：《玉山县志》卷11《风俗·商贾》，成文书局1989年版，第844页。

⑦ （清）黄家遴、佟准年等纂修：《饶州府志》卷1《舆地志一·区界》引《汉地理记》，成文书局1989年版，第136页。

⑧ （清）黄家遴、佟准年等纂修：《饶州府志》卷1《舆地志一·区界》引《改州记》，第136页。

⑨ （清）吕玮等修，胡思藻等纂：《余干县志》卷2《舆地志·疆域》，成文书局1989年版，第125页。

⑩ 同上书，第136页。

第二条，从江苏沿运河、长江入鄱阳湖道。黄汴将镇江至湖口航线视为长江流域西行商道的重要组成部分，在《一统路程图记》详细记述了其里程："镇江（经）旧港、花筵港、荷叶港、私盐港、老鸦嘴、天灵洲、仪真县、螺丝港、钥匙河、邓家窝、东沟、青山巡司、黄天荡，共五十里（至）龙潭驿；（再经）瓜埠巡司，水陆并二十里至六合县；（经）时鱼厂、观音阁、石灰山、南京下新河、中新河，共九十里（至）龙江关驿（即南京下关）；上新河、梅子沟，共□十里（至）大胜关[①]；三山、江陵镇夹[②]、烈山江心、和尚港、芝麻港、和州港、人头矶，共九十里（至）采石矶；东梁山巡司、西梁山、裕溪口、郝山矶，共百廿里（至）芜湖县；枭矶庙、橹港、旁蟹（应即'螃蟹'——笔者注）矶、芦席夹、三山巡司、月子河、芦磨湾、河泊所、繁昌夹、板子矶、狄港驿、鲤鱼套、老鼠夹、钱家湾、丁家洲、铜陵县、六百丈，共八十里（至）大通驿；下袁子港、上袁子港、老洲头、梅根、麻布蓼，共六十里（至）清溪；池州府、乌沙夹、中阳河（内桐城县）、梁坨石，共八十里（至）李阳河巡司；长风夹巡司、召脑洲、黄盆驿，共八十里（至）安庆府；张家湾、黄石矶、吉阳湖、东流县、龙船洲、莲花洲、雷洲头、花扬港，共百廿里（至）望江县；彭乐矶、香口蓼、急水沟、阳湾港巡司、马当山、小孤山、娥眉州、胭肢（应即'胭脂'——笔者注）港，共百廿里（至）彭泽县；黄梅港夹、柘矶、牛屎港、炭港巡司，共六十里（至）湖口县。"[③] 由此转而南下，"入鄱阳湖，女儿港、大孤山共六十里（至）青山；神灵湖共六十里（至）南康府（今江西星子市），十里（至）爪蠡，五十里（至）珠矶，六十里（至）吴城，六十里

① 该处里程阙文，据现代地图测距，下关至大胜关直线距离为17公里，水路里程至少35华里。

② "夹"，即可以避风的河港，参见张锦鹏《南宋交通史》，上海古籍出版社2008年版，第108页。

③ （明）黄汴：《一统路程图记》卷7《江南水》第2"大江上水由洞庭湖东路至云贵"，第535—536页。

（至）昌邑，六十里（至）凤凰滩，十里（至）江西城南昌府南浦驿”①。该路长江段约990里，鄱阳湖和赣江段370里，加上苏州至镇江段400里，总计约1760里。

该通道长江段为其下游主流航道，其主要港口、城镇如镇江、南京、芜湖、安庆等皆为人耳熟能详，兹不赘言。湖口南下入鄱阳湖及赣江段，湖口县（属九江府）北扼长江，南控鄱阳湖和赣江水系，是其咽喉之地，有彭蠡驿（在今湖口县城内）转运商货；其下南康府据鄱阳湖中部，有匡庐驿（原名锦冈驿，在今星子市城内）、团山驿（在今都昌县城西）控制湖区转运和贸易。不过鄱阳湖交通条件不佳，“湖口县不可艘船，怕西北风。……自湖口至于康山，盗贼不时而有。江中强盗得财便休，惟此湖贼凶贪无厌，杀人常事”②。风灾和匪患曾严重影响了该道商贸。

第三条，从浙江经祁门、休宁入鄱阳湖道。即由杭州府城出发，沿富春江向西南溯流而上，经富阳、桐庐等县至严州府城，再转新安江西行，经建德、淳安等县而至浙江西境街口镇，由此穿过安徽省徽州府境，于祁门转昌江南下进江西境，经饶州府之浮梁、鄱阳等县而入鄱阳湖。

黄汴称该道为“江西由休宁县至浙江水（路）”，记其里程云：“南昌府三十里（至）黄家渡，四十里（至）赵家围，七十里至团鱼洲，廿里（至）康山，湖面五十里（至）表岸，三十里（至）饶州府，廿里（至）磨刀石，廿里（至）程家渡，十里（至）顾园渡，三十里（至）大阳埠，十里（至）狮子山，十里（至）鞍山，廿里（至）宗潭，廿里（至）石牌滩，廿里（至）官庄，十里（至）景德镇，三十里（至）浮梁县，三十里（至）石鼓领（疑为‘嶺’，下同——笔者注），三十里（至）小儿滩，廿里（至）池滩，十里（至）小北港，廿里（至）潭下，廿里（至）倒湖，廿里（至）白

① （明）黄汴：《一统路程图记》卷7《江南水》第10“湖口县由江西城至广东水”，第543页。

② （明）黄汴：《一统路程图记》卷7《江南水》第17“江西由休宁县至浙江水”，第544页。

桃，廿里（至）版石，廿里（至）平里，廿里（至）塔坊，十里（至）后潭，十里（至）昌下，十里（至）祁门县，陆路五十里（至）榔木领，十里（至）渔亭，下水廿里（至）齐云嵒（即'岩'字——笔者注），三十里（至）休宁县，十里（至）万安街，三十里（至）屯溪，六十里（至）浦口，四十里（至）深渡，五十里（至）街口巡司，八十里（至）淳安县，六十里（至）茶园，九十里（至）严州府。"① 余下里程与浙江经玉山、常山至江西路东段略同。该路全程计约1480里。

该道辗转屈曲，路途较长，经过了3个省份、许多府县。同时交通状况也多有问题，黄汴记述该段路况云，"江西至饶州湖中，贼出不时，荒年尤多"。只是"饶州至祁门，自景德镇之上是处可宿，无风、盗之念。祁门至严州，风、盗绝无，滩高船固，船户甚劳"②，部分河段航运条件尚算良好，一些商人特别是徽州商人亦甘愿由此远涉。

（二）从鄱阳湖沿赣江到大庾岭

该段路线位于今江西境内（在唐属"江南西道"，由此得名），有赣江亦即古章水③水系纵贯南北，沟通四邻，故而构成交通枢纽地位。

黄汴记述里程道："江西南昌府南浦驿（经）生米观、河泊所共六十里（至）市汉；龙凤沙洲、大江口、小江口、曲港共七十里（至）丰城县剑江关；黄土脑、老虎口、扬子洲、樟树镇共九十里（至）临江府萧滩驿；永泰、大杨洲、河埠共八十里（至）新淦县金川驿；峡江县玉峡驿八十里至白沙；三姑滩、吉水县、大洲头、罗紫山共八十里（至）吉安府罗川驿；安福河口、张家渡共百廿里淘金

---

① （明）黄汴：《一统路程图记》卷7《江南水》第17"江西由休宁县至浙江水"，第547页。

② 同上书，第544页。

③ 李崇礼《章水流经考》云："江右豫章之水，有宋苏子轼考定《禹贡》所谓南江也。"文中将南江与长江相提并论，可见其重要地位（参见吴宝炬等修，刘仁俊等纂《大庾县志》卷11《艺文·考》，成文书局1989年版，第1214页）。

驿；鲜茶江口、大和县、将军庙、牛江口、束口洲共乙百六十里（至）浩溪驿；龙丘、柏树街、君滩、龙泉江口、万安县共百廿里（至）五云驿上十八滩；惶恐滩、标神阁、棉绳滩、大溜滩、小溜滩共八十里（至）皂口驿滩；匡风滩、五座滩、黄金洲、凉滩、凉口、铜盆锡洲共乙百里（至）攸镇驿；石人霸天子地、九脚滩、大鸟洲、小鸟洲、天挂滩、鳖滩、白涧滩、储潭庙、水东岸、赣州府共乙百廿里（至）水西驿；高楼、黄金巡司共八十里（至）九牛驿，（又）八十里至南康县南埜（即‘野’字——笔者注），百廿里（至）小溪驿；新开河滩、鸡足一连三滩共百廿里（至）南安府大庾县横圃驿；（改陆路）六十里（至）中站即红梅关。"① 全程经 5 府 14 县，1500 里。

该道较重要者首推南昌府。张天复《皇舆考》云："其属吴、楚之交，其名豫章（汉）、洪都（隋）、隆兴（宋），其形胜水陆四通，山川特秀。咽扼荆淮，翼蔽吴越，江湖之间，东南都会。"② 范涞等《南昌府志》又云："按豫章为列郡都会，由山川会合，故风气攸聚。西河绕郡城前，曰章江（即今赣江），绕郡城后曰抚河，两水为郡水之经，鄱阳湖为诸水之聚，两水之中为南昌县境。"③"考豫章志，自唐以来，为都督、观察、节度治所，乃江西之会府也，故其制广袤宏衍。"④ 基于此重要交通地位，南昌府城常设"税课司"等管理商贸税务的机关，"旧在惠民门内，今改南浦□运所左，即旧茶引屋"⑤。考察其境内城镇、驿站，北有吴城驿（在今永修县东北吴城镇）、樵舍驿（在今新建县北樵舍镇）连接湖区，城内有南浦驿（在今南昌市城内）屯聚商货，南有市汊驿（在今南昌县西南市汊）、剑江驿（在今丰城县北）溯流转运。

---

① （明）黄汴：《一统路程图记》卷7《江南水》，第10"湖口县由江西城至广东水"，第543页。

② （明）张天复：《皇舆考》卷7《江西》，《四库全书存目丛书》，史部第166册，第353—354页。

③ （明）范涞修，章潢纂：《南昌府志》卷3《舆地类·山川》，成文书局1989年影印万历十六年刊本，第244页。

④ （明）范涞修，章潢纂：《南昌府志》卷4《创制类·城池》，第297页。

⑤ 同上书，第299页。

南昌府以南有临江府，位于赣江主流与支流袁江交汇处，不但连接主流南北，而且沟通湘境。更南是吉安府，"道交广者，由之行商往来，通货南北"[①]。赣州府，府城位于漳水与平江、姚江、贡水等汇聚之地。宋人王安石称"交广闽越铜盐之贩，道所出入"[②]；明人何廷仁认为"南赣（乃）四省咽喉，而粤则南赣肩背，郴衡其左腋也，汀漳其右臂也"[③]。

最南南安府地近五岭，"南扼交广，北据湖湘"[④]，"与赣郡相表里，挈闽广而左右之，实为江广之要区"[⑤]。"凡台省命使之宣布，广海贡篚之献纳，莫不道出此郡。"[⑥] 其中大庾县，境内有大庾岭，"在城南二十里……又曰梅岭"[⑦]，是穿越五岭最重要的通道，长期以来不但是南北官方往来之路，而且是商贸通衢。明人桑悦称"庾岭两广往来襟喉，商贾如云，货物如雨，万足践踏"[⑧]。

（三）从梅关沿北江至广州

该段通道在广东境内，过大庾岭后主要转行浈水，入北江顺江南下，直至珠江下游的广州。黄汴记述其里程曰："中站即红梅关六十里（至）至南雄府保昌县凌江驿；下水（经）鹅颈滩共九十里（至）黄塘驿；黎壁滩、撑腰滩、过路滩、蛇潭滩、鸡爪滩、云屯滩、渊鱼滩、天子地、五指滩、黄塘角、始兴县水口、懒步滩、番船滩、马眼滩、鹅卑滩、山顶滩、菠萝滩、银筋滩、金匙滩、马战

---

① （明）王陶：《泰和县治记》，载（清）谢旻等修《江西通志》卷4《形胜》，成文书局影印雍正十年刊本，第124页。

② （宋）王安石：《处州学记》，载（清）谢旻等修《江西通志》卷4《形胜》，第132页。

③ （明）何廷仁：《送王中丞序》，载（清）谢旻等修《江西通志》卷4《形胜》，第132页。

④ （清）余光璧等纂修：《大庾县志》卷2《舆地上·疆域》，引宋人苏轼《题府谯楼诗》、范大用《祠记》，成文书局影印乾隆十三年刊本，第73页。

⑤ 载（清）余光璧等纂修《大庾县志》卷2《舆地上·疆域》，第91页。

⑥ （元）张鑑：《重修安南路记》，载余光璧等纂修《大庾县志》卷2《舆地上·疆域》，第90页。

⑦ （清）余光璧等纂修：《大庾县志》卷3《舆地中·山川》，第97页。

⑧ （明）桑悦：《重修岭路记》，载余光璧等纂修《大庾县志》卷3《舆地中·山川》，第91页。

滩、青塘滩、中塘滩、冷田滩、麻羊四滩、台角滩、鸡笼滩、苏度硬滩、牛脚石勘滩、转风滩、新妇滩、中洲纂滩共一百里（至）平浦驿滩；挂榜山、柳州坡滩、下泻油滩、上卷尾滩、仁化县水口、九里十三坡、九思滩、打顿滩、辣石滩、茶头滩共百里（至）韶州府曲江县芙蓉驿；洗马滩、磨面滩、河西口滩、大小宫滩、白芒滩、老虎口、决头硬滩、赤水滩、毛洲尾滩、中流角滩、虎榜山、漕溪水滩、下窑尾滩、乱石滩、中挂滩、黄茅峡滩、子篙滩、果滩共乙百里（至）濛浬驿；月华滩、乌口滩、浅口滩、鱼梁滩、凭头滩、牛屎滩、芦席角滩、清浔滩、五王滩共乙百里（至）清溪驿；清溪角滩、箭迳滩、粉团滩、龙头硬滩、三板滩、金鸡石滩、观音山、翻风燕滩、太平滩、合洲滩、菜洲滩共乙百里（至）英德县浈阳驿（有夜船至省）；浪石滩、大小银瓶二滩、钓丝滩、浈阳滩、浈阳峡、洸口巡司、星子县水口、香炉峡、大庙峡共乙百廿里（至）横石矶驿；（又）九十里（至）清远峡清远县安远驿，六十里（至）回岐驿，六十里（至）胥江驿，九十里（至）官窑驿，八十里（至）广州府五羊驿、怀远驿（为夷人所设）。”①

该通道里程不长，计1150里，只是落差较大，多泥沙滩，山民时有骚扰。明人程宇春也记述：“浈江多滩无石，上难下易，船大无虑。峡中山蛮宜防。”②

除主干通道外，东自沿海，西至湘、桂，还有众多支线纵横交织：南北方向主要有杭州经苏州至镇江、杭州经江山县入福建、洞庭由湘江通岭南等线；东西方向则有江西由信江至温州和福州、广州经惠州和潮州入福建、杭州和苏州至上海等线。此外，从长江下游沿大运河向北延伸，可以远接华北；沿长江干道西上，可以连带华中、西南；经由长江支流如汉江等通道，可以沟通关中。

---

① （明）黄汴：《一统路程图记》卷7《江南水》第10“湖口县由江西城至广东水”，第543—544页。

② （明）程宇春：《士商类要》卷1第36条“芜湖由江西樟树至广东路”，杨正泰《明代驿站考》附录二载录天启六年文林阁唐锦池刻本，上海古籍出版社1994年版，第262页。

二　发展历程

考察文献资料，“东南丝绸之路”历史悠久，与其他陆、海丝绸之路相辅相成而又独立存在，具有自己独特的发展史。

（一）原始社会时期局部航运已经兴起

与草原之路等丝绸之路干线一样，“东南丝绸之路”的兴起早于文献记载。例如浙江地区，据考古发掘报道，在湖州城郊距今4700年的钱山漾遗址中出土了行舟所用的木桨，甚至在距今近7000年的余姚河姆渡遗址中也发现了残缺的柳叶形木桨以及陶制小舟，这说明在原始社会时期该地区已经具备舟楫之便。再如赣江流域，“万年仙人洞古文化遗址和其他出土文物表明，早在旧石器时代晚期，江西境内的土著先民就能使用漂浮物从水中捕捞鱼蛤。进入原始社会初期，随着社会生产力的逐步发展，出现了原始形态的水运工具——排、筏”[①]，可见这里航运也具有相当悠久的历史。

（二）夏商至秦汉时期各段之间基本沟通

大致相当于夏商时期，在以樟树市吴城遗址为中心的赣江中下游地区业已形成了颇大规模的“吴城文化”，遗存丰富，文化繁荣，且与北方殷商文化存在密切联系。这说明夏商周三代时期赣江流域就与北方有了初步的沟通。与此同时，长江中下游航运发展起来。有学者认为，从长江沿岸考古资料看，至迟至汉代长江下游已有了发达的造船技术和活跃的贸易活动。[②] 不过在安徽寿县丘家花园出土的“鄂君启节”中，作为水路经商免税凭证的青铜舟节（颁发于楚怀王六年即公元前323年）表明，更早在战国时期长江中下游包括汉、湘、彭蠡诸支流在内航运和贸易业已繁荣。

① 江西内河航运史编审委员会主编：《江西内河航运史（古、近代部分）》，人民交通出版社1991年版，第1页。

② 参见王子今《秦汉交通史稿》，中共党校出版社1994年版，第163页。

秦汉时期，从中国北部经长江和赣江水系到岭南地区的航运畅通起来，其运输能力并达到相当的规模和水平。表现在：第一，秦朝统一岭南地区，其数十万大军和众多移民主要依靠这条水路的水上运输。第二，汉武帝平定南越王国，元鼎五年（公元前 112）汉军主力“出豫章，下浈水”①，也是通过这条水路进入岭南，到达南海即今广州的。有学者指出，“秦代经豫章水行入岭南路线有两条：自豫章溯余干水（今信江）而上，入武夷山，顺闽江而下可东抵闽中郡（今福州），北达东瓯（今浙江温州）；过彭蠡湖溯赣水而上，经南野县（今南康江南），跨横浦关（今梅关），沿溱水（即浈水）至南海郡”②；“秦、汉、两晋、南北朝时期……赣江、信江两大河流在中原地区与岭南地区的联系中占有重要的地位”③。可见信江航运在该时期也发展起来，并与赣江同样成为重要航线，这为信江与浙江水系的沟通、通过常山和玉山之路的开辟准备了条件。

（三）唐宋时期主要干线地位固定

首先，自杭州经富春江、信江至南昌的通道不容小觑。正是在该时期衢州经常山至信州之间已水陆畅通，贸易也发展到一定规模。《元丰九域志》记载，衢州交通“西至本州界一百一十二里，自界首至信州一百二十五里”；政府加强管理，“乾德四年（966）分常山县置开化场”④。信江航运尤其发达，宋人王雷《修城记》云：“（广信）牙闽接粤，襟淮面浙，隐然为要冲之会。”李弥《大法海院记》云：“（广信）当吴楚闽越之交，为江东望镇。”⑤ 据范成大《骖鸾录》记述，当年他受命赴任衡桂，在自江浙至江西段就选择了这条通道，并

---

① （汉）班固：《汉书》卷 6《武帝纪》，中华书局 2000 年版，第 133 页。

② 郑若葵：《中国古代交通图典》，云南人民出版社 2007 年版，第 307 页。

③ 江西内河航运史编审委员会主编：《江西内河航运史（古、近代部分）》，人民交通出版社 1991 年版，第 1 页。

④ （宋）王存等纂：《新定元丰九域志》卷 5“两浙路”条，《四库全书存目丛书》史部第 166 册，第 49 页。

⑤ （清）连柱等修：《广信府志》卷 1《舆地一·形胜》，成文书局影印乾隆四十八年刊本，第 93 页。

且一路畅游，行旅亦速。[1]

在沟通五岭南北的交通路线中，沿赣江过梅岭一道稳居主要地位。在该道交通上，梅岭关道的狭窄曾是难以逾越的发展瓶颈。"以载则曾不容轨，以运则负之以背。"但到盛唐时期，朝廷专派张九龄主持开凿梅岭新道，使其"坦坦而方五轨，阗阗而走四通。转输以之代劳，高深为之失险"[2]。兹路既开，影响深远，不但五岭南北"财货通矣"，而且"岭南之人才出矣……中朝之声教日逮矣，遐陬之风俗日变矣"[3]。北宋朝廷进一步加强了对该道的管理。太平兴国年间，"岭南陆运香药入京，诏（刘）蒙正往规划。蒙正请自广、韶溯流而至南雄；由大庾岭步运至南安军，凡三铺，铺给卒三十人；复由水路输送"[4]。宋代内陆入广东通道已有五条："自福建之汀，入广东之循、梅，一也；自江西之南安，逾大庾岭入南雄，二也；自湖南之郴入连，三也；自道入广西之贺，四也；自全入静江，五也。"[5] 但其他各道险峻难行，如汀州至循、梅道，"重岗复岭，峻险难登，林木蓊翳，瘴疠袭人，行者惮焉"[6]；道州至贺州道，"其地据岭环江，犬牙盘错，实关隔之所，从事两粤者未可泄泄视之矣"[7]。加上南宋政治、经济重心转移于江浙地区，这些通道逐渐沉寂下来，只有大庾岭道利于货物转输，成为五岭南北乃至中国南部对外贸易的主要通道。

---

① 书中记录："乾道壬辰十二月七日，发吴郡，帅广西"；"十七日，至湖州，泊碧澜堂"；"二十四日至二十七日，皆泊余杭"；"二十八日……晚宿富阳县"；"三十日，发富阳"；"（癸巳岁正月）二日午，至严州，泊定州馆"；"三日，泊严州"；"六日，发严州"；"七日，至婺州兰溪县，泊澄江馆"；"九日……晚至婺州，泊金驿"；"十三日，至衢州"；"十八日，过常山县，宿蒋连市"；"十九日，宿信州玉山县玉山驿"；"二十四日，舟行，宿霍毛渡"；"二十五日，过弋阳县，宿渔浦"；"二十六日，过贵溪县，宿金沙渡"；"二十七日，过饶州安仁县"；"二十八日，至余干县"；"（闰月）三日，未至南昌二十里，泊"。（孔凡礼点校：《范成大笔记六种》，中华书局 2002 年版，第 41—48 页）

② 张九龄：《开大庾岭路记》，《全唐文》卷 60，第 607 页。

③ 丘濬：《唐丞相张文献公开凿大庾岭碑阴记》，载郝毓龄等纂修《广东通志》卷 60，文渊阁《四库全书》第 564 册，第 744 页。

④ 《宋史》卷 263《刘蒙正传》，中华书局 2000 年版，第 7486 页。

⑤ 周去非著，杨武泉校注：《岭外代答》卷 1"五岭"条，中华书局 1999 年版，第 11 页。

⑥ 《永乐大典》卷 5345《三阳志》，中华书局 1986 年版，第 2483 页。

⑦ 顾祖禹：《读史方舆纪要》卷 107，中华书局 2005 年版，第 4837 页。

（四）明朝时期航运网络达到完善

明代是中国对外贸易获得重大发展的时代，一方面由于民间私人贸易的发展致使中国整个对外交往由朝贡贸易时代过渡到私人贸易时代，另一方面以南海为主要区域的海上对外贸易上升到最为重要的地位。这些变化与"东南丝绸之路"航运网络的完善成熟密不可分。正是在这一时代，中国开始出现专门为行商而撰写的地理志书，甚至有商人积累旅途经验而撰写的地理志书，表明商业贸易的需求开始成为交通发展的主要动力。

以刊刻于明朝隆庆四年（1570）的黄汴《一统路程图记》和天启六年（1626）的程春宇《士商类要》为代表，它们不约而同地翔实介绍了我国内陆水旱通道及其里程。尽管两书并未提出甚至没意识到"东南丝绸之路"这一概念，但其叙述却反映了这一交通网络的存在。在黄书中，东西走向的"江西城由广信府过玉山县至浙江水（路）""江西由休宁县至浙江水（路）""南京由大江至陕西西安府水陆（路）（南京至汉口段）""大江上水由洞庭湖东路至云贵（路）""杭州府至上海县水（路）""苏州由周庄（或官塘）至松江水（路）""苏州由嘉兴至上海县水（路）"等，与南北走向的"湖口县由江西城至广东水（路）""杭州官塘至镇江府水（路）""北京由漕河至南京水驲""南京由大江至陕西西安府水陆（路）（汉口至西安段）""湖口县由袁州府至衡州府水（路）""衡州府至岳州府水（路）"等纵横交织。在程书中，纵向以"芜湖由江西樟树至广东路"为中轴，东有"杭州府由苏州至扬州水路""杭州由江山县至福建省路"等，西有关中经汉水至长江路、洞庭湖经湘水至广东路等；横向以长江干流和富春江接信江水路为框架，江西由休宁县至浙江水（路）、信江向东至福州及温州道、"广东由潮、惠二府至福建路"等连缀其中。由此清晰地勾画出一个密切连接南方海上贸易的内陆交通网络。

（五）清朝前期对外贸易臻至鼎盛

明朝后期至清朝前期，海外贸易激增而倭寇海盗猖獗，政府不得不在海禁与开放政策之间不时审慎和变通。明嘉靖二年（1523），政府罢废福建泉州和浙江宁波两市舶司，只许广州开放，这成为广州一口通商的前兆。清乾隆二十二年（1757），朝廷又下令关闭江、浙、闽三关，只保留粤海关，从此开始了长达85年的广州独口贸易时期。在这一时期，全国各地各种货物必须在内陆集中运输到广州才能出口，由此促成了"东南丝绸之路"的鼎盛。1839年，一个专门调查中国丝茶外销的欧洲人以惊奇的口吻叙述道，他在从湖州、苏州经鄱阳湖和赣江到广州的水路上竟然看到了极其繁忙的运输和贸易景象，而且不管丝、茶还是其他中国土产都是通过该通道运往广州而出口的。①

三　作用和地位

何以能将该部分商业贸易网络称为"东南丝绸之路"？笔者认为主要是由于它具备了以下三种要素。

（一）与中外交往密切相关

除了经广州口岸与南海丝绸之路紧密相连外，这一网络东部支线信江入福建道可以南连福州、北通温州；信江入浙江道自金华向南可以通至温州、台州；杭州、苏州经嘉兴可至上海；鄱阳湖入长江下游可以达镇江、扬州，这些口岸出海到琉球、日本和朝鲜半岛等地极其便利，而且早有往来。此类资料和研究已很丰厚，毋庸赘言。

不过很少有人注意，不同历史时期该网络在中国对外交通和贸易中地位之重要性，会以不同的方式体现出来。例如，当航海技术还不够发达的时代，大量物资只有尽量多地通过内地水陆交通运输到最为便利的港口。这样，"东南丝绸之路"每一条水路都可能发挥着其独特的作用。当中国政府实行海禁的时代，全国物资和商人则只有通过这一交通网络到达允许开放的口岸出海。在广州一口通商时期，这一网络主干通道的地位骤然突出出来。在航运技术发达且港口贸易自由的时代，由于中国

① "Description of Tea Plant", *Chinese Repositry*, Vol. VIII, July, 1839, pp. 144 - 149.

经济重心在江南地区，主要商货照样必须经由这一交通网络往来运销。如此，“东南丝绸之路”网络有着更加自由和充分的利用。

（二）是中国丝绸向南方和东方外销的主要通道

“东南丝绸之路”以中国规模最大、水平最高的丝绸生产区域——江浙地区为主要货源之地，并沟通着江浙与众多外贸口岸的交通联系。以江浙为重心的长江中下游地区，自唐中期以来就超越黄河流域而成为整个中国的经济重心。而从河姆渡氏族遗址经古徐国群棺墓葬到西汉马王堆遗址等一系列文化考古证明，作为重要参见指标之一的丝绸生产早自远古时期就在这一地区发展起来，并达到很高水平。至唐朝后期，朝廷财政主要依赖江淮八道，这里每个州郡均有丝绸精品贡奉朝廷，江浙一带更发展成为全国最大丝绸生产基地。浙江丝绸生产尤其丰厚，规模、质量以湖州、杭州为上。特别是湖州府，宋元时期已经形成南浔、菱湖、双林等大量丝绸专业市镇，云集了全国各地的客商①。综合考察中国丝绸外销情况，且不要说经东部沿海各口岸销往琉球、日本、朝鲜半岛等地的丝绸主要来自江浙，即使从广州出南海所畅销的丝绸也长期以江浙丝绸为大宗。广东丝绸生产到晚清才有发展，此前广州丝绸外销完全属于一种过境贸易。而据东西方大量贸易文献看，以杭绸、湖丝（海关档案和西人文献有时称之为“南京丝”）为代表的江浙丝绸无疑是其大宗，其出口价值长期与被视为主要出口商品的茶叶不相上下。因此，这里历来是中国南方丝绸外销的主要货源，也是“东南丝绸之路”的主要发端之地。

当然，中国其他重要丝绸产地也可以通过这一网络运销海外。例如，华北地区历史悠久的鲁缟齐纨可由古老的邗沟、运河南下进入江淮；汉唐时期扬名全国的蜀锦可沿长江干道顺流而下；湖北乃至汉中、关中一带的丝绸货物则可经由汉江等通道向这里汇集。早期贡赐贸易中东、南海外诸国使节所带走的丝绸，近代私商贸易中粤海关所记录的外销丝绸，两类丝绸货物中都不乏它们的身影。

---

① 参见陈剑峰《明清时期江南丝绸贸易的缩影》，《浙江经济》2003 年第 10 期。

（三）独立发展，自成特色

首先，“东南丝绸之路”以鄱阳湖为枢纽，连接南北诸多水系和漕运，形成了一个相对独立的交通体系。在其整个交通网络中，大庾岭通岭南道“触须最广，除可转驳上述各道交通（指内地通岭南其他四道）之外，而且最接近江南最富裕的地区，包括江西、江苏、安徽、福建，以及山东、河南、陕西诸省，此为其他道所不及的”①。与绿洲、草原乃至西南丝绸之路形成明显对照，其特点是以内河水运为主，同时连带陆路和海路。其陆路转运分量极少，全程4000余里路途中，主要经由钱塘（富春）江、赣江、珠江（北江）以及长江、运河等主流干道，其中仅常山至玉山80里（或祁门至渔亭60里）、大庾岭梅关南北120里计约200里内属于旱路。这与中国南方多水的自然地理环境密切相关，同时也显现出祖先们充分利用自然条件的聪明才智。

其次，这条商业通道兴起于远古，成形于秦汉，在唐宋确立主干地位，至明清达到鼎盛，具有自己独特的发展史。同时其历史堪称悠久，文化底蕴之深厚不亚于其他丝绸之路干线。

总之，这一通道受“东南丝路”之誉当之无愧。深入研究其路线、里程和历史作用，将有助于我们全面理解“丝绸之路”这一概念，进一步了解中外经济文化交流的博大内涵。然而，由于诸多历史原因，长期以来“东南丝绸之路”没有得到应有的关注和研究，其兴衰历程更是少人了解。迄今还有人认为，似乎只是由于清代厉行海禁政策和实行广州独口贸易这一特殊情况才促成了这条很不经济的贸易通道暂时的繁荣。②同时尽管学界对某些路段如经大庾岭通向南北的道路不乏考述，但是却不能从“东南丝绸之路”整个视角加以探讨。这种研究状况不能不令人遗憾。

原载《海交史研究》2013年第2期。

---

① 曾一民：《唐代广州之内陆交通》，国彰出版社1987年版，第168页。

② 参见杨源兴《中国五口通商时期丝茶出口贸易》（《学术研究》1984年第3期）、戴鞍钢《五口通商后中国外贸重心的转移》（《史学月刊》1984年第1期）等。

由锦纶会馆看丝绸之路及“一带一路”之间的历史联系

锦纶会馆又称锦纶堂，是广州丝织业的行业会馆，岭南地区最为著名的丝业会馆，也是广州历史上四大行业会馆之一。尤其难得的是，锦纶会馆是在四大行业会馆中仅存的硕果，风貌可见。游览其庭院设施，品味其文献，岭南丝绸业的前世今生历历在目。而更重要的是，岭南丝绸生产历来以对外销售为主要目的，它使得广州与海上丝绸之路息息相关，并因丝绸之路之拓展而开放性不断增强；同时从对师祖张骞的祭祀等文化迹象我们可以看到海上丝路与我国内陆腹地及绿洲丝路之间极其久远和复杂的内在联系。这些问题，非常值得关注和研究。

一　锦纶会馆简况

锦纶会馆创建于清朝雍正元年（1723），是岭南丝绸生产和外销发展到繁荣鼎盛的历史产物，也是岭南丝绸业和海上丝绸之路成长历程中的一个坐标。

18 世纪早期，广东丝绸生产有了突飞猛进的发展。立于雍正九年（1731）的《锦纶会馆祖师碑记》（该碑现存于馆内）记载：“郡城之西隅业桑蚕者，宁仅数百家？从前助金修建关帝庙于西来胜地，以为春秋报赛及萃聚众心之所。”可知在广州西南部曾经聚集了至少数百家经营丝绸业生产和贸易的作坊或店铺。早在锦纶会馆建立之前，作坊主和店铺东家们为了议事方便，就捐资建立关帝庙，作为聚会议事或者举行庆典的场所。该碑又云：“爰于癸卯之岁（1723），集众金佥题助金，构堂于关帝庙之左，以事奉仙槎神汉博望张侯焉。”可见随着参加聚会的人数越来越多，关帝庙空间不足，于是他们再次集资，在关帝庙旁边构建厅堂，建造了规模更大的锦纶会馆。

锦纶会馆属于典型的岭南祠堂式建筑，里面蕴含着广东丝绸文化的许多因素，寄寓着当时丝绸行东家们对丝绸贸易兴盛的渴望。

在其外形设计中，堪称亮点的部分当属头脊。正脊设重脊，以增加脊的高度，下脊施灰塑装饰，上脊用琉璃陶塑，并在脊顶增加“鳌鱼护珠”陶塑，两侧垂脊也作呼应，在脊下端加博古装饰，并在博古上增加蝙蝠图案和花瓶灰塑，使屋脊显得更加热闹，充分反映了锦纶会馆商业文化对丝绸贸易生意兴旺的追求。塑造的飞翔在云天的鳌鱼形象，鳌鱼的长须伸向晴空，显得气势非凡。除了装饰屋顶轮廓以外，中国民间流传的兽纹可防火避灾，这一陶塑即因此用意而设，同时寄寓了建造者期望子孙后代独占鳌头，将丝绸贸易世代延续的意愿。

在内部设计中，会馆内后堂两侧各有对开黑漆木雕花门，下部雕刻八宝花纹图案和文字，阳刻文字七言两句一题，各书左右两侧门扇。左侧门扇上刻“不知织女萤窗下，几度抛梭织得成”，这首诗出自北宋名相寇准的侍妾蒨桃所作的《呈寇公二首》，原诗意在以诗的形式向豪奢的寇准进言。[①] 将这两句诗放在会馆内最显眼的地方，意在提醒人们珍惜丝绸生产的不易。右侧门扇上刻“清风明月无人管，并作南楼一味凉”，此诗出自北宋诗人黄庭坚的《鄂州南楼书事》，放在这里意在提醒从业者不可有过多贪念，要守本分，内心清澈，做自己分内的事。

锦纶会馆自创建至今，已走过近 292 年的风雨历程，是广东丝织业发展的重要见证者，2001 年，由于市区道路建设的需要，锦纶会馆进行了整体移位，从原来的西来新街移到了康王路西侧。

① 参见（宋）胡仔纂《苕溪渔隐丛话后集》卷 40，人民文学出版社 1984 年版，第 334 页。

二　锦纶会馆与悠久的广东丝绸生产

尽管锦纶会馆建筑历史不长，但是透过凝聚在其中的文化迹象，我们则可了解丝绸在岭南地区相当悠久的生产和外销史。

瞻仰锦纶会馆，我们第一眼即可看到正门两侧的对联，字体醒目且词句奇特：

> 石授之机仙女秘传天上巧，侯封博望后世敬仰看先贤。

馆内《锦纶祖师碑记》亦云：

> 盖蚕织之事，虽肇端于黄帝之世，然机杼之巧，花样之新，实因侯于元狩年间乘槎至天河，得支机石，遂擅天孙之巧，于是创制立法，传之后人，至今咸蒙其利。赖兹构堂崇奉，实食德报本，不忘所自之舆情也。征予言以记其事，予不禁为之喜，曰："即此可观世道之隆焉。"

以上都在传述这么一个故事：汉武帝时期张骞出使域外，途中获天上织女传授丝织技术，并把一块安放织机的“支机石”带回来，从此广东就开始了丝织业生产。这个传说在岭南流行很久，看似荒诞，其实有据。早在南越王国存在的公元前2—前1世纪，岭南确实已经可以生产出非常精美的丝绸了。

据考古发现，南越王墓中存在大量丝织物的遗迹，这些丝绸遗物相叠存放，虽已炭化，但是放在放大镜下，我们还可看出织物的组织结构及印染的花纹图案。且这些织物种类繁多，有平纹的绢，方孔的纱，斜纹的绮，组织复杂的绵、罗、绉纱等，在铜镜、玉璧等器物上，还发现手工编织的绶带、罗带和组带等编织物，另外还发现刺绣。还有一种“湘黄超薄绢”，其经纬密度达每厘米320根经线×80根纬线，用肉眼根本看不出经纬线，只有在10倍以上的放大镜下方能看清。

在纱类中有漆缅纱，色泽漆黑，是用黑漆液均匀地涂于纱上制成。从出土位置看，可能是纱帽的一部分。以漆纱作冠，既易于成形，又美观凉爽。再如砑光纱，是用砑光工艺（即辗压工艺）制成的纱，纱的经纬组织致密，空隙较少。墓中出土的砑光纱是在纱上涂上云母粉末后加以辗压，使织物轻薄、坚牢、平整，云母粉还产生泛光感。这种云母砑光纱在全国尚是首次发现。另外，绣绢、绣纱是对织物再施以人工刺绣的装饰，与工艺复杂的绒圈锦都属于高级织物。

经研究，南越王墓出土的丝织品，有一部分可能是西汉朝廷赠送的，大部分应是在南越国织造的，表明南越国拥有规模不小且发达的丝织品制造业。

同时该墓中还有一大一小两件丝织印花板模，“被认为是迄今发现的世界上最早的一套彩色套印丝织工具”[①]，这套青铜印花工具，一大一小两件，其中大件保存完好。两件器物花纹部分均在同一平面，且有一定磨损，显然是已经使用过的蘸色戳印工具，考古工作者和丝绸行业人士指出，其花版线条犀利，纹间凹槽亦深，便于印出清晰流畅的图案。同时其花纹细致玲珑，没有出现印花时色浆扩渗现象，由此也可证明其花纹铸造和色浆制作工艺已很成熟。

立足于这些考古发现，有些学者指出，南越王国时代岭南生产的丝绸，绝不亚于以马王堆汉墓出土为代表的长沙国生产的同类产品，而大量颇高品质的丝绸能为岭南当地生产也并不奇怪。以上所有诸多条件，使得岭南丝绸生产早有发源，并至成熟，由此一脉相承下去，在中国丝绸文化中独树一帜，美不胜收。

史书文献亦可佐证，汉代岭南普遍养蚕缫丝，进行丝织活动。约在汉武帝元封元年（公元前110），有使者看到，即使在偏于海角的珠崖郡（今海口市），“皆服布如单被……男子耕农，种禾稻纻麻，女子桑蚕织绩”[②]。

在锦纶会馆厅内展览室内，一幅古代女子画像特别引人注目，她是唐代岭南著名的丝织和刺绣能手卢媚娘。伴随着生产的进步，到唐

① 广州市文化局编：《广州秦汉考古三大发现》，广州出版社1999年版，第306页。

② 《汉书》卷28下，第1670页。

代岭南丝绸生产分工愈加细致，技术愈加精湛，产品愈加丰富。而卢眉娘就是当时生产者大军里的代表性人物。

关于卢媚娘，古代典籍中不乏记述。唐苏鹗《杜阳杂编》云："永贞元年（806），南海贡奇女卢眉娘……幼而慧悟，工巧无比。能于一尺绢上绣《法华经》七卷，字之大小不逾粟粒，而点画分明，细于毛发。其品题章句，无有遗阙。更善作飞仙盖，以丝一缕分为三缕，染成五彩，于掌中结为伞盖五重，其中有十洲三岛、天人玉女，台殿麟凤之象而外，执幢捧节之童，亦不啻千数。其盖阔一丈，秤之无三数两。自煎灵香膏傅之，则虬硬不断。"① 清康熙时屈大均《广东新语》亦云："唐时南海多奇女子。……若卢媚娘者，巧于刺绣。媚娘生而眉缘细长，人以媚娘呼之。"② 此外唐人李象先为卢媚娘作《卢逍遥传》，宋人张君房《云笈七签》将其神化为"神姑"，列入神仙传。这些记述表明唐代岭南地区的丝织技艺已达到了相当高的水平。

到了明清时期，岭南丝绸生产者队伍越发壮大起来。同时由于生产技术继续进步，岭南丝绸闻名海内外，嘉靖之后，已有"广纱甲天下"的声誉。这时候江南苏州丝织行业里产生了资本主义萌芽，出现了"机户出资""机工出力"的现象。而广州则出现更为细致的从业者行会之分。如机行，按雇佣关系分为西家和东家两行：东家行是老板的组织，西家行是工人的组织。广州的丝织业在"全盛时期有工人三四万人，丝织厂分布于上下西关、下九甫、十三行一带"③ 所产纱缎质量上乘，清乾隆时期编修的《广州府志》中就评价广纱"甲天下，缎次之"，其精美程度为"金陵、苏、杭皆不及"。

乾隆二十二年（1757）宣布广州一口通商之后，一直到道光二十年（1840），由于广州成为对外贸易的唯一口岸，广州的丝织品行销海外，呈现出"洋船争出是官商，十字门开向二洋。五丝八丝广缎

① （唐）苏鹗：《杜阳杂编》卷中，中华书局1985年版，第11—12页。

② （清）屈大均：《广东新语》卷8《女语》，中华书局1985年版，第260页。

③ 广东省文史研究馆编：《三元里人民抗英斗争史料》，中华书局1978年版，第184页。

好，银钱堆满十三行"[①] 的繁荣景象，这刺激了岭南地区人们养蚕种桑，原来的果基鱼塘生产模式至"乾嘉以后，民多改业桑鱼，树艺之夫，百不得一"[②]，到道光十一年（1831）已经成为"境内务稻田，仰籴于外"[③] 的纯桑基鱼塘经营形式。

对外贸易的繁盛，生产方式的改进，以广州为中心的珠江三角洲地区逐渐发展成为中国重要的生丝产区，从而促进了岭南丝织业的发展，产品质量上乘，受到海外商人的欢迎，"广之线纱与牛郎绸、五丝、八丝、云缎、光缎皆为岭外京华东西二洋所贵"[④]。

三　锦纶会馆与长盛不衰的丝绸外销

岭南丝织业历来祭祀张骞，尊其为祖师爷，馆内后堂正中一直悬挂着张骞的画像。这一行为亦不虚诞，因为张骞是丝绸之路的凿空者，引领了中外经济文化交流的新时代，而岭南丝绸业生产历来以对外贸易为主要目的，有着长盛不衰的丝绸对外贸易史。

由于处于中国南部边缘，岭南很早就已经开展对外贸易，早在秦汉时期，在全国"番禺亦其一都会也，珠玑、犀、玳瑁、果、布之凑"[⑤]，说明当时的广州聚集了南海及东南亚等地的珠玑、玳瑁、果、布，甚至可能来自更远地区的犀牛等，已经成为中外贸易货物的集散地。关于以岭南沿海港口为始发港的海上丝绸之路的开通，学界至今以为徐闻、合浦历史最早，其实这是一个误会。汉使赴印度和斯里兰卡之行最早不过汉武帝时期黄门出洋，而番禺（今广州）早在汉武帝之前就有对外贸易的发展，至迟到汉武帝时期已经成为全国少有的几个引人注目的都会城市之一，在岭南首屈一指，并以"果布之凑"亦即中外货物集散地闻名天下。而分析果、布这些货物名目，并观照南

① （清）屈大均：《广东新语》卷15《货语》，第427页。

② （清）朱次琦倡修，冯栻宗纂：《九江儒林乡志》卷3《物产》，清光绪九年（1883）刊本。

③ 同上。

④ （清）屈大均：《广东新语》卷15《货语》，第427页。

⑤ 《史记》卷129《货殖列传》，第7598页。

越国丝绸生产状况，很可能其丝绸产品已有外销。

同时，岭南又是海上丝绸之路的始发之地，中国向南对外交往的重要门户。故而即使是中国早期中央王朝所组织的对外贸易，同样多从岭南出海。《汉书·地理志》记载，汉武帝时期，“有译长，属黄门，与应募者俱入海市明珠、璧流离、奇石异物，赍黄金杂缯而往。所至国皆禀食贾船，转送致之”①。从黄门之行开始，汉使屡下南洋，开辟了海上丝绸之路东段从岭南到印度半岛的航线。值得注意的是，这些人出海购买明珠、琉璃等海外奇货，主要是靠所携带黄金、杂缯，可见丝绸成为这条海上航线上中国对外贸易的主要货物。这些航行促进了我国丝绸的大量外销，铺就海上丝绸之路，与张骞凿空同样具有重大意义。

再至三国两晋南北朝时期，丝路两端番舶海商开始来华。孙权在位时就曾接待过一位大秦即罗马商人，他先从红海、阿拉伯海到印度，然后从印度辗转泛海东行，经由南海到了岭南，被地方官护送到当时东吴的都城建康（今南京）。这时期北方动乱，南方局势相对稳定，永嘉之乱后东西方商旅往来多取海道，经由岭南等来华贸易，正如《宋书·蛮夷传》所记，诃罗陀国更是直接向宋文帝要求来广州通商，“伏原圣王，远垂覆护，并市易往反，不为禁闭。……愿敕广州使遣舶返，不令所在有所陵夺。愿自今以后，赐年年奉使”。据东晋僧人法显《佛国记》载，当时的商人对南方海上航线已经相当熟悉了，连航行所需的具体时间都非常清楚。而在狮子国时，法显还曾目睹当地商人用中国生产的百绢扇供养佛像。由此可见，当时不仅中国的丝绸被大量贩至南亚，而且丝织工艺品也在这里广泛流传。

隋唐时期，岭南海上丝绸贸易范围扩大，广州作为当时全国最大的贸易港口，不仅有大批中国商人从广州出发，沿着这条航线将精美丝绸贩运到世界各地，而且有很多外国客商直接到广州购买丝绸，“公元903年，阿拉伯地理学家伊本·法基在其《地理志》一书中，把中国陶瓷、中国丝并列为受阿拉伯世界欢迎的名牌货”②，丝绸成为

① 《汉书》卷28下《地理志八下》，第1671页。

② 沈福伟：《中西文化交流史》，上海人民出版社1988年版，第205页。

别国竞相购买的奢侈品。

同时，中西贸易规模亦大有发展。唐代高僧鉴真大师东渡前，曾在广州见到珠江中婆罗门、波斯、昆仑等国的海船不计其数，满载香药、珍宝，堆积如山。丝绸作为当时海外市场的流行品，深受外商的欢迎，成为中国出口产品的大宗。正如新罗僧人慧超描述的那样，波斯人“常于西海泛船舶入南海，向狮子国取诸物，所以彼国云出宝物。亦向昆仑国取金。亦泛舶汉地，直至广州，取绫、娟、丝、绵之类”①。

这些波斯商舶运到广州的是香料、珍宝等世界各地的特产，运回的商品则主要是中国的丝绸。而反映岭南对外贸易繁盛的另一个重要现象就是在广州开始设置专门管理对外贸易的官员——市舶使，虽为皇帝差遣的使职官，但行专职，有定制，长期设立，职责明确；同时，广州珠江南岸开始出现外国商人社区，专供外商居住停留之用，当时号称番坊，这表明岭南地区的对外贸易和我国中央王朝管理发生了质的飞跃。

到了宋代，国家对南方经济的发展更加重视。统治者一改前代对外商的消极态度，主动派员携带大量金银丝绸，到海外诸国招邀番商，扩展海外市场；同时，鼓励民间商人出洋，大力发展民间的对外贸易。为了加强对中外商人往来贩运的管理和征收舶税，宋朝政府发展完善了由唐沿袭下来的市舶制度，进一步成立专门管理对外贸易的行政机构——市舶司。

广州作为当时中国的第一大港，有宋一代一直是丝绸出口的主要集散地。岭南当地商人的经营策略也有改进，买卖丝绸赢利巨万。据载，“广人举债总一倍，约舶过回偿，住番虽十年不归，息亦不增。富者乘时畜缯帛陶货，加其直于求债者，计息何啻倍蓰”②。这种放贷经营的方式汇聚了社会上大量的闲散的资金，扩大了海商的运营资本，也提高了他们经营的积极性，有力地推动了岭南丝绸贸易的发展，“11 世纪 70、80 年代，明州、杭州、广州三市舶司博买乳香，

① （唐）慧超原著，张毅笺释：《往五天竺国传笺释》，中华书局 2000 年版，第 101 页。

② （宋）朱彧撰：《萍洲可谈》卷 2，中华书局 1985 年版，第 19 页。

共354449斤，其中广州收到348672斤，占总数的98%，可见广州在当时全国外贸中占据着举足轻重的地位”①。

元朝是我国历史上疆域最为辽阔的一个朝代，海外贸易也相当发达，尤其是官府出资、商人经营、获利分成的“官本船”制度的创立，更是为广大海商提供了很多的便利。岭南作为中国对外贸易的传统地区，在整个元代仍然是外商来华贩运和中国丝绸出口的重要交易地。据《岛夷志略》所记，当时丝绸出口到的国家和地区达50多个，而从广州直接出口的达16个，占32%②。如桑原骘藏在《蒲寿庚考》中所讲的那样：“阿拉伯人来华也，多自波斯湾经印度洋，绕马来半岛，以抵今之广东。”据汪大渊《岛夷志略》记载，有元一朝，经广东和福建等省出口的丝绸，行销东南亚、南亚达四十一国之多，远远超过宋代的十一国。大量阿拉伯人、波斯人、印度人以及南海诸国商客进出或居留广州，使这个南部港口充满着异国情调，文化氛围与内地大不相同。

明代是我国历史上由对外开放逐步走向闭关锁国的逆转时期，朝贡贸易成为当时唯一合法的形式。但这并没有影响岭南的丝绸对外贸易。所谓朝贡贸易，以朝贡为名，实则是进行贸易。诸国每次来华朝贡，明朝政府都赏赐大批丝帛衣服等物。对附贡舶而来的商舶，明太祖还一度下令免征其关税，允许附载货物与民间贸易。明成祖登基以后，继续推行其父的政策，积极发展朝贡贸易，宣布“诸藩国遣使来朝，一皆遇之以诚，其以土物来市易者，悉听其便。或有不知避忌而误干宪条，皆宽宥之，以怀远人”。永乐三年（1405）还设置专门接待外国使者的驿站，其中广州的怀远驿站房屋多达120间，规模远大于宁波的安远驿站和泉州的来远驿站，足见当时广州朝贡贸易的繁荣。

到了清代，欧美各国纷纷前来贸易，清政府决定开海贸易。康熙二十四年（1685），又建立粤海旧关，任命大臣专职监理对外贸易。同时建立工行制度，遴选经济殷实、信誉较好的商人充当各行承办

① 李庆新：《海上丝绸之路》，中国评论学术出版社2006年版，第78页。

② 黄启臣：《海上丝路与广东古港》，中国学术评论出版社2006年版，第142页。

商，由政府统一管理，这些官商味道极浓的行商，史上习称“十三行”。

乾隆年间清政府撤销江浙等其他海关，只保留广州开展独口贸易。这进一步推动了广州对外贸易的发展。18 世纪，外国商船到广东贩卖货物，都以丝货为重，每年 20 万—33 万斤，价值 70 万—80 万两白银，最少也有 30 余万两。1698—1722 年，广东生丝输往欧美 1833 担；1740—1779 年，增至 19200 担。1780—1790 年为 27128 担，1820—1829 年增至 51622 担。①

鸦片战争之后，结束了以中国十三行商和英国东印度公司大班为主角的公行贸易和大班垄断制度，自由贸易制度得以发展。贸易制度的改进，大大推进了广东丝绸业的发展。尽管这时候五口通商特别是上海开港抢去了广州外贸上不少生意，但是广州丝绸出口并未消沉下去，而且其贸易规模和价值总体上仍处上升态势。② 据统计，20 世纪 20 年代，仅广东当地生产的丝绸，生丝一项就外销 50 多万担，水结、丝皮、乱丝头等大致相当，丝类合计 100 多万担，年均十余万担，价值白银年均 5000 多万海关两，占广东出口总值的 60% 左右，粤丝占全国生丝出口总值的 40% 左右。③ 由此可见丝绸生产和外销在岭南地区的繁荣态势，以及岭南地区丝绸生产和外销在全国极其显著的地位。

四　从广州看“一带一路”之间的联系

锦纶会馆之所以将开辟绿洲丝路交通的张骞尊为师祖并加祭祀，背后还隐藏着“一带一路”之间历史悠久而且紧密的内在联系。岭南地区背枕五岭，面临南海，看似一个独立的地理单元。然而这一地区

① 参见黄启臣编《广东海上丝绸之路史》，广东经济出版社 2003 年版，第 509 页。

② 参见刘永连《丝绸外销与广州外贸制度及其演变》，《中国社会经济史研究》2010 年第 4 期。

③ 参见刘永连《近代广东对外丝绸贸易研究》，中华书局 2006 年版，第 158—168 页。

的发展与中国内陆腹地和陆上丝路密不可分。①

在岭南地区与中国内陆广阔的腹地之间，珠江流域早有多条通道与长江流域相连接。珠江三大支流——西江、北江、东江分别向不同方向伸展，经过五岭，贯入腹地。在西江上游，顺贺江、桂江、浔江等可经粤西北和广西达云贵、巴蜀等地；北江上游，可由连江、武水、浈水等直入湘赣、江浙和长江以北地区；东江及其支流可以横贯潮汕并连带闽浙。可以这样说，以广州为统领的岭南沿海港口，通过内接外联，构成了对外海路各国和对内中国内陆腹地两个扇面，两千年来不断促动着中外海上丝绸之路的经济文化交流。②

另外值得关注的是，岭南地区的开发是在内陆腹地发展的基础上实现的，而在发展过程中二者的互补和互动也是不可缺少的。岭南本属荒蛮之地，秦始皇时期正是由于中原地区社会生产的发展和大一统的实现，才有 50 万军民迁徙岭南及其开发之举，从此岭南地区得以陆续开发，农业生产和养蚕丝织等行业逐步发展起来。此后，海上丝路的兴起和繁荣也绝非仅依赖于岭南社会生产的发展，海上丝路的对外贸易在很长一段时期内表现为过境贸易特色，即使到清代前期丝绸在岭南的外销仍以湖丝、宁绸为主要商货，可见岭南地区的生产和外贸都离不开内陆腹地的基础。特别是唐代海路超越陆路这一巨大变化，显然离不开我国经济重心的南移。③ 与此同时，岭南地区的开发亦为中原腹地向南与海外交往交流提供了重要窗口和渠道，其发展无疑也为中外海上交往提供了便利。特别是当南方海路超越陆路而成为中西经济文化交流的主要渠道之时，南方海上交通及其贸易地位日益

① 从海上交通和丝绸外销状况来看，岭南海路的发展从秦汉至清前期经历了大约四个阶段，其中每一个阶段的发展变化都与中国内陆腹地和陆上丝路的发展密切相关。详见刘永连《岭南海路与丝绸外销》，《丝绸》2005 年第 1 期。

② 参见刘永连《近代广东对外丝绸贸易研究》（第 158—168 页）、黄启臣编《广东海上丝绸之路史》（第 509 页）、王元林《内联外接的商贸经济——岭南港口与腹地海外交通关系研究》（中国社会科学出版社 2012 年版，绪论部分）等。

③ 关于丝绸之路海路超越陆路问题，一般认为是在安史之乱之后的唐朝中期。不过根据笔者研究，其实早在武则天在位时期海路已有超越陆路的迹象，只是在安史之乱之后得到进一步的巩固和发展。参见刘永连《唐代中西交通海路超越陆路问题新论》，《陕西师范大学学报》（哲学社会科学版）2013 年第 1 期。

显著，从而保障了中原地区继续发展而成为传统文明发达区域，也使得中国继续促动对外交往而保持了在东西方文明交流中的重要地位。可以说，双方的互补、互动使得岭南地区长期以来保持着与内陆腹地的密切联系。

在海上丝路与陆上丝路之间，由于同样依赖广阔的中国内陆腹地，并与其有同样密切的互补和互动关系，“一带一路”早就遥相呼应，协调发展。《汉书》明确记载，黄门带领船队从岭南港口出海，几乎与张骞出使西域同时进行，并且都出自汉武帝的指派，显然同属于当时大汉帝国对外经略宏伟计划中的重要组成部分。黄门与张骞也同样厥功至伟，张骞凿空绿洲丝路，黄门开辟海上与印度半岛航线，二者同时打通了陆、海丝绸之路的东部交通，共同构成中西交通早期发展的关键环节。

在以后漫长的发展历程中，海上丝路和绿洲丝路逐步融入中西之间成一体系的交通网络，并组成不可分割、相互影响的有机部分，故而二者从来不是孤立存在，而是始终相互联系，协调发展。历史上大量的人员往来和文化传播活动可以证明二者之间的联系。例如，罗马的使者和商人、印度的僧侣、众多的粟特和波斯移民等，不但很早就足迹踏遍绿洲、草原丝路，而且在南方海路上也不乏往来身影。而稍后来华的大食商人和穆斯林、欧洲传教士和冒险家们，则在海路大量聚集，对中国南方沿海的影响也更加显著。如果具体到旅行者个人，我们会发现一个有趣的现象，不少人往往陆、海兼行，对两条丝路都非常熟悉且随意变换路线。就文献记载看，早在 5 世纪初，法显就从陆路西行，而改海路回国；此后 8 世纪的杜环和 13 世纪的马可·波罗也是先遵陆路再改海路而往来。以上说明“一带一路”早在古人眼里就已结为一体，互通无碍。正因如此，许多文化传播现象往往经过陆、海两大渠道进行。如佛教、伊斯兰教等宗教的东传，两路几乎同时进行，而伊斯兰教早期传播似乎在海路更为显眼。中国养蚕丝织技术大概在 5 世纪之前分别传入了西域和印度，此后进一步向东罗马传播。

另外，陆、海两路的兴衰似乎都与中国内陆腹地的变化和二者彼此的影响相关。例如，大汉帝国的统一和强盛，促成了“一带一路”的南北同时开辟；魏晋南北朝的分裂割据，带动了南北政权对陆、海交通的各自倚重和“一带一路”的继续发展；李唐兴起过程中，陆、海丝路都有巨大发展；而当其中衰之后，西域失守，陆路梗塞，海路从此更受倚重，于是超越陆路而长盛下去。

五　余论

广州是一个颇具开放性的城市，这已经是学界共识。不过，要准确评价其开放性程度和层面，必须立足于宏阔的历史视野。广州不但因丝绸外销等与海上丝路密切相关，而且作为与海上和内陆腹地相互联系的重要环节之一，亦与“一带一路”之间的交融共生有着莫大的关系。当前，习总书记提出振兴“一带一路”的宏伟计划，不过就南北各地的发展措施看，极少有人关注陆、海丝路之间应有的联系。即使在学术研究上，能将二者密切联系起来阐述其发展变化者也不多见。如果按照振兴中华民族的伟大复兴之梦和整个国家发展大计的协调实施，将“一带一路”的发展作为有机联系的中国对外交往体系来筹划也是十分必要的。这种联系本来就是历史存在的，而我们能将其展现出来，加以理顺和协调，那么“一带一路”的发展就可以少走弯路，顺利进行。

原载《中外关系史论丛》第 24 辑，陕西师范大学出版社 2016 年版，第 18—88 页。

祭帐仪式·置尸马上·待时而藏
——突厥葬礼三考

突厥活跃于公元6—8世纪，其版图一度包括了蒙古高原和天山南北在内的亚欧大陆广大地区，对中国乃至整个亚欧大陆都曾产生过巨大的影响，风俗礼仪等文化层面自然也不例外。本篇从其丧葬礼仪的仪式及其内涵考实做起，首先了解其重要特点。

对风俗礼仪的研究，科学工作者往往要从两个方面来做，一是对风俗内容及其源流变化的钩沉和阐述，二是对其深层次内涵的挖掘和剖析。突厥民族具有十分丰富的风俗文化，在其丧葬风俗领域亦毫不例外。

一 “祭帐”考

《册府元龟》卷961载：突厥人死后，“死者停尸于帐，子孙及诸亲属男女各杀羊马，陈于帐前祭之”。在突厥丧礼中，“祭帐”仪式算得上一个较具特色且内涵丰富的习俗事项。

先说其形式。据《周书》记载：突厥人祭帐时，哭祭者要“绕帐走马七匝，一诣帐门，以刀剺面且哭，血泪具流，如是者七度乃止”①。由此看来，仪式可分为两部分：一是绕帐走马，哭祭者骑马绕帐而驰。《隋书》突厥传中又有“绕帐号呼”之说，因此绕帐走马的同时还要大声呼号哭喊。二是以刀剺面，哭祭者要对死者“以刀划

① 《周书》卷50《异域传下》，中华书局1975年版，第910页。

面”，恸哭流涕，由此“血泪交下”①。

关于祭帐的整个程序和场面，著名突厥史专家林干先生这样描绘：“亲属俱绕帐走马七匝，其中一人则至帐前用刀剺面痛哭，血泪交流，如此七次而止。”② 马国荣在论及这一点时也袭此说。笔者认为对此解释有两点问题需要讨论。

其一，剺面人数问题。若依林干先生一人剺面之说，那么剺面者在死者家族（兴盛时的突厥民族处于由一个大家庭包容着许多祖、父、子孙辈小型家庭的“血缘家族”和“兄弟家族”时期）中应当具有特殊的身份，例如嫡子、长子或亲兄亲弟之类，但是史料中明确记载，北周时王庆出使突厥，突厥大臣曾经对他说：“前后使来逢我国丧者，皆剺面表哀。”③ 公元576年东罗马使臣在西突厥适逢可汗去世而被逼以突厥风俗剺面举哀的事例更广为人知。此处还有相当多的考古资料，例如，后东突厥汗国毗伽可汗的碑文中如是记载：“这么多的百姓剪去了头发，划破了耳朵、面颊……”看来，在祭帐时只有一人剺面的情形很值得怀疑。近世考古发掘中发现，在片治肯特2号遗址正厅南壁的一幅大型壁画上，绘有粟特人六、突厥人五同在死者帐前割耳剺面的场面。由此可以确证，剺面当是死者亲属乃至诸社会关系表示哀悼的普遍方式，并非个别至亲的特殊权利或义务，一人剺面之说无论如何是讲不通的。

其二，仪式程序问题。依林干先生等人说法，似乎是走马、剺面同时进行，其实不然。问题出在“一诣帐门”的“一”字上。通读上下文不难发现，这个“一”字并非说一个人，而是与走马七匝相对应，作“每每”之意，指走马七圈过程中每当走到帐门前的时候。正因如此，才与走马七匝相符合，以刀剺面也是七次而止。比较合乎客观事实的是，哭祭者先是骑马绕帐而行，当走至庐帐门口时便一同勒缰下马，对着死者剺面痛哭，这样走马剺面，一先一后做上七次，仪式才算完成。在片治肯特2号遗址的壁画中，见到的也只是众人同时

① 《隋书》卷84《北狄传》，第1864页。

② 林干：《突厥的习俗和宗教》，《民族研究》1981年第6期。

③ 《周书》卷33《王庆传》，第576页。

剺面而非走马与剺面两种仪式同时进行的场面。

想象突厥人的祭帐仪式：在空阔无边的大草原上，围绕停尸大帐群马隆隆而行，无法压抑胸中哀痛的祭奠者呼魂唤灵，行同疯狂。群马聚焦到帐门之时，一霎间又见众人一齐下马跪地，用刀划面，血泪飞洒。真是何等的肃穆和悲壮！

再说其内涵，我们可分绕帐、剺面两点来切入。

突厥人绕帐与其灵魂观和宇宙观相关联。据史料证明，突厥人信奉着北亚民族普遍信仰的原始宗教——萨满教。萨满教最基本的观念是万物有灵和灵魂不灭，认为人的灵魂能从人的肉体中游离出来并发生转移。同时，在宇宙观上人们认为，整个宇宙分上中下三界，上界为众神所居，称“天上界”，住着各位天神；下界，或称“地下界”，属阴世，分别住着亡魂、祖灵和各种魔鬼；中间为“地上界”，即人间阳世，由人和其他生物以及山、海各种精灵所居住。在突厥人看来，说人死了，不过是灵魂从肉体中游离出来的缘故。因此在人死后，亲属们绕帐而行，高声呼号，其实是在追索呼唤死者的魂灵，希望能将其追唤回来，重归肉体，使亲人复活。这与我国上古时代的“皋复”之礼和世界上许多民族流行的“还魂”仪式非常类似。亲属们为什么要骑马仗刀呢？这里恐怕又有一层夺魂的含义。人们普遍认为，魂灵的迷失有时候是被邪魔侵掠而致，因此要找回魂灵必须与邪魔进行搏斗厮杀，将其赶走，夺回魂灵。突厥人骑马仗刀，驱驰呼号，颇似战场冲杀，其实是要追截或驱逐邪魔，争夺死者魂灵，这一点与有些民族唤魂时到处敲打升斗、撒扬符咒异曲同工。那么，亲人们绕帐环行又是什么意思呢？其实这是一种模拟行为，是在模拟从地上界到地下界之间阴阳两界来回巡回往返的路程。因为在突厥人看来，地下界是亡魂所归之处，在人死后到地下界索唤其魂是理所当然的。根据西方民俗学界公认的观点，人们的生活始终脱离不了时间和空间上的两个圆形轨道。时间上是由生到死，死而再生；空间上是由阳间到阴间，再回到阳间。这种“圆”的观念极其普遍地存在于人们的潜意识中。在突厥，丧葬中的绕帐环行就等同于巡回于阴间阳世，其他如巫师萨满驱邪时的举火环行仪式也有同样含义。扩而大之，亚洲北部许多民族流行的“蹛林”仪式、我国中原广泛存在的“绕灵”

仪式也都是对在不同世界巡回往返的模拟。

突厥人剺面则以萨满教中的血祭为上源。血祭是原始宗教普遍存在的现象，它的起源与灵魂寄存于人的心脏和血液里这一观念密切相关。在原始初民的眼里，血液是生命的来源和灵魂寄托之所，血液的存在便意味着灵魂和生命的存在。于是，人们在表示对神的屈服或敬仰之时，便以血奉祭，暗示着灵魂受其控驭和恩顾，这是上古时代往往以人血作牺牲的根本原因。同时，在丧葬中，人们往往有在死者身上或尸骨周围洒涂红色颜料或以鲜血洗洒尸骨的做法，这里又包含着挽救生命或企望灵魂不死的意向。在信仰萨满教的民族中，浓厚的血祭色彩更是一个突出特点。在史书上，早就不乏对我国北方民族像匈奴单于屠贰师将军李广利以祭祖之类的记载。一直到近现代，像鄂伦春诸族仍旧保持着活生生的血祭风俗。在这些民族中，“血是请神、祭神的必备佳品，尤以天鹅血为上乘。当神附体后，萨满便向族人要血喝，往往是参祭的几位萨满争抢着喝禽兽鲜血，族众也随之抢喝……”[①] 至于突厥人，血祭之盛不亚于其他萨满教民族。在其丧葬习俗中，无论是墓前常杀死的俘虏，还是下葬前大量陪入墓穴的妻妾、奴隶，都是人牲血祭的存在形式。谈到祭帐时的剺面，祭祀者面对死者以刀割面，抛洒自己的鲜血，这不仅是其血气充盈的本性在哀伤中的自然流露，更重要的是对亡魂眷恋和极力挽救的表示。祭祀者希望以自己的灵魂追随亡灵，或以自己的鲜血挽回死者生命。其实这是人牲血祭的一种变型。

二　火化“置尸马上”考

在突厥丧葬习俗中，当停尸祭帐而唤魂屡屡不灵之后，不得已人们便要火化死者尸体。关于火化仪式的记载，史书普遍语焉不详，一般是“乃择日取亡者之所乘马及经服用之物并尸俱焚之”[②] 的说法。

---

① 郭淑云：《鄂伦春萨满教议》，《内蒙古社会科学》1996 年第 2 期。

② （宋）王钦若：《册府元龟》卷 961《外臣部 · 土风三》，中华书局 1960 年版，第 11311 页。

不过《隋书》中还有“置尸马上”的细节描述，这一点虽然至今仍未引起学者们的注意，但是其中所蕴含的信息却不容忽视。

与突厥人生息之地颇为相近的鲜卑人和乌桓人有类似做法：“至葬，则敬舞相送，肥养一犬，以彩缨牵，并取死者所乘用马、衣服，皆烧而送之。”[①] 稍有区别的是鲜卑和乌桓人盛行土葬、树葬，而不焚烧尸体，然而焚化死者生前坐骑和所用之物则如出一辙，这里明显有着“送”的内涵。在鲜卑人和乌桓人看来，是将坐骑和用具送给游离肉体之外的魂灵，让他回到出生前所从来的旧地去，因为后文明确提到“言以属累犬，使护死者魂神归赤山”[②]。对突厥人来讲，把死者放置到马背上，做出骑马出行的样子，是将坐骑送给魂灵所附的尸体，为死者备好远行的脚程；把死者生前所服用的衣服等物一并烧掉，则与鲜卑人和乌桓人一样，意思是送上生活用品，以备死者路途之需。

对鲜卑人和乌桓人死后魂归赤山我们是明确了，而且史书进一步指出：“赤山在辽东西北数千里。”[③] 然而突厥人死后魂归何处呢？笔者认为可能有三个地方。一是早期萨满教所泛指的“地下界”；二是兴盛时期突厥人所普遍憧憬向往并年年祭拜的地上界之“祖窟”；三是突厥人祖灵升格为天神后的天上界。从史书中类似的内容记载看，这一仪式中突厥人死者魂魄所归之处，应是突厥兴盛期大致定格的丧葬习俗中所倾向的已处于地上界的祖窟。

随着萨满教信仰文化的发展，突厥人意念中“祖灵”的形象发生了一系列变化，在原始宗教形成之前，人们认为“祖灵”的形象是图腾——某种动植物或大自然非生命事物（突厥人以母狼为图腾），人死了，同样也要回归到图腾的形象。萨满教形成之后，人们不再保持人、兽之间的错误联想，而是把祖灵和亡魂定位到“地下界”，人死了便要回到地下阴世去。再往后，突厥人的祖灵转化为有血有肉的人格，如突厥源出舍利海东的传说中，突厥人祖先不再是母狼，而是一

① 《册府元龟》卷961《外臣部·土风三》，第11310页。

② 裴松之：《三国志注》引王沈《魏书·乌丸传》，岳麓书社1990年版，第667页。

③ 同上。

位名叫射摩的英雄，“有神异”，以海神之女为妻，有部族，经常指挥众人打猎，如同一个部落首领的形象。[①] 就在这一时期，突厥人有了祖窟的概念，而且在地上界可以明确找到其位置。早期他们认为祖灵就生活在其先民最早居住的“阿史那窟”，位于南西伯利亚山地中剑水、阿辅水流域之跋斯处折施山。突厥人以蒙古高原为政治、经济活动重心确立既久，其另一核心部落阿史德氏较早居住的蒙古高原中部之于都斤山即今杭爱山脉一带，逐渐成为突厥人统一认定的祖窟，称“阿史德窟”，又叫“突厥窟”。从此，突厥部落每年都要由可汗亲自率领去祖窟举行盛大的祭祀活动。西突厥路途遥远，且与东突厥长期不和，但其可汗也每年都派重臣前去参与这场突厥全民族的祭祖活动。与此相对应，突厥人也当把亡魂去处定位在这人间可达的“突厥窟”。每逢有人死去，亲属便举行仪式，牵马备物，为其送行，在火化中“送”死者到遥远的祖窟去。至此可见，史书中“置尸马上”四个字，透露了突厥丧葬中一个极其重要的习俗，即送魂仪式。

以上论述看似尚显缺乏充分的论据，然而尽管由于突厥民族销声匿迹已久而难以得到直接的对证，但是如果根据文化人类学界惯常使用的取今证古、取此证彼之参照比较方法，我们完全可以在与突厥民族所处自然和社会环境相同或近似的北亚其他民族那里获取大量间接的资料，进而加以推论类比，寻找到旁证和补证：我们已经知道，与突厥时代相近的鲜卑人和乌桓人明确存在做法与突厥人类似的送魂仪式。此外，远迁永宁的原北方民族纳西族在送魂仪式中，还要请巫师念诵《开路经》，举行洗马仪式，为亡魂上路做准备。锡伯族则在萨满神歌中描绘了亡灵归途经过十八卡伦（意为关卡、哨所）的情形，其中每一关卡或为草原，或为高山，或为河流，都有其名字，并且都是阳世真正存在的地名，如伊什哈河、崩阔山、嫩江等。说起文化较为进步的汉族，从“开路”到“过桥”，送魂程序更为繁复：魂幡引路以防迷失，狗山执棒以防被咬，鸡山撒谷以防啄眼，关卡之多，过关之难亦倍加形象地描绘出来。由此观之，送魂仪式是我国北方乃至整个亚洲北部普遍流行的一项习俗，而且其情节和意旨也极为相似，

① 参见段成式《酉阳杂俎》卷4，中华书局1985年版，第35页。

具备类似生存环境和文化心理的突厥人所理当存在的送魂仪式虽如云中龙影，但亦遮掩不住。

非啻如此，在与突厥相近的萨满教民族中，“为死者送魂是赫哲人一个很大的举动，因为这是活人与死者的最后告别仪式”[①]。鄂伦春人死后，要请萨满做送走亡灵的仪式，除了在棺木之中“放进死者生前穿用过的衣服、饭盒、烟具；如是妇女，则放入她使用过的熟皮工具和针线盒等物”之外，还要举行催驱亡魂的扔草人仪式，“说是这样死者的灵魂就能远离而去”[②]。在乌桓，“至葬日，夜聚旧员坐，牵犬马历位（即在人们中间挨次巡回往返——笔者注）。或歌哭者，掷肉与之。使二人口颂咒文，使死者魂神径至，历险阻，勿令横鬼遮护，达其赤山。然后杀犬马、衣物烧之”[③]。由此不难推想，在突厥送魂仪式中，可能还有萨满咒文以引导、众人踊动而参与、歌哭相间、人鬼相杂的复杂内容和隆重场面。

三　“待时而葬”考

在火化尸体之后，突厥人按惯例要“收其余灰，待时而葬”[④]。至于待时的长短，一般以草木荣衰为限度，“春夏死者，候草木黄落；秋冬死者，候华叶荣茂”[⑤]。这是一项令人颇感兴趣的习俗。

纵览世界上众多民族的丧葬习俗，我们会惊异地发现，待时而葬的做法竟是如此普遍地流行着，与突厥生存环境相近的漠北结骨和仆固、东北亚的乌桓人、鲜卑人、高句丽等民族自不用说，中原之汉族、南方之苗瑶也莫不如此。其他域外异俗九译之族，有待葬习俗者举而难尽。对此笔者有种感觉，认为其间必有能够构成人类文化共性要素的重要含义存在。

---

① 谭光广：《中国少数民族宗教概览》，中央民族学院出版社1988年版，第164页。

② 蔡家麒：《鄂伦春原始宗教信仰和崇拜》，载宋思常主编《中国少数民族宗教初编》，云南人民出版社1985年版，第31—46页。

③ 裴松之：《三国志注》引王沈《魏书·乌丸传》，第667页。

④ 《隋书》卷84《北狄传》，第1864页。

⑤ 《周书》卷50《异域传下》，第910页。

翻阅西方民俗学专著的时候，合乎情理的答案终于找到了。通过礼仪派的深入研究，我们可以看到，在人们极其普遍的潜意识中，灵魂从阳间到阴世，再由阴世到阳间，生命由出生到死亡，再由死亡到复生，二者都是沿着一种周而复始的圆形轨道运行着的。人们无论在阴间还是阳世，无论生前还是死后，都必须通过一定的关口，例如出生、成年、结婚、死亡等。能否顺利通过这些关口，直接影响到以后阶段生存的质量。其中出生和死亡又是最为关键的关口，因为如果走不通这两个关口，便意味着生命和生存的终止或中断。因此，人们出于趋利避祸的目的，便为顺利过渡和通过这些关口创设了许多仪式和礼仪。[①]

丧葬仪式是为由生到死、由阳间到阴界这一关口而专设的。与死亡关口的紧要性相对应，在世界上所有民族的传统文化中，人们总是把丧葬礼仪搞得最为复杂，里面仪式繁复，禁忌也多，内涵极其深厚。出于顺利过渡的目的，人们又在丧葬礼仪中确立了一个关键环节——待时而葬。这个环节算得上过渡中的过渡，其必要性在于，死者魂灵既然唤不回来了，就必须把它送到应该到的阴世或祖窟去，否则，亡魂便成了游魂野鬼，无处安身，得不到香火，苦不堪言，更无法转世。在此期间，活着的亲属必须不停地作祭，禁忌一切不祥不净之物，以企求神灵的助佑，魂灵的安心，保证魂灵顺利过关而去。在突厥族来讲，死亡关口从停尸于帐开始，到葬后祭祀结束，但待时而葬才是真正的过渡。这时尽管死者尸体已经火化，亡灵也在送魂仪式中上路，但其间的磨难和反复还有很多，已无法回归肉体的亡灵必须走过一段十分遥远艰险的路途，才能到达其冥界。可能是生存环境比较严酷的缘故，突厥人把这一阶段的亡魂过渡想象得十分艰辛，不但把其路途奔波的时间看得漫长（根据史料可知，突厥待葬的时限一般都跨过两三个季节，多有半年之久），而且其间亲属守丧也极为辛苦（例如阿史那社尔在其父处罗可汗死丧时，甚至“毁瘠三载”[②]）。

---

① Amold Van Gennep, *Les Rite de Passage*, Paris, 1909.

② 《册府元龟》卷962《外臣部·官号》，第11325页。

由此而论，在突厥丧葬风俗中，待时而葬的意义是不可忽视的。

下面再看，突厥人待葬为什么春夏死的要等到草木枯黄，秋冬死的要等到草木再绿呢？我们知道，关于待葬时限的长短各民族差异较大。结骨“火葬收其骨，逾年而为坟墓”[①]；高句丽“死者殡于屋内，经二年，择吉日而葬”[②]。至于汉族，从停灵三五日，到搁棺许多年，做法不一，这里面夹杂了占卜不吉、费用不足等多方面的因素。不过结合前文论及的待葬的含义看，凡有待葬习俗的民族大致都是遵循着这么一条标准，即待葬期与构想中亡魂到达冥界安居之地所用的时间相符合。

就实质而言，亡魂远行的期限本来就是一种虚构，也正如此，生存在不同环境的人们才把待葬期限定得纷然不同。具体到突厥民族，由于到了兴盛时期尚无历法，而大草原的生活环境导致了在他们的眼里最能反映时光流逝、季节转换的客观事物唯有那连天碧草的一荣一枯。因此，他们计算日期年份，方法上便“唯以青草为记”[③]。草青草枯，在其现实生活中是计算时日的主要凭借，在丧葬中自然而然也便成了时间过渡的一个标尺。

进一步而言，在万物有灵观念极深的时代，突厥人目睹草木荣衰，他们首先想到的恐怕还不是以上提及的拿来作为纪年标准，而是在潜在的原始思维之“互渗律”影响下将其与人类自身的生死联系起来：草之萌绿如同人之出生，草之枯黄无异于人终要死；而这草木由荣而枯、枯而复荣，又与人由生到死、死而复生何等相似？草在轮回，人也在轮回，那么人从一个世界到另一个世界的过渡是不是与草木从绿到黄、从黄到绿也相一致呢？这是突厥民众最为敏感而且势必要思考的一个问题。随着文化的积淀，这种普遍而又经常产生的认识和联想势必犹如地层积压成岩一样形成一种思维定式，由此在丧葬中自然而然地树立起以草枯草荣为亡魂过渡的一个直观标尺，待葬期限也便形成一个固定统一的标准。

---

① 《册府元龟》卷961《外臣部·土风三》，第11311页。

② 《册府元龟》卷959《外臣部·土风一》，第11291页。

③ 《北史》卷99《突厥传》，中华书局1973年版，第3289页。

试论突厥丧葬风俗的流变

突厥从其形成民族到称雄北亚再到败亡流散，前后不下数百年，其间文化风俗发生过相当复杂的变化。然而在这一领域至今仍然存在大量的空白和模糊之处。笔者仅就丧葬方面谈一谈自己在史料挖掘中的一些粗浅感受，并渴望就教于方家。

突厥丧葬风俗的流变主要表现在两个方面：一是丧葬仪式和习俗的层次积累，使其程式日趋复杂，内涵日益丰富；二是作为丧葬风俗主线的葬法发生转变，大致从树葬与火葬结合或并行发展到火葬盛行，后在以中原文化为主的外来文化影响下转为土葬，并且在其转变过程中，几种葬法多有交错，形成复杂的结构和状态。

一　突厥丧葬风俗的层层积累

一个古老民族的最初时期，其丧葬风俗总是古朴之甚的，事项简单，甚至没有哭泣之礼，只是处理尸体而已。例如，黑水靺鞨“死者穿地埋之，以身亲土，无棺撑之具，杀所乘马于尸前设祭”[①]。冉駹夷，“死则烧其尸”[②]。流球国南境，“人有死者，邑里共食之”[③]。结合突厥祖源传说判断，突厥人早期应居住在南西伯利亚森林之中，他们对尸体的处理，《新唐书》卷219说，契丹“风俗与突厥大抵略侔，死不墓，以马车载尸入山，置于树巅”。《册府元龟》卷961说，东奚

① 《旧唐书》卷199下《北狄传·靺鞨》，第5358页。

② 《册府元龟》卷960《外臣部·土风二》，第11295页。

③ 《册府元龟》卷959《外臣部·土风一》，第11286页。

“死者以苇箔裹尸，悬之树上，风俗同突厥”。突厥近支坚昆、黠嘎斯等族都流行火葬，看来突厥人也极可能是实行火葬。至于棺撑和墓穴，苏联学者们的考古调查所见，多是草草浅埋碎骨的小型土坑。①至于程式复杂的走马剺面、送魂下葬，乃至丰富多样的墓地设施，当时还缺乏产生的条件。

大致在突厥人从走出南西伯利亚原始森林到兴起于金山之阳广阔草原的时代，② 自然环境和生活方式的巨大变化，民族交往的趋于频繁，促使突厥丧葬风俗产生了一次飞跃性变化。从墓葬调查来看，一种边长四十公分到五十公分的方形石棺大量分布在阿勒泰等地区，简单粗糙的围墙、石人像也开始出现。就史书记载而言，走马剺面、择日火化、待时而葬以及立石建标等内容皆已具备。此外，马匹作为重要角色在丧葬中亮相，石棺、石阵、石围墙和墓前石人像都逐渐流行起来。

在公元 6 世纪上半叶民族崛起的阶段，突厥社会迅速进步，其丧葬风俗也进一步成熟。这时候，突厥丧葬风俗不但在内容上臻于完善，而且在细节上也愈加深化复杂。例如火化仪式，《隋书》卷 84 中第一次提到了在火化中要“置尸马上”的做法，送魂的内涵已经约定俗成。与此同时，曾为柔然锻奴的突厥在冶铁业上得到发展，这使得突厥人有条件更大规模、更高水平地制造石棺、石人、石围墙。再结合众多史籍基本一致的记载来看，毋庸置疑，突厥人已经发展出自己一套成熟的丧葬仪式和制度：人死之后，首先将尸体停放在帐内，举行祭奠仪式。人们骑马绕帐，每圈到帐门前要下马剺面而哭，并且固定成绕帐七匝、剺面七次的程式。接着进行火化，择吉日至烧化现场，捎带死者服用之物，让死者坐于马背之上，在萨满祷祝喝令声中，在人们舞蹈叩拜之下，熊熊火焰将死者灵魂送上遥远的旅途。待葬期过后，死者要入土下葬，骨灰入棺，墓上封石。建筑石围墙，竖

① 参见［苏］威廉·巴托尔德《中亚突厥史十二讲》（罗志平译，中国社会科学出版社 1984 年版，第 16 页）、［苏］Ю. С. 胡佳可夫《蒙古地区的古突厥葬后遗存》（申屠榕译，《蒙古学信息》1993 年第 1 期）等。

② 金山，一般认为即今阿尔泰山。金山之阳指阿尔泰山以南草原地区。

立纪念柱，雕刻石人像，陈列杀人石。人们走马绕墓，剺面吊祭如初。在墓地上焚烧祭品，在标柱上悬挂羊马之头。葬后款待宾客，数日举宴，情意殷殷。

从强大汗国建立之日起，突厥因与东魏、西魏关系渐密而逐步受到中原社会重大影响。从此，突厥风俗中逐渐渗入中原文化的因素，在葬法上表现为土葬的出现并逐步占据重要地位，在制度上表现为封堆、碑铭、祠庙的建造，礼仪上还有溢法制度的仿行，例如突厥文《阙特勤碑》中叙述："由于我弟阙特勤……我赐给他伊难珠阿守卫达干的称号，我让人尊敬他。"① 这一切使突厥丧葬文化在向中原文化靠拢的过程中更加层次深厚、丰富多彩。

二　突厥丧葬葬法的演变

关于突厥丧葬法，史书的记载是火化尸骨，葬其余灰，这样留在人们头脑中的印象便只是实行火葬这一点。其实深入考察可知，突厥丧葬葬法经历了一个曲折复杂的演变过程。在这一过程中，既有一种葬法向完善和成熟的进化，又有不同葬法之间的重大转换。

首先，在森林生活时代，突厥的葬法并非火葬独行，同时还有树葬，而且两种葬法很可能是结合施行的，先树葬后火化，这里有契丹葬法可为佐证。契丹在早期曾有很长一段时间处于突厥的直接管理之下，突厥可汗派吐屯统摄契丹民族，其间契丹深受突厥丧葬风俗的影响。②《册府元龟》讲到：契丹人死后，"以其尸置于山、树之上，经三年之后，乃收其骨而焚之"③。

其次，从突厥迁至草原到其称雄漠北，是火葬最为流行的时代，同时这也是火葬葬法本身走向成熟的过程。在火葬实行之初，火化尸骨和石棺埋葬存在一种不和谐的现象。墓葬中缺乏骨灰遗迹的事实表明，突厥人虽有石棺的建造，但是死者火化后未必葬入棺中。尽管当

① 耿世民译：《阙特勤碑》西面，中央民族学院油印本 1978 年版，第 137 页。

② 参见薛宗正《突厥史》有关章节，中国社会科学出版社 1992 年版。

③ 《册府元龟》卷 961《外臣部 · 土风三》，第 11313 页。

时有人战死沙场，尸骨无存，或者死后葬事无托等诸种可能，但这些原因都无法解释棺中骨灰之缺乏在早期要大大严重于中后期的现象。到了后来，这种不和谐现象逐渐销匿，人们才普遍地把火化骨灰葬入棺中，并且出现了专盛骨灰的陶制瓮罐。其实，史书里关于突厥丧葬中收其余灰、待时而葬的说法，只是对某个时间点的断面叙述，无法概括整个突厥丧葬风俗发展史。

再次，从突厥称雄时代起，其葬法又在中原文化影响下开始了由火葬向土葬的演化。

说起突厥由火葬到土葬的转变，不少人往往要举颉利可汗改革风俗的例子。《册府元龟》卷125记述唐贞观初太宗谈论东突厥颉利可汗必亡的事情，其中提到："其俗死则焚之，今起坟墓，背其父祖之命，此可谓不敬鬼神也。"他们便以此为据来说明突厥开始由火葬向土葬转变。[①] 但是考古发掘和其他史料却证明，这种对颉利可汗葬起坟墓之事的理解是大错而特错的。

错误之一，这条史料不能涵盖西突厥的情况。从对以克尔木齐为代表的新疆突厥古墓发掘中可以看出，在过渡到长方形大型石棺后，突厥已开始有尸骨土葬法的现象，因为这种石棺一般长约两米，呈长方形或近正方形，足以容纳成人躯体，并且棺内有完好骨架的发现。这一类石棺墓流行的时间要比颉利可汗时代早得多，当它由墓与地平、棺露地表过渡到上有石阵，经石棺上渐起封堆，再过渡到有封堆的竖穴土坑墓时，才"大致在隋唐之际"[②]。《册府元龟》卷961西突厥条曰："其丈夫衣服及葬殡与中原略同。"看来，由于中原文化在西域流行已久，积淀已深，早在西突厥立国不久当地已经流行土葬之法了。

错误之二，这条史料即使作为对东突厥情况的概括也不确当。《旧唐书》卷194《突厥传》上卷记载，颉利可汗于贞观八年（634）死去，太宗"诏其国人葬之，从其俗礼，焚尸于灞水之东"。既然突

① 参见薛宗正《突厥的宗教信仰和哲学思想》（《世界宗教研究》1988年第2期）、吴景山《突厥人的丧葬习俗述论》（《西北民族研究》1991年第1期）等文。

② 吴景山：《突厥人的丧葬习俗述论》，《西北民族研究》1991年第1期。

厥已改火葬为土葬，又何言从其俗礼而焚尸？此外，贞观十九年（645），李（阿史那）思摩卒，太宗诏许“任依蕃法烧讫，然后葬”①。上元二年（675），阿史那忠善终而卒，直到现代发掘时坟墓完好，但是墓室里并不见尸体骨架，足可证明亦为火化骨灰而葬入。②开元七年（719）“二月丁未，投降突厥延陀磨览（为薛延陀族，突厥属部）死，赠中郎将，任依蕃法葬”③。由此可见，即使到了后东突厥汗国将亡之际，突厥人依旧保持蕃法，连久居中原已为唐朝命官，且陪葬昭陵、最慕汉化的突厥贵族尚且惯于火葬，更何况远在漠北、尚且封闭的汗国内部突厥广大族众呢？以上大可证明，东突厥在火葬旧俗上较西突厥要保守得多，他们一直坚持很久，而不是颉利在位时就改行土葬了。

错误之三，起坟堆不等于行土葬。事实证明，在突厥丧葬中，起树封堆与实行土葬在时间上并不一致。西突厥地区汉化日久且深，起树封堆与实行土葬时间都早，而且在起树封堆之前已实行土葬之法，深得中原葬法之实。这致使一些学者又以此为据认为突厥本身就是火葬、土葬并行的。其实早在突厥兴起之前，约从战国、秦汉至北朝时期，中原文化在这里反复熏陶，土葬之法业已十分流行。突厥早期就与本为汉将后裔并长期保持汉风的高昌国等关系密切，较早实行土葬全在情理之中。④ 东突厥恰恰与此相反，尽管从颉利可汗时代已经流行墓起封堆的风俗，从布古特墓葬看甚至早在突厥汗国佗钵可汗时期已有封土现象，但是直到后东突厥汗国时期，突厥人中仍然流行火葬。

最后，突厥从火葬到土葬也经历了一个极其复杂的过程。这主要表现在两个方面：一是各类墓葬形式之间存在复杂的过渡现象。以新疆克尔木齐古墓群为例，就整个过渡线索看，其间大致经历了实行火

① 《册府元龟》卷384《将帅部・褒异十》，第4567页。

② 陕西省文物管理委员会、醴泉县文物管理所：《唐阿史那忠墓发掘简报》，载林干主编《突厥与回纥历史论文选集1919—1981》，中华书局1987年版，第408—419页。

③ 《册府元龟》卷974《外臣部・褒异二》，第11446页。

④ 参考王东平《先秦至汉唐文化在西域的传播》，《新疆大学学报》（社会科学版）1994年第1期。

葬的小型石棺墓、实行土葬的大型石棺墓、有封土的大型石棺墓、有封土的土葬竖穴土坑墓等几种类型。在各种类型之间，则出现一种过渡现象，例如，在一些竖穴土坑墓中，往往有块石围成的石墙或砌成的石围，有的墓还用石板铺于土穴的底部或顶部，这些墓介于石棺墓与土坑墓之间，成为由前者向后者转化过程中的亚类型墓葬。二是火葬与土葬的严重交错现象在尸骨土葬于无封土长方形石棺时期已经出现，但是在后来有封土的竖穴土坑墓中也有尸体火葬的现象，例如，M14 土坑内葬有小孩零乱碎骨，M29 坑底中央安置着一个无底无盖、四壁由不规整的块石和一块大卵石拼成菱形的小石"棺"，有零星碎骨散布在小石"棺"内外。① 说明在一种葬俗向另一种葬俗转变的过程中，人们对传统的态度以及其他多种社会和自然因素，都可能导致变化的不平衡状态，尤其在葬法转变上更应如此。也就是说，即使在土葬已经非常流行的时代，火葬葬法也很可能以局部或少数方式而存在。

原载《人文杂志》2001 年第 6 期。

① 参考新疆社会科学院考古所《新疆克尔木齐古墓群发掘简报》，《文物》1981 年第 1 期。

试析突厥丧葬风俗汉化的历程

作为中古时期最为强盛的草原民族之一，突厥在其活跃于东方历史舞台的前后数百年中，与汉民族之间不可避免地发生了社会文化各个层面的相互影响。由于汉族先进文化的极大优势，突厥的汉化成为主要趋势，而丧葬风俗又是其中十分突出和重要的一个方面。对于突厥民族的汉化这一问题，薛宗正先生等已有论述，然而如果具体到丧葬风俗方面，则至今有待专文钩沉和论述。笔者拟在现有成果基础之上，进一步深入探讨突厥丧葬风俗的汉化进程，以冀勾勒出一条清晰的线索。

纵观整个历史进程可见，一方面，突厥丧葬风俗的汉化不仅历时悠长，程度深刻，而且是突厥本部葬俗发展的主要趋向和归宿。另一方面，其进程在各地区并不平衡：以天山南北为主的西部突厥地区较早出现汉化的迹象，但中途转而走上伊斯兰化的道路；以蒙古高原为主的东部突厥地区汉化开始较晚，进程也缓，然而最终演进得更为彻底。号称蓝突厥的突厥本部主要包括阿史那和阿史德两个核心部族，大部分居住在从大兴安岭到阿尔泰山之间的广大地区。随着与中原地区关系的日渐加强和密切，其葬俗汉化的趋势愈加明显且程度逐步加强，并分阶段突出呈现出来。

一　墓地立碑，初步沾染汉文化色彩阶段

这一阶段大致在公元6世纪中叶到7世纪初，相当于中原西魏至隋。突厥自金山崛起之后，很快称雄漠北，扫灭柔然，版图迅速扩大，从此不但与中原王朝边地相接，而且政权之间始有频繁往来。从

这时候起，先进发达的中原文化便以强劲优势对突厥产生了不可避免的影响。

考察突厥墓地文化的发展史，可知其传统上流行“立石建标”的做法，成行排列的杀人石、环墓林立的纪念柱以各种形式遍布从大兴安岭到七河流域广阔范围内的突厥墓地。此外，还有一种特殊的巨型石条，往往在某一端面上刻有可能是族徽的标记。这些东西在外形上类似碑刻，有些甚至被外国考古工作者误认为是“沉重的石碑”①，但是它们没有任何铭文，与墓碑有着本质的区别。从突厥建立强大汗国起，在中原文化的影响之下，突厥墓地中才出现了真正意义上的碑刻，从而进入突厥丧葬风俗沾染汉文化的最初阶段。

1956 年，苏联和蒙古人民共和国联合考察队在蒙古高原深处的布古特河岸一带发现了一座大型墓葬。墓主是突厥汗国早期的一位名叫“myn tykyn”的王子，死于佗钵可汗在位期间，在公元 581 年前后。墓地上残存着碑亭建筑的遗迹，而最引人注目的是至今尚存的一块墓碑。碑体用微褐色的砂岩打造而成，高 1.99 米，厚 0.2 米，底部宽 0.7 米。碑面三侧都刻有粟特文碑铭；第四个侧面刻有一篇用婆罗迷文写的梵语碑文。粟特文部分记述了伊利可汗缔造突厥汗国到佗钵可汗在位共约 30 年的历史。尤其令人称奇的是，石碑上部雕刻了一幅母狼与人相交的画面，以叙说族源神话的方式浓郁地体现了突厥民族气息；然而在石碑的下面，与雕刻形成鲜明对照的是一块龟形碑趺，与中原的墓碑形制简直一般无二。② 毋庸置疑，这明显是一块在汉文化影响下已较成熟的墓地碑刻。

从布古特碑可以看出两个问题：一是至迟在佗钵可汗时代，突厥丧葬文化已经沾染到汉族文化的气息了；二是突厥丧葬风俗所受汉文化影响的层面还很狭窄，仅局限于其汗廷贵族之中。

至于为何丧葬风俗的汉化最早从突厥贵族开始，笔者认为是由以

① ［苏］Ю. С. 胡佳可夫：《蒙古地区的古突厥葬后遗存》，申屠榕译，《蒙古学信息》1993 年第 1 期。

② 参考［法］路易·巴赞《蒙古布古特碑中的突厥和粟特人》，耿昇译，《民族学译丛》1995 年第 4 期。

下两方面造成。一是最早给突厥文化造成重大影响的是追随和亲公主深入突厥并落户漠北的中原王朝和亲者队伍。早在突厥立国时期，可汗土门因与柔然反目转而求婚于西魏，并得到许可。“（大统）十七年（公元551年）六月，以魏长乐公主妻之。”[①] 沙钵略可汗在位时，又于大象二年（公元580）请婚于北周，北周以赵王宇文招之女为千金公主，嫁于突厥。开皇十七年（公元597）七月，“隋安义公主出降染干（后为启民可汗）”[②]。安义公主卒后，开皇十九年十月，隋“复遣（长孙）成持节送义成公主以妻之”[③]。隋大业中，“突利年数岁，始毕遣领其东牙之兵，号泥步设。隋淮阳公主之北也，遂妻之”[④]。频繁的公主和亲，使大批的汉人（包括汉化鲜卑人）以公主随从的身份深入突厥腹地，并随公主落户漠北，直接对突厥人施加影响。二是最早到中原内地直接目睹和体验汉文化的也是突厥贵族。在突厥中衰并为隋王朝离间制服之后，启民可汗率部款塞而降，并带领大批贵族朝拜京师。这些部落、氏族酋帅在最为繁华的城市直接目睹到辉煌灿烂的中原文明，无不由此羡慕之至，因此曾几次集体“上表请变服，袭冠带”[⑤]，要求改行汉地风俗。尽管一些学者认为这种请求“不过是一种政治姿态，实行上是行不通的”[⑥]，但是突厥贵族们钦慕华风、心尚汉化的事实是不可抹杀的。并且有充分的迹象表明，突厥的汉化已在进行，启民之请绝对不仅仅是一种政治姿态，汉化之事也绝非行不通。总之一句话，在双方文化交流之初，因以和亲、朝拜等为主渠道，能够较早受到汉文化影响的当然是突厥贵族。

稍后一段时期，墓地立碑的汉文化因素以突厥民众的大量南下和流入汉地为契机而渗透到突厥一般民众中间。就在启民款塞请降之时，其部众移居边塞，并有不少流入汉地。由于直接面对汉地文明，突厥民众尤其流入汉地者便从更广的文化层面和以更快的演进速度发

---

① 《周书》卷50《异域传下》，第908页。

② 《册府元龟》卷978《外臣部·和亲》，第11494页。

③ 《资治通鉴》卷178开皇十九年十月甲午条，中华书局1956年版，第5568页。

④ 参见《旧唐书》卷194上《突厥传上》，第5160页。

⑤ 《册府元龟》卷974《外臣部·褒异二》，第11441页。

⑥ 参见薛宗正《突厥史》，中国社会科学出版社1992年版，第498页。

生着汉化。近世在洛阳北郊的邙山发现了一块隋末突厥人碑铭，制于大业十二年（616），死者名字叫澈，属于普通的百姓。岑仲勉先生为此感叹道："突厥自开皇十九年（公元599）启民可汗南来附塞以后，突厥人即源源入居内地，不十余年，邙洛地方便留下时代最早突厥人澈墓志铭，其感受汉化，不可谓不速。"①

二　墓起封堆，对汉文化进一步模仿阶段

这一阶段相当于隋末唐初东突厥汗国时期，随着隋政权急剧衰落，中原群雄并起，天下一片大乱。这时候有大批大批的中原人为逃避战祸而纷纷涌入漠北，加上不少边地汉民在突厥的抄掠中被掳去为奴，他们很快充斥了突厥社会的各个阶层。其中有些书生士人跻身到统治阶层，在突厥倡导最力，影响最巨，对突厥社会汉化的促进作用尤其显著，以至于形成"中国之礼，并在四夷"的现象。在此背景下，中原文化以更猛的势头涌入突厥。

具体表现在丧葬风俗上，最为突出的一点是突厥人汉化的文化层面扩大了，从墓地竖立碑刻、制作墓志铭，到葬穴之上加树封堆，呈现出进一步模仿的积极态势。

1976—1982年苏蒙历史文化综合考察队对蒙古高原地区进行了几次大规模的详细调查，发现早期的突厥墓葬与地平齐，了无封树。②早在20世纪60年代初，新疆维吾尔自治区博物馆对新疆域内突厥墓葬的几次调查也都描绘了这一特点，一般情况往往是石棺上口与地平齐，没有任何堆砌物，另外或用不规则的石头贴地面砌成直径5—9米的圆形石阵。③ 总之，在突厥传统风俗中，高树封堆的情形是没有的。然而到了后来，突厥葬穴的地面封树情况有了明显的变化。

大约在东突厥汗国颉利可汗时代（620—629），突厥墓葬开始流

---

① 岑仲勉：《突厥集史》，中华书局1958年版，第777页。

② ［苏］Ю. С. 胡佳可夫：《蒙古地区的古突厥葬后遗存》，申屠榕译，《蒙古学信息》1993年第1期。

③ 参见李遇春《博尔塔拉自治州石人墓调查简记》、李征《阿勒泰地区石人墓调查简报》，《文物》1962年第7、8期合集。

行封树的做法。《册府元龟》卷125记述唐贞观初年太宗谈论颉利可汗必至亡国的事情，其中说道，“其俗死则焚之，今起坟墓，背其父祖之命，此可谓不敬鬼神也”。根据此条材料，不少学者认为这是突厥由火葬改行土葬的开始标志。笔者认为，这条材料能否证明突厥有此葬法上的重大改革姑且不论，但当时突厥人从直观表面的层次吸收汉族文化以至模仿封树是完全可以办得到的。这条材料还可证明，自颉利可汗在位时起这种做法肯定已经十分流行了，不然这种现象何以为中原汉人所熟知？

与此同时，在汉人大量北奔的情况下，墓地碑铭文化应当进一步在更为广阔的突厥社会层面渗透和流行。据考古学界的实地考察可知，在蒙古高原深处的广阔区域，至今存在大量无名氏的碑碣。尽管它们与汉地碑碣不尽相同，但是可以肯定这些碑碣是大漠南北一般突厥民众进一步模仿汉族文化的结果。

三　改行土葬，汉化进入实质性阶段

这一阶段从贞观四年（630）到调露元年（679），相当于太宗、高宗二朝主要时期，大约有半个世纪之久。贞观四年东突厥被灭，东突厥之众除西北车鼻一部独立成国和某些部众可能归附九姓铁勒以外，其他基本上降入唐廷。这里面有颉利可汗所领的突厥主体约10万人，有阿史那社尔等所率其他许多部落，数量甚巨，因此唐廷处之于河南之地，并大致在幽灵之间陆续设立二十四州以统辖之。在这半个世纪之中，突厥人在城塞内外与边州汉民交错分布，同时更大规模的突厥人作为大唐臣民深入到内地更为广阔的地区落户久居（当时长安突厥人多达数万户，在朝廷任五品以上武官者有百余人，达到了“殆与朝士相半”的程度），直接处于民族大熔炉之中，因此，汉化进一步加剧。例如，在经济生活上，居住在北部边地的不少突厥民众改从事农业生产，并已出现“缯絮无乏，咸弃其毡裘，菽粟有余，靡资于狐兔”[①] 的盛况。

① 《册府元龟》卷964《外臣部·封册二》，第11339页。

具体在丧葬礼仪上，唐代中原人不再有类似唐太宗强调突厥人竖立封堆是背离父祖之命的态度，而是常常出现突厥某某贵族死丧时因功劳显著而由朝廷赐令听允按突厥传统火化的事情。尽管这些直观看来都是突厥人死后火化的事例，但从其侧面也说明了，既然当时将这些作为特例而记载，那么一般突厥人理应已经改从汉俗流行土葬了。

在这一阶段更为重要的是，突厥人对汉文化的理解不再停留在文化表面，而是开始向纵深发展。《太平御览》讲到突厥异部将领契苾何力的一个故事：有次司稼卿梁孝仁请他参观刚刚竣工的蓬莱宫，指着院中栽种的白杨树说，“此木易长，三数年间，宫中可得荫映”，当时“何力一无所语，但诵古诗：‘白杨多悲风，萧萧愁杀人。’意谓此是冢间木，非宫中所宜种”，结果“孝仁遽令拔去，更树梧桐”①。能从文学作品到文化内涵对汉族葬俗有此精深的认识，可见突厥人对汉文化的理解已经颇为深刻了。

笔者认为，突厥入附汉地的这 50 年是突厥汉化过程中关键的一段时期。后东突厥国时代突厥人更深层次的汉化，都是这半个世纪培育了充分的条件和契机才促成的。

四　陵园祠庙，文化内涵深层汉化阶段

这一阶段从后东突厥汗国之建立至败亡，相当于从唐武则天到玄宗在位前期。半个世纪的蕃汉杂居中，汉文化的不断浸润和熏陶，使大量突厥人在很大程度上融于汉俗，甚至变得“夷表华心”。尽管从甘露年间起，突厥在政治上复又独立出去，但是突厥上下与中原文化的距离却继续拉近。后东突厥可汗经常派遣子弟入侍，或派酋帅贵族长居京师，而唐朝皇帝如玄宗等照样引其入仗，“并与之弓箭，供奉左右”②，并无异族之顾忌。同时，不少突厥人对中原文化的了解是精深细微的，著名的辅国谋臣敦欲谷在其纪功碑中甚至自称身出于唐。因此，这一时期，突厥风俗继续沿着汉化的方向演进。

① （宋）李昉：《太平御览》卷 957《木部六》，中华书局 1966 年版，第 4249 页。

② （宋）王溥：《唐会要》卷 27《行幸》，中华书局 1955 年版，第 521 页。

在丧葬风俗上，这一阶段突厥人汉化比较重要的进步是：一是陵园建筑开始出现。考古调查表明，突厥人在墓地上建筑陵园的现象出现得很晚，基本都在后东突厥汗国时代，而且其设计基本沿袭中原帝王的皇陵。例如，颉跌利施可汗的陵墓为一长方台形，陵园也围成一长方形，东西中轴短，南北中轴长，地势坐北朝南，北部二层台上建有门朝南开的亭阁式陵庙，陵园四周围墙上建有中原常见的防御性塔楼，总之，从其结构布置到建筑风格都一如中原皇陵的翻版。因此可见，突厥建筑陵园的习俗来自中原文化的影响。苏联著名考古学家吉谢列夫院士早在20世纪60年代初谈到西伯利亚和外贝加尔湖地区古代城市生活时就总结道："当突厥人在这一地区活动的时期，中国人帮助他们建立了庙宇和陵墓上复杂的建筑物。"① 二是祠庙设计上充满华风。就史书和突厥文碑铭对阙特勤和毗伽可汗祠庙建筑情况的描绘来看，突厥人的祠庙一般是在庙中竖立死者雕像，以供亲人平时祭奠行礼；祠庙四壁雕涂壁画描绘死者生前事迹尤其是冲锋陷阵的英雄壮举，以供后代缅怀学习。同时在祠庙内外，雕梁画栋，精做各种图绘。由于交流的加强，突厥人碑庙的设计制作者甚至土木材料都是来自汉地，例如阙特勤、毗伽可汗之碑庙乃至石人像都出于汉族工匠之手。这对突厥文化具有更为直接的影响作用。三是随着墓地陵园、祠庙等设计的汉化，突厥墓地祭祀方向由传统的向东改为汉式的向北。祭灵方向的这一重大变化至少发生在后东突厥汗国灭亡之前，同样也是受汉文化熏陶而促成的。四是碑铭文化继续发展。这主要表现在其装饰图案对汉文化内涵的流露。例如，在后东突厥汗国时代，以阙特勤碑为代表，不但流行以山羊代替突厥人传统的母狼形象，而且曾经纯粹是中原汉文化核心事象的龟、龙图案也在这里表现出来。

五　融入中原，突厥本部完全汉化阶段

从后东突厥汗国末期时起，由于国内变乱迭起，社会动荡不安，

① ［苏］C. B. 吉谢列夫：《C. B. 吉谢列夫通讯学院院士在北京所做的考古报告》，中国社会科学院考古所译辑，《考古》1960年第6期。

众多的部落流散于外，其中以阿史那和阿史德为主很大一部分南下归唐。例如，天宝元年，有“西杀妻子、默啜之孙勃德支特勤、毗伽可汗女大洛公主、伊然可汗小妻、余塞匐、登利可许女余灿公主及阿布思、阿史德等部落五千余帐，并驼马牛羊二十余万，款塞归朝”①。在安史之乱中，朔方灵夏一带曾被叛军鼓动欲叛又附的突厥部落不下五十余万人。② 西突厥更早发生了这种情况。从武周时起这一地区开始遭到东突厥的侵蚀，并受到来自阿拉伯和吐蕃两方面的压力，西突厥部众被迫相继流散。其中突厥异姓（即黑突厥）大量西迁，而突厥本部则主要流入中原。史载，“西突厥十姓自垂拱（公元685—689）以来，为东突厥所侵掠，散亡略尽，（长安三年即公元703年）继往绝可汗斛瑟罗收其余众，入居内地”③，这一部分有六七万人。到开元十三年（725）三月，十姓部落左厢五咄六啜、右厢五拏失毕俟斤，各率其众，自（东）突厥来。④ 这些流向汉地的突厥人或世居塞下，或进入内地，此后基本上融于汉族之中。

有必要专门讨论一下地域广大的突厥西部地区。首先可以明确的一点是，这里突厥人丧葬风俗的汉化比东部地区要早得多。自汉代时起西域就为中原王朝所经营，汉族文化随着大量的汉族官吏、士兵和相关屯田人员的流入而源源不断地渗透进来。经过长达一两千年的不断浸润，加上某些世代滞留的汉人群体（如高昌）的直接影响，西域积淀了十分深厚的汉文化因素。例如，早在突厥人进入之前，西域就有土葬的流行。另外，西突厥与中原政权之间在很早就有着比东突厥更为密切的关系。阿史那大奈、泥厥处罗汗在隋时已内附并长居中原，为隋唐两个政权所亲重，后来李唐通过一系列战争于高宗时彻底平定西域，在西突厥本部地区设置了6个都督府，由昆陵、蒙池二都护府统辖之，武周时更统一到北庭都护府下进行管理。在较长时期

① （唐）颜真卿：《康公神道碑》，《颜鲁公集》卷7，上海古籍出版社1992年版，第48页。

② 参见司马光《通鉴考异》卷15，四部丛刊本，第2页。

③ （宋）王溥：《唐会要》卷94《西突厥》，第1695页。

④ 参见杜佑著，王文锦、王永兴等点校《通典》卷197，中华书局1988年版，第5438—5439页。

内，唐廷对西突厥地区不但进行有效的行政管理，而且大量遣派屯民、僧商，设立教育机构，传播汉化经典，致使西突厥大受熏染。[①]像出身于哥舒部的著名蕃将哥舒翰，就自幼熟读儒家经典，并对汉文化颇为熟悉。

在丧葬风俗中，西突厥墓地土葬的深刻变化要早于墓起封堆，而据考古工作者的论证，在西突厥经过石棺土葬、土穴土葬几个阶段过渡到墓起封堆的时代，才刚好到隋末唐初之际。[②] 这比东突厥颉利可汗改行封树以及后来实行土葬都要早。另外，西突厥地区在同一家族成员坟墓位置的排列上也很早就摒弃了传统上比较散乱和随便的现象，而在中原先进文化的影响下按成员们在家族中的血缘、地位严格排列。[③] 以上这些都说明了早期西突厥地区汉化比东突厥要领先许多。

其次一点是，在突厥本部基本融于中原地区的同时，大量的异姓部落则逐渐走上伊斯兰化的道路。这与唐朝中后期阿拉伯势力在西域影响逐渐占了优势密切相关。具体表现在丧葬风俗上，就是至迟在公元14 世纪，不但突厥传统上的石人、石棺最终消失，而且由于对伊斯兰教的信仰而逐步流行尸布裹身等习俗了。[④] 不过，从后来这些突厥异姓部落丧葬习俗总的情况看，竖立杀人石（如花剌子模和不耶里等国家和地区）以及类似剺面性质之抓脸哭祭（如南、北疆地区）等习俗还大量保留着，[⑤] 说明这种伊斯兰化并不彻底。

原载《西北民族研究》2001 年第 3 期。

① 王东平：《先秦至汉唐文化在西域的传播》，《新疆大学学报》（哲学社会科学版）1994 年第 1 期。

② 吴景山：《突厥人的丧葬习俗述论》，《西北民族研究》1991 年第 1 期。

③ 新疆社会科学院考古所：《新疆克尔木齐古墓群发掘简报》，《文物》1981 年第 1 期。

④ 参见王治《中亚的突厥化和伊斯兰化》（《西域研究》1997 年第 4 期）、蒋其祥《九至十三世纪突厥各部的分布与变迁》（《新疆社会科学》1983 年第 4 期）等文。

⑤ 参见［苏］威廉·巴托尔德《中亚突厥史十二讲》（罗致平译，中国社会科学出版社 1984 年版）。

“狐”与“胡”关系再探

“狐”与“胡”的文化关系，曾是史学界一个有趣的话题，经过前辈同人不断发微，揭示出丰富的历史内涵。早在20世纪30年代，陈寅恪先生率先指出狐臭与胡人之间的联系，认为人体腋气初为西域胡人的生理特征，因而“腋气本由西胡种人得名”，应该称为“胡臭”；只是大量胡人融入中原，并将腋气传给混血后的汉人，同时这腋气“复似野狐之气”，遂改“胡”为“狐”，“胡臭”也就演化为后来的“狐臭”了。[①] 40年代，黄永年先生推进此论，指出南北朝至隋唐时期由于西域胡人东迁日众，才使得“胡臭”与“狐臭”联系起来；而“狐臭”之词逐渐取代“胡臭”而流行的关键，在于当时民族关系上有着“以‘狐’诟‘胡’”这种文化现象的存在。[②] 21世纪初，王青《早期狐怪故事：文化偏见下的胡人形象》则从文学分析的角度出发，探讨了中古时期中原狐怪小说与西域胡人及其文化的对应关系。[③] 近来，笔者偶然又得新识和感悟，深觉该题内涵深厚，尚有继续推勘和挖掘的必要。

这要从哥舒翰与安禄山误会冲突的事件说起。《旧唐书·哥舒翰传》载：

> 翰素与禄山、思顺不协，上每和解之为兄弟。其冬，禄山、

---

① 陈寅恪：《狐臭与胡臭》，国立清华大学中国文学会《语言与文学》，中华书局1937年版。

② 黄永年：《读陈寅恪先生〈狐臭与胡臭〉——兼论狐与胡之关系》，《东南日报》1948年3月10日。

③ 王青：《早期狐怪故事：文化偏见下的胡人形象》，《西域研究》2003年第4期。

思顺、翰并来朝，上使内侍高力士及中贵人于京城东驸马崔惠童池亭宴会。翰母尉迟氏，于阗之族也。禄山以思顺恶翰，尝衔之，至是忽谓翰曰："我父是胡，母是突厥；公父是突厥，母是胡。与公族类同，何不相亲乎？"翰应之曰："古人云，野狐向窟嗥，不祥，以其忘本也。敢不尽心焉！"禄山以为讥其胡也，大怒，骂翰曰："突厥敢如此耶！"翰欲应之，高力士目翰，翰遂止。①

这段史料曾由黄先生专门拿来论述作为前文的补记，并指出："案哥舒翰尝居京师，好读《春秋左氏传》《汉书》（两《唐书》本传），其华化已深，故宴会之际，自能雅言酬对。安禄山则家世贫贱，幼经流离，未尝学问（详《安禄山事迹》及《旧书》卷二〇〇上《新书》卷二二五上本传），其不解哥舒翰之喻自亦固然。然不解可也，不解复何以致怒？岂非当时社会本有以野狐讥西胡之习惯。故野狐之喻在突厥之哥舒翰为失言，在西胡之安禄山则认为针对自身之讥刺，不容不大怒矣。"②

于此深究，我们可以窥视到"胡"与"狐"之间蕴含着另外层面的文化联系，只是黄先生惜墨如金，论焉不详，笔者就此续貂。

从上述史料看，引发这场冲突的导火索是哥舒翰引用的一则关于狐狸的谚语："野狐向窟嗥，不祥，以其忘本也。"这也正是问题所在。第一个问题就是：这句谚语究竟出于何处呢？

对此，黄先生认为，哥舒翰多读汉籍，华化已深，"故宴会之际，自能雅言酬对"。以此推论，这句谚语必然出于中国古代汉文典籍。

核查下来，此论也确非无稽之谈。与此相近，中原上古社会就有"狐死首丘"的说法。《礼记·檀弓上》云："古之人有言曰：狐死正丘首，仁也。"所谓"正丘首"，亦即孔颖达疏言"所以正首而向丘者"。为什么这样做呢？《礼记》解释为"仁也"，郑玄注曰："仁，

① 《旧唐书》卷104《哥舒翰传》，第3213页。

② 黄永年：《〈狐臭与胡臭〉——兼论狐与胡之关系》补记，《东南日报》1948年6月9日。

恩也。”① 还有人由狐狸而推及豹、鹄等动物，对这种习性做更大范围的考察。如陆璣发挥云：“狐死首丘，豹死首山，豹往而能返也。”② 明人叶山又云：“黄鹄反（同“返”）故乡，狐死正首丘，壮夫之志也。”③ 可见，“狐死首丘”可以与洞窟或家乡相联系，本来是表达对家乡的眷恋。春秋时期，“晋圉质于秦，穆公以女怀嬴妻之。六年，圉将逃归，谓嬴氏曰：‘吾去国数年，子母之接怠而秦晋之交不加亲也。夫狐死首丘，我其首晋而死，子其与我行乎？’”④ 前燕被前秦攻灭时，其主慕容暐出奔未成被执，“坚问其奔状，暐曰：‘狐死首丘，欲归死于先人陵墓耳。’坚哀而释之”⑤，亦是此意。

后人进一步丰富其说，于是“狐死首丘”有了“不忘本”的含义。唐孔颖达疏曰：“此一节论忠臣不欲离王室之事。……太公封于营丘，及其死也，反葬于镐京，陪文武之墓。古之人有遗言云，狐死正丘首而向丘。所以正首而向丘者，丘是狐穴根本之处，虽狼狈而死，意犹向此丘，是有仁恩之心也。”⑥ 宋人蔡卞阐释：“《广志》曰：狐死首丘，豹死首山。言不忘本也。”⑦ 明人冯复京认为：“狐死首丘，明君子不忘本也。”⑧

不过深究起来，笔者认为这是一个似是而非的答案。“野狐向窟嗥”与“狐死必首丘”毕竟是两种不同的自然和文化表象，而且没有任何文献资料能证明二者之间存在可以替代或演进的关系。尽管洞窟与丘山都可喻为家乡乃至根本所在，但是“野狐向窟嗥”在汉文化里不存痕迹，也无法解释为“狐死首丘”的反面行为。如果非将二者相互联系不可，那么狐狸头向洞窟所在的丘山而死是不忘根本，临死之际向着自己的洞窟哀号何以见得反是忘掉了根本呢？

---

① （唐）孔颖达：《礼记正义》卷7，中华书局1980年版，第128页。

② （明）毛晋：《陆氏诗疏广要》卷下之下，文渊阁《四库全书》第70册，台湾商务印书馆影印本，第134页。

③ （明）叶山：《叶八白易传》卷11，文渊阁《四库全书》第32册，第594页。

④ 《内则衍义》卷7，文渊阁《四库全书》第719册，第443页。

⑤ （北魏）崔鸿：《十六国春秋》卷29，文渊阁《四库全书》第463册，第550页。

⑥ （唐）孔颖达：《礼记正义》卷7，第128页。

⑦ （宋）蔡卞：《毛诗名物解》卷10，文渊阁《四库全书》第70册，第574页。

⑧ （明）冯复京：《六家诗名物疏》卷11，文渊阁《四库全书》第80册，第142页。

近来，笔者翻阅资料，无意中发现《突厥语大辞典》里有一条极为类似的谚语。该谚语云："狐狸朝自己的洞穴嗥叫，会患癞疮。"（卷3第2页译为"冲着自己洞穴嗥叫的狐狸必患癞疮"，意思相同）编著者解释说："这则谚语是针对背弃自己的国家、亲族和城市的坏人而讲的。"①

将这条谚语与汉文典籍中"狐死首丘"的说法相比较，前者与哥舒翰所引用的谚语有着更为近切而可靠的关系。

其一，从其表述形式和内容看。关于哥舒翰所引用谚语，同为中华书局校点本的《新唐书·哥舒翰传》表述为："谚言'狐向窟嚎，不祥'，以忘本也。兄既见爱，敢不尽心。"② 与《旧传》稍异，不过其主体部分"（野）狐向窟嗥（嚎）"则是一致的。以此对照《突厥语大辞典》中的谚语："狐狸朝自己的洞穴嗥叫，会患癞疮。"很明显，"狐狸朝自己的洞穴嗥叫"与"（野）狐向窟嗥（或嚎）"文字意思和句子结构完全一致。如果深究所谓"不祥"的情状，两《唐书》等史料皆无明文，而"会患癞疮"恰恰解释了这一点。再后与"以（其）忘本也"相对应，《突厥语大辞典》直指"这则谚语是针对背弃自己的国家、亲族和城市的坏人而讲的"。二者竟是如此惊人的一致。此外，将史料上下文联系起来看，以该句谚语警示人们背叛自己的亲族就会遭受天谴，也更能应对安禄山希望同类相亲之意。

其二，从其文化归属和渊源看。《旧唐书·哥舒翰传》曰："哥舒翰，突骑施首领哥舒部落之裔也。蕃人多以部落称姓，因以为氏。"③《新书》语同。看来哥舒翰出身突骑施哥舒部落。而按两《唐书·西突厥传》，突骑施为西突厥十姓之一，属于左厢咄陆五部。或称其"西突厥别种也"④。哥舒翰无疑应是突厥族人，而其文化母体则应是突厥文化。再看其个人文化素质，《新唐书·哥舒翰本传》称"翰能

① 马赫穆德·喀什噶尔编：《突厥语大辞典》卷1，新疆社会科学院语言研究所译，民族出版社2002年版，第61页。

② 《新唐书》卷135《哥舒翰传》，第4570页。

③ 《旧唐书》卷104《哥舒翰传》，第3211页。

④ 《旧唐书》卷194下《突厥传下》，第5190页。

读《左氏春秋》《汉书》，通大义”[①]，然同书《李林甫传》则透露“自是高仙芝、哥舒翰皆专任大将，林甫利其不识文字，无入相由”[②]。可见，哥舒翰尚不能算作通晓汉文典籍的蕃人，对其影响较大者还应是其母体文化——突厥文化。由此而论，哥舒翰言谈举止特别是知识和思想来源，无疑与突厥文化有着更加密切的关系，所引用谚语亦当更有可能来自突厥文化。

再看《突厥语大辞典》，这是公元11世纪由回鹘（属突厥异部）著名学者马赫穆德·喀什噶尔所编纂的一部突厥语辞书，综合反映了中古时期突厥语言、文字、种族、历史、生活、风俗乃至政治、经济、军事、教育、天文、地理、医学、文艺等各个领域的丰富知识，可以说是关于突厥文化的一部百科全书。该书收录突厥谚语、格言达200余条，其中相当部分肯定超出喀喇汗朝时代，与早期突厥社会有着直接和密切的联系。“（野）狐向窟嗥”这句谚语在哥舒翰能够脱口而出，恰恰又反映了它在突厥文化里较早和漫长的传播历史。

基于上述情况，特别是哥舒翰与“狐向窟嗥”拥有着同种文化渊源的事实，可以推论突厥民族中早就存在一种视“（野）狐向窟嗥”为“不祥”的文化理念。它与汉文古籍中“狐死首丘”之典异曲同工，然而源流不同，独立发展，属于另外一种狐的文化。在其发展过程中，它一方面自然而然地为本族人哥舒翰所口头引用，另一方面则在突厥族内长期流传，并以文字形式保留在《突厥语大辞典》里。由于产生于笼统说来也可成为胡人的西部突厥人的社会里，这种狐文化也显示了一种“狐”与“胡”的关系，但与诟“胡”为“狐”性质迥异，全无华夷歧视色彩。

第二个问题：为何这句谚语激起安禄山大怒而哥舒翰浑然不觉呢？

依黄先生解释，这里存在两方面的原因：就个人素质而言，哥舒翰多读汉籍，华化已深，宴会之际能够雅言酬对，而安禄山则家世贫贱，幼经流离，未尝学问，不解哥舒翰话语的本义；就文化背景而

① 《新唐书》卷135《哥舒翰传》，第5469页。

② 《新唐书》卷106《李林甫传》，第3240页。

言，唐代社会可能存在诟“胡”为“狐”的民族歧视现象，野狐之喻对安禄山刺激极大，而在哥舒翰则为失言。推究史实，上述多为确论，对诟“胡”为“狐”这一现象的推论尤其真知灼见，不过其中仍有需要补正之处。

首先，诟“胡”为“狐”现象可以确证，其发生发展的线索亦可探寻。

关于汉人诟“胡”为“狐”的事例，在魏晋南北朝至隋唐史料中多有遗留。晋代就有一位名叫氾称的主簿上呈奏疏云：“谚曰：‘野兽入家，主人将去。’今狐上南门，亦灾之大也。又狐者胡也，天意若曰将有胡人居于此城，南面而居者也。”[①] 文中痛诉狐狸进城为害之大，然后直言狐即胡人，诟“胡”为“狐”之义可谓明了。《启颜录》记述，隋时一位胡僧设场论辩，一赵姓小儿开言即问：“昔野狐和尚自有经文，未审狐作阿阇黎出何典语？”后见胡僧以扇掩面思量答语，干脆直言嘲之：“团圆形如满月，不藏顾兔，翻掩雄狐。”“此僧既怒且惭，更无以应。”[②] 以“野狐”讽胡人，以“雄狐”刺胡男，其意也甚为明白。《辨异志》又载，唐开元进士萧颖士游灵昌而至胙县某地，“人多姓胡”，实为一胡人聚居之处。黄昏之际，遇一红衫绿裙女子要求随行，萧呵斥道：“死野狐，敢媚萧颖士！”住进旅店后，不料发现那女子正好是这家胡姓店主的女儿，为此尴尬不已。[③] 斥胡人为“野狐”，恐成当时社会上流行语言。

深究起来，诟“胡”为“狐”是中原狐文化的一个侧面，它与以“狐”喻人、以“狐”讥人的风气直接相关。基于狐狸这种动物比较常见，自远古以来狐文化在中原地区就不断发展。除了“狐死首丘”之典外，狐狸的诸多特性逐渐融入文化。例如，狐狸出没荒野、飘忽不定的神秘性早被人们关注，甚至夸张成决定人物存亡、天下兴衰的神秘力量。陈胜、吴广借助狐鸣预言楚兴以揭竿起义，

① 《晋书》卷87《凉武昭王李玄盛传》，台北鼎文书局1988年版，第2269页。

② 《太平广记》卷248《赵小儿》条，中华书局1961年版，第1923—1924页。

③ 《太平广记》卷242《萧颖士》条，第1866页。

就是绝好的例证。再如，由于认识到狐狸聪慧多疑，机巧漂亮，因而“狐巧”“狐疑”“狐媚”诸词陆续出现在汉文典籍中。同时，人们习惯借助客观事物特征比拟人物个性，于是以上词汇就经常用来描绘人物。“狐死首丘”可以喻人眷恋故土，“狐巧”“狐疑”可以喻人机巧多疑。以狐拟人的过程中，狐狸个性的阴暗面逐渐被挖掘出来，除了历代史书屡举狐怪为灾异之兆的事例外，还出现了以狐讥人的风气。例如，武则天以女色得宠，以后宫窃位，故骆宾王讥其“狐媚偏能惑主”[①]；杨再思谄媚二张，无所不及，故戴令言喻之为“两脚野狐”[②]；宦官弄权，小人仗势，史臣大呼云“枭狐不神，天与之昏，未如乱何”[③]；至于奸臣妖道、叛镇乱民，朝野则咒以“狐鼠之妖”[④]“鸣妖禽狐”“狐鸣狗盗”“狐鸣鸱啸”[⑤]之词。

诟“胡”为“狐”又是具体时代和社会的产物。中国地广人众，民族关系向来复杂，矛盾为其必有的一面。特别自北朝以来，五胡内迁，九姓东来，异族杂处，文化纷歧，融合过程中难免有歧视、排斥的逆流。至唐尽管帝国气象宏大，胡汉已能相安，然而民族差异犹存，汉人以文明发达而自高，胡人以习俗依违而睥睨，以至于胡汉诟病。于此汉人诟胡理由既备，诟胡现象遂生。五胡突入，一方面摧毁了中原汉族政权，另一方面也给汉族百姓带来祸乱。在汉人眼里，胡人出现即灾难之端，恰与狐为灾异之兆一致。西胡初来，非僧即商，或布道于神坛，或识宝于奇物，倏忽去来，神秘兮兮，于是汉人惯用妖狐弄神的故事影射胡人。当时的汉人认为胡人俗尚博利，敏于周旋，善甜言蜜语，多见机取巧，因而“狐巧”“狐疑”诸词也更为适用于他们，因习拟之，理无不可。胡人婚俗开放，两性自由，给汉人

① 《旧唐书》卷67《李敬业传》，第2490页。

② 《新唐书》卷109《杨再思传》，第4099页。

③ 《新唐书》卷207《宦者传上》，第5856页。

④ 《旧唐书》卷18《武宗本纪》，第601页。

⑤ 参见《新唐书》卷84、卷100，第3685、3936页；《旧唐书》卷168、卷179，第4636、4671页。

印象最深。男子风流不避人，时喻“雄狐”[①]；女子妩媚不让人，堪称“狐精”[②]。由于胡与狐在这诸多特性上存在一致性，促使汉人习于诟“胡”为“狐”。自北朝至隋唐，北方五胡、昭武九姓及波斯人、大食人相继而来，流入中原者日众。由此中原地区胡汉杂居程度加大，文化碰撞日频，诟“胡”为“狐”的风气也日益弥漫和盛行。检寻典籍史料可见，在唐代除了诟“胡”为“狐”的事例明显易见之外，有关狐狸精怪的小说也骤然增多，皆是这种风气发展的表征。

其次，断言哥舒翰“华化已深”恐为不妥。

黄先生以哥舒翰“尝居京师”“好读《春秋左氏传》《汉书》”而断言其“华化已深”。此两条例证均属信史，然不足以成为哥舒翰“华化已深”的充分条件。对其熟悉汉籍程度，前文已述及另有史料认为哥舒翰“不识文字”，或说并非通晓汉籍经典。至于哥舒翰“尝居京师”，从其经历时段算起来不足以熟悉中原社会，更不至于受其深刻影响。

两《唐书》叙述哥舒翰身世云，其“祖沮左清道率，父道元安西副都护，世居安西”[③]；“（翰）少补效毂府果毅”[④]；“年四十，遭父丧，三年客居京师”[⑤]。看来哥舒翰必是在安西出生、长大乃至行伍，直至40岁才来长安客居三年。之后因“为长安尉不礼”，哥舒翰“慨然发愤折节，仗剑之河西”[⑥]；“初事节度使王倕”，“后节度使王忠嗣补为衙将”[⑦]；“天宝六载，擢授右武卫员外将军，充陇右节度副使、都知关西兵马使、河源军使”，“其冬……代忠嗣为陇右节度支度营田

---

① 《旧唐书》卷51《后妃传》云：“国忠私于虢国而不避雄狐之刺，每入朝或联镳方驾，不施帷幔。”国忠与虢国夫人本属兄妹，因其男女之情而讥之，可见专就两性关系而论。不过史料中针对汉人仅此一例而已，而像这种兄妹相通、张扬私情的行为在胡人群体内则属常俗。

② 王青认为，“狐女美丽魅惑的形象特征，更显然是渊源于胡女所从事的职业”，除了发达的色情行业之外，酒店当垆者也概选貌美如花的女子（王青：《早期狐怪故事：文化偏见下的胡人形象》，《西域研究》2003年第4期）。

③ 《旧唐书》卷104《哥舒翰传》，第3211页。

④ 《新唐书》卷135《哥舒翰传》，第4569页。

⑤ 《旧唐书》卷104《哥舒翰传》，第3211—3212页。

⑥ 同上书，第3211—3212页。

⑦ 同上书，第3212页。

副大使，知节度事”①；八载，率朔方、河东军马十万攻打吐蕃石堡城，“不旬日而拔之，上录其功，拜特进、鸿胪员外卿，与一子五品官，赐物千匹、庄宅各一所，加摄御史大夫。十一载，加开府仪同三司”②。另按哥舒翰与安禄山冲突事件两《唐书》和《资治通鉴》等皆系之于天宝十一年，可见，直到该事件发生，哥舒翰在长安居住的时间不过是其发迹前的短短三年。这三年与其一生相比何其短促！通晓中原固有的典籍和制度已属难事，把握不断发展变化的社会潮流更属不易，至于深度华化就不遑其论了。

笔者认为，直至晚年出现在与安禄山发生冲突的京城酒宴上，哥舒翰仍旧大部甚至整个是突厥人的文化风貌。他虽能读《左传》《汉书》，但功夫粗浅，只懂大意，否则不会被李林甫列为“不识文字”之类，从而未见得能用“狐死首丘”这一典故；虽曾在长安客居，但为时短促，亦不可能熟悉中原汉人歧视胡人的思维方式，因而与其说哥舒翰口出野狐之喻为失言，倒不如说他并不了解以“狐”诟“胡”的文化现象。

再次，安禄山与哥舒翰对野狐之喻的态度不同反映了狐文化的地理分布差异。

一条野狐谚语，哥舒翰脱口而出，而安禄山勃然大怒，直接原因是二人对于“狐”与“胡”关系的观感不同，而二人的观感则来自狐文化性质及在其社会的存在情况。换言之，正是由于唐代狐文化的地理分布差异，造成了安禄山与哥舒翰对“狐”与“胡”关系的感观不同，以致酿成冲突。

联系前文对诟“胡”文化的分析，可知诟“胡”为“狐”现象存在于以汉人为主流的中原社会，其产生以胡人内迁为前提。分析其地理分布情况，它又因各地区胡汉文化的历史积淀不同而表现出特殊性。河北一带，古属燕赵，本为汉人旧地，然而北朝至唐又是胡人迁入和胡汉冲突的重要地区，故而成为民族矛盾的重灾区，诟“胡”风气一直浓厚。安禄山一生主要生活于范阳即今河北北部，对此风气切

① 《旧唐书》卷104《哥舒翰传》，第3212页。

② 同上书，第3213页。

身感受数十年，不可谓不深。加上自身就是胡人，尤其作为唐朝时期汉人主要针对的粟特杂种胡，民族心理极其敏感。这正是安禄山闻“狐”即怒且勃然大怒的原因所在。与其相比，天山南北和河西走廊一带情况不同。应该说这一地区本属胡人家乡，到两汉和北朝时期才有汉人陆续以较大规模迁入。直到隋唐时期，这里仍然以胡人为主要居民，包括羌、氐、突厥等土著和粟特、波斯等移民。在这个以胡族文化为主流的社会里，诟“胡”风气反倒不足以流行。诸胡之间即使有矛盾存在，但绝对不会采取诟“胡”为“狐”这种形式。这里也不乏狐文化存在，但又绝对与诟“胡”无关。这正是哥舒翰不怎么了解诟“胡”为“狐”现象，从而也不隐讳野狐之喻的文化背景。

最后，野狐之喻还可能蕴含着更为丰富的文化情态。

一种文化的产生和发展，自有其丰富的特殊性。中原狐文化本与诟“胡”无关，只是在南北朝至隋唐时期胡族大量迁入、民族矛盾激化的情况下才衍生出诟“胡”为“狐”的风气。而这种诟“胡”风气在某一时代有其具体的地理分布特点，河北一带与河西走廊、天山南北不同。具体到哥舒翰与安禄山的冲突事件上，更有意思的是西域狐文化也流入中原，与中原狐文化相碰撞。如果黄先生所言哥舒翰雅言应对也成事实，那么就有三种不同的狐文化（唐代“讥胡为狐”风气、远古“狐死首丘”典故、突厥“狐向窟嗥”谚语）交汇在一个宴会上，或说哥舒翰一人身上了。

此外，诟“胡”为“狐”具体是怎么产生的？是否也有着自身的演化？它经历了怎样的过程？笔者认为，在较早时期诟“胡”矛头主要针对北方五胡，但到后来则分明针对西域诸胡。这里面是否还隐藏着某些玄机？格致物理，不惧深透，笔者相信从这里还能窥探到关于“狐”与“胡”更为丰富的文化关系。

原载《陕西师范大学报》（哲学社会科学版）2010 年第 4 期。

舞马与马舞

舞马和马舞活动是我国古代宫廷重要的文化事项，特别到盛唐时期，唐玄宗宫廷中神奇的舞马和高超的马舞艺术在人们心目中留下了极其深刻的印象。然就研究状况而言，此前仅有天津师范大学马俊民从唐代马政的角度零星提到舞马，青海师范大学方邦协从青海古代文化和体育活动的角度对舞马活动做以简略考述。① 如果专就我国古代舞马和马舞活动做宏观的考察，那么，这些舞马主要从哪儿来？宫廷是怎样管理和训练的？这种马舞艺术又是如何起源和发展起来的？在唐朝达到一个什么样的水平？这一连串问题在文化史上都颇具探讨价值。本文拟就这些问题做一系统的剖析和考述。

一　舞马的产地和入贡

所谓舞马，是指用于舞蹈的马匹。由于要胜任这种艺术性很强的表演活动，舞马必须品质优良，合乎其特有的标准和要求。一是体形健美，外貌奇特，观赏性强。宋人董逌在研究前代《舞马图》之后总结说："其为马异于今者众矣，或角或距，朱尾白鬣。盖所用于舞者，其马果有异邪？"② 三国时曹植认为自己得到的紫舞马"形法应图"；南梁张率则描绘所见的吐谷浑舞马"有奇貌绝力"。二是动作协调能

① 参见马俊民、王世平《唐代马政》第 13 章，西北大学出版社 1995 年版；方邦协《我国古代舞马活动考略》，《青海师范大学学报》1996 年第 1 期。

② （宋）董逌撰：《广川画跋》卷 4《舞马图条》，文渊阁《四库全书》，上海古籍出版社 1987 年缩印版，第 813 册，第 474 页。

力强，且能解人语，善知音节。曹植的舞马“善持头尾”；张率所见舞马则“能拜善舞”。因此，舞马难以从体质驽劣的中原土产马中选出，而主要来自一些出产良马的草原地区。谢庄《舞马赋》曰：“月晷呈祥，乾维效气，赋景河房，承灵天驷。陵原郊而渐影，跃采渊而泳质；辞水空而南傃，去轮台而东洎；乘玉塞而归宝，奄芝庭而献秘。”① 薛曜《舞马篇》曰：“不辞辛苦来东道，只为箫韶朝夕闻。”② 可见，舞马从塞外远道而来，在中世纪是一种人所共有的认识。

就各地区相比较而言，西域地形复杂，草原广阔，多产良马，是中原舞马的主要进贡地区。稽考史料，可知曾向中原王朝进贡舞马的政权或地区主要有：

（一）大宛

位于中亚地区费尔干纳盆地，隋唐又有拔汗那等政权。该国所出“汗血马”高大矫健，号称“天马”，堪称优良之最。早在汉武帝时期，中原王朝就不惜血本从这里引进种马。宋膺《异物志》描绘道：“大宛马，有肉角数寸，或有解人语及知音舞与鼓节相应者。”③ 可见，这里早就以出产舞马闻名天下了。三国时陈思王曹植曾向魏文帝进献大宛舞马，上表曰：“臣于武皇世得大宛紫马一匹……教令习拜，今辄已能；又能行与鼓节相应。”④ 这是关于中原王朝引进舞马的最早记载，说明至迟到公元3世纪，中原地区已有外来舞马了。南梁时，张率在其《舞马赋》中更明确认为舞马是“资皎月而载生，祖河房而挺授；种北唐之绝类，嗣西宛之鸿胄”⑤。到唐代，大宛马以更大规模输送进来，对中国马种改良影响深远。《唐会要》曰：“康国马，康居国也，是大宛马种，形容极大。武德（618—625）中康国献马四千匹，今时官马，犹是其种。”⑥ 正因如

① （梁）沈约：《宋书》卷86《谢庄传》，中华书局1974年版，第2175页。

② （宋）李昉：《文苑英华》卷344，中华书局1966年版，第1777页。

③ （宋）乐史著，王文楚点校：《太平寰宇记》卷182大宛条，中华书局2007年版，第3480页。

④ （唐）欧阳询：《艺文类聚》卷93，上海古籍出版社1965年版，第1623页。

⑤ （唐）姚思廉：《梁书》卷33《张率传》，第476页。

⑥ （宋）王溥：《唐会要》卷72《诸蕃马印》，第1306页。

此，唐人描绘舞马时多以“天马”呼之。

（二）吐谷浑

主要统治着青海地区，也以出产良马而著名。在《北史·吐谷浑传》中记述道：“青海周围四千余里，海内有小山。每冬冰合后，以良牝马置此山，至来春收之，马皆有孕，所生得驹，号为龙种，必多骏异。”吐谷浑是向中原王朝进贡舞马比较频繁的政权。南北朝时期，吐谷浑不断加强与南朝政权之间的友好关系。宋、梁相继册封吐谷浑王为河南王等名号，而吐谷浑王则将舞马作为礼品不断进贡到中原来。“（宋）世祖大明五年（461），（吐谷浑王）拾寅遣使献善舞马、四角羊”①；“（梁武帝天监）四年（505）三月甲寅，禊饮华光殿。其日，河南国献舞马……”②；十五年（516）八月，“河南国献赤舞龙驹”③。同时，吐谷浑舞马也进贡到中原北部地区。“西魏大统（535—551）初，周文遣仪同潘嗆以逆顺之理，于是（吐谷浑王）夸吕再遣使献能舞马及羊、牛等。”④

（三）吐火罗

主要在今阿姆河流域，原为大月氏西迁后的立国之地、贵霜帝国疆域，居中西丝绸之路的枢纽地位。《太平寰宇记》载，吐火罗都城“城北有玻山，南崖穴中有神马。国人每牧牝马其侧，时产名驹，皆汗血焉，事与大宛同”⑤。唐陆龟蒙有《开元杂题七首·舞马》诗曰：“月窟龙孙四百蹄，骄骧轻步应金稗。”⑥ 文中“月窟”，一般称为“月氏窟”。明代学者陈耀文考证说：“月窟，即指月氏之国。”⑦ 很可

---

① 《宋书》卷96《吐谷浑传》，第2373页。

② 《梁书》卷33《张率传》，第475页。

③ 《册府元龟》卷968《外臣部·朝贡一》，第11383—11384页。

④ 《北史》卷96《吐谷浑传》，中华书局1974年版，第3187页。

⑤ （宋）乐史著，王文楚点校：《太平寰宇记》卷186吐火罗条，第3571页。

⑥ 陆龟蒙：《开元杂题》，《全唐诗》卷629，上海古籍出版社1966年版，第1578页。

⑦ （明）陈耀文：《正扬》卷3日窟月窟条，文渊阁《四库全书》第856册，第102页。

能到唐代这一地区成为中原舞马的主要进贡之地，以至于诗人把唐玄宗所训练成的百匹舞马统统称作“月窟龙孙”。

（四）大秦

即罗马和东罗马帝国，唐称拂菻，因在波斯湾以西，又号称“海西国”。该国地域广阔，出产良马，俗有大秦马能解人语之说。唐朝名臣张说则在《舞马千秋万岁乐府词》咏道：“圣皇至德与天齐，天马来仪自海西。”① 大秦也当有舞马东来。

（五）疏勒

《太平御览》卷896引《凉州记》曰：“吕光麟嘉五年，疏勒王献火浣布、善舞马。”不过，疏勒属绿洲国家，缺乏出产良马的条件。因此，疏勒王所进献的舞马很可能并非本地所出，而是从邻近草原地区得来的。

此外，还有未说明国别的西域政权也向中原入贡舞马。例如，《宋书》卷6记载，刘宋大明三年（459）“十一月己巳，高丽国遣使献方物；肃慎国重译献楛矢、石砮；西域献舞马”。

随着域外良马的输入，中国境内的马匹质量得到很大提高，特别是边疆州县渐有良马出产。到了唐朝时期，中国西北、东北某些游牧地区也开始向朝廷进献舞马。

例如银州。

在今陕西榆林一带，是唐朝河曲之野八牧监之一，放养着大批良种官马。作为定制，银州监牧使要每年拣选良马进贡朝廷，其中也有一些被训练成舞马。清代学者储大文《存研楼文集》中保留了一条唐玄宗时期的史料：“是时内宴用舞马，毛仲兼领教坊使，疾趋中厩教百匹马舞，且沃巨卮酒。酒酣，起抚银州监马背曰：‘若种族幸食三品料，号立仗班。今若又供奉翰林仪鸾司。若试一鸣，用刷吾耻。且若盍以舞进御乎？’翼日，曲宴朔方北庭两节度使，银州马舞倾杯曲，折旋俯仰，雅合律节。……（毛仲）赐死……银州马后复奋迅，类有

① （唐）张说：《张燕公集》卷10，文渊阁《四库全书》第1065册，第731页。

所构。飞龙院使以为妖，而剑斩之。”① 很明显，文中的银州监马是一匹颇通人性的出色舞马。

此外还有幽州。

唐玄宗时期诗人郑嵎有《津阳门诗》云：“幽州晓进供奉马，玉珂宝勒黄金羁……马知舞彻下床榻，人惜曲终更羽衣。”② 后世学者继而考述道：“然则舞马产于幽州者为多也，补塞外以善马来贡者。”③不过，有唐人笔记记述道，“时塞外亦有善马来贡者，上（指玄宗）俾之教习，无不曲尽其妙”④。可见，唐朝时期的舞马仍有不少是从异域引进的。而银州和幽州舞马，仅起一种补充作用。

二 舞马的管理和训练

秦汉以降，历代马政初由太仆寺掌管，隋以后分权于殿内（中）省尚乘局。《唐六典》记尚乘局之职曰：“自秦汉已来，其职皆在太仆。北齐太仆骅骝署有奉乘十人，管十二闲马。隋炀帝取之，置尚乘局。”⑤ 尚乘局专掌御马的进献、饲养、调教和驾御等事务。到唐代，马政日趋发达，形成了一个比较成熟的管理体系。舞马作为御马的组成部分，其管理和训练也有一套严密的制度。

首先，舞马的进献和接收。一般由塞外人贡的马匹直接“陈于朝堂”，“献马，则殿中、太仆寺湴阅，良者入殿，驽病者入太仆”⑥。如属地方进献者，则经群牧使、诸监牧使或州县长官等拣选后进献到朝廷，由殿中省和太仆寺检验接收。

其次，舞马的饲养和护理。接收后的舞马一般饲养于各闲、厩和

① （清）储大文：《存研楼文集》卷15，文渊阁《四库全书》第1327册，第365—357页。

② 《全唐诗》卷567，第1447页。

③ （清）《日下旧闻考》卷150引《臆说》，文渊阁《四库全书》第499册，第317页。

④ （唐）郑处诲：《明皇杂录》补遗卷，中华书局1994年版，第45页。

⑤ （唐）张说等纂：《唐六典》卷11殿中省尚乘局条，中华书局1991年影印本，第231页。

⑥ 《新唐书》卷48《百官志三》，第1255页。

御马坊。万岁通天元年（696），武后设立仗内六闲，此后舞马专属仗内诸闲、厩。另外，东宫以内也设有马坊，由太子的亲信家奴掌管。李隆基喜好游猎，登基之前曾以“王毛仲专知东宫驼、马、鹰、狗诸坊”[①]。舞马的饲料由种植草粟的皇家林苑供应，殿中省尚乘局中有奉御一人专掌御马草粟饲料的请受、配给等事务。其饲养也有专人负责。《唐六典》记载，尚乘局有“掌闲五千人”，“掌分饲六闲之马”[②]。此外，舞马的鞍辔佩饰、医疗药料等由尚乘奉御一人主持事务，司库、司禀、典事和兽医等分工操作。

最后，舞马的训练和调教。包括舞马在内的御马之调教，初由尚乘局负责。其属下有“司驭五百人……掌调习六闲之马”[③]。后来闲厩使和飞龙使相继独揽马政大权，多选北衙军将子弟（即“诸军小儿”）养护和调教御马，并世代袭任，俗称“马家”。由于处在宫廷，一些“马家”凭借调马小技获得皇帝宠爱，甚至掌握大权。例如，在马嵬坡事件中，“军士不得食，流言不逊。龙武将军陈玄礼惧其乱，乃与飞龙马家李护国谋于皇太子，请诛国忠，以慰士心”[④]。此李护国即李辅国，其本传曰：“本名静忠，闲厩马家小儿……天宝中，闲厩使五鉷嘉其畜牧之能，荐入东宫。”[⑤] 李辅国能以飞龙厩养马人的身份参与筹划政变，显然已拥有一定权势。

三　马舞的起源和发展

提起马舞活动，一般人总会首先想到唐玄宗在位时期的盛大表演。不过，很早就有人认识到，马舞活动并非从唐玄宗时期才开始。

---

① 《旧唐书》卷106《王毛仲传》，第3253页。

② （唐）张说等纂：《唐六典》卷11殿中省尚乘局条，第231页。《新唐书》卷47亦如是记载。然《旧唐书》等记为掌闲五十人。据马俊民、王世平研究，“唐前期皇帝闲厩御马常近两万匹”，“开元时御马饲养单位共四十个”（马俊民、王世平：《唐代马政》，西北大学出版社1995年版，第54、68页），饲养人员显然不能仅有五十人，而当以五千人为确。

③ （唐）张说等纂：《唐六典》卷11，第231页。

④ 《旧唐书》卷108《韦见素传》，第3276页。

⑤ 《旧唐书》卷184《李辅国传》，第4759页。

宋代学者程大昌论述道："梁天监四年，禊饮华光殿。其日河南献赤龙驹，能伏拜善舞。周兴嗣为赋。案此时已有舞马，不待开元间矣。"① 时代稍早的朱翌则以曹植教习舞马的史实明确立论："是知马可教以舞，不独唐也。"② 然而，也有人将国内的马舞活动尽量推前，明代学者方以智认为："鹤舞马舞，《竹书》穆天子传有之。"③ 宋人董逌甚至以《山海经》中"夏启舞九代于大乐之野"的简单记载为据推前到夏代，④ 这种观点显有穿凿之意。

笔者认为，马舞的起源和发展是一个比较复杂的问题。

首先，马舞的发源地不在中原地区。无论良马品种的形成或驯马技术的提高，都与游牧业的发展密切相关。很显然，以种植业和采摘为基础的农业文明不可能具备上述条件，那么因农业文明而兴起的中原地带就不可能成为马舞活动的发源之地。前述舞马入贡的史实说明，在唐朝以前，历代舞马都是从中原以外各个良马产区进贡来的，其中西域地区所进尤多。就西域各国入贡的舞马看，它们不但天生素质较好，而且大多在进献之时就已调教成功。因为一方面史书记载中明确指出诸国所献者就是舞马；另一方面舞马在进献之时多当场进行表演。例如，南朝宋人明五年吐谷浑王拾寅献舞马，……谢庄《舞马赋》描绘道："至于肆夏已升，《采齐》既荐，始徘徊而龙俛，终沃若而鸾眄。迎调露于飞钟，赴承云于惊箭。写秦坰之弥尘，状吴门之曳练。穷虞庭之蹈蹀，究遗野之环袨。"梁天监四年吐谷浑再献舞马，张率作《舞马赋》曰："既倾首于律同，又蹀足于鼓振。擢龙首，回鹿躯，睨两镜，蹙双凫。既就场而雅拜，时赴曲而徐趋。敏躁中于促节，捷繁外于惊桴，骐行骥动，兽发龙骧，雀跃燕集，鹄引凫翔，妍

① （宋）程大昌：《演繁露》卷3舞马条，文渊阁《四库全书》第852册，第93页。

② （宋）朱翌：《猗觉寮杂记》卷上，文渊阁《四库全书》第850册，第438页。

③ （明）方以智：《通雅》卷30，文渊阁《四库全书》第857册，第580页。

④ （宋）董逌撰：《广川画跋》卷4："余闻大乐之野，夏后启于此舞九代马。宋膺异物志：大宛马或有解人语，及知音舞，与鼓节相应。宋大明五年，吐谷浑拾寅献舞马。故谢庄：'至于肆夏已升，《采齐》既荐。始徘徊而龙俛，终沃若而鸾眄。'则马舞应乐自古有之，岂独唐世之所为哉？画者特以记其所见尔。"（第474页）《山海经》卷7《海外西经》原文为："大乐之野，夏后启于此儛九代（郭璞注：九代，马名，儛谓盘作之令舞也）。"（袁珂：《山海经校译》，上海古籍出版社1985年版，第191页）

七盘之绰约，陵九剑之抑扬。岂借仪于褕袂，宁假器于髦皇。婉脊投倾，俯膺合雅，露沫歕红，沾汗流赭。”由此可见，这些舞马都当场进行了精彩的表演。可以肯定，这类与舞马一并入贡到中原王朝的马舞活动也来自其产地，且应早有流行。那么，马舞活动及其调教技术应起源于像大宛之类这些早有舞马出产的游牧地区。

其次，中原地区马舞活动的产生不会早于西汉时期。我们知道，汉武帝时期张骞凿空西域，之后李广利率大军远征大宛以求汗血马。从此，域外优良种马大量输入中原地区。由于舞马和马舞活动正是随着域外良马的大量输入而传播进来的，其在中原地区的产生应在西域凿空之后，不会早于汉武帝时期。到三国时期曹植上表献马，文中提到对马曾加以训练，“教令习拜，今辄已能；又能行与鼓节相应”，可以说明中原地区确实产生了马舞调教技术。至于《穆天子传》和《山海经》的记述，既不能断为史实，又缺乏具体内容，因而无法将其与后来的马舞艺术联系起来。

最后，尽管中原地区不是马舞艺术的发源地，其马舞活动的产生也相对较晚，但是它将马舞艺术发扬光大，到唐代达到一个空前的高峰。中原王朝从域外引进了马舞活动及其调教技术，然后凭借自身发达的社会文明（其中舞蹈音乐艺术应是主要的因素）将其不断提高，最终创造出一种成熟而绚丽的马舞艺术。中国的音乐舞蹈艺术早有发展。《诗经》三百篇无不与音乐舞蹈紧密结合，可谓是上古音乐舞蹈艺术的结晶。《通典》追述：“前代乐饮酒酣必起自舞。诗云：屡舞仙仙是也。”这说明中国早就流行乘兴起舞的习俗。后来乐舞水平不断提高，不但创造出字舞、花舞、健舞、软舞等形式，而且在人舞之外，也教兽禽虫豸作舞。《穆天子传》有“鹤舞”之说；宋鲍照有《舞鹤赋》；汉张雅能击磬做乐而令鸾舞；唐韩志和能使蝇虎舞《梁州》之曲；宋“临安呈水嬉者”更能让龟鳖鳅鱼“戴戏具而舞”[1]。传统上高超的调教技术，自然会影响到马舞艺术。在三国时期，中国人教习马舞还只是简单的拜舞动作，不足为奇。但到唐代，中国宫廷中的马舞艺术就非同一般了。唐人又称马舞为

---

① 参见王士祯《池北偶谈》卷24，中华书局1982年版，第584页。

蹀马。曾慥引《景龙文馆记》说，唐中宗景龙某年，“宴土蕃，使蹀马之戏，皆五色彩丝，金具装于鞍上，加麟首飞翅。乐作，马皆随音蹀足，宛转中节。胡人大骇”①。这时候中原地区的马舞活动足以让熟悉马舞之戏的胡人为之惊骇，可见其艺术水平已很高。

四　唐代的马舞艺术

唐代是一个文化灿烂的时代，而其皇帝又多是富有才情的人物。特别是玄宗李隆基，不但重视文化艺术建设，兴办学校，创设教坊，而且自己精通文艺，多有创新。正是在这种背景下，马舞艺术到唐玄宗时期达到鼎盛。总的来看，主要呈现出以下特点。

（一）规模盛大，修饰富丽

《明皇杂录》曰：“玄宗尝命教舞马，四百蹄各为左右，分为部，目为某家宠、某家骄。”② 可见玄宗时期的舞马阵容相当可观，常备舞马至少有百匹。若据《太平御览》等史料看，甚至多至四百匹。同时，玄宗善于组织群马表演，场面展示极为壮观。《旧唐书》载，每遇勤政殿宴享，通常要调用舞马三十匹表演《倾杯乐》一曲。根据《资治通鉴》及胡三省所注，表演该曲则要用舞马百匹。其文曰：“初，上皇每酺宴，先设太常雅乐坐部、立部……又教舞马百匹，衔杯上寿（胡注：帝以马百匹盛饰，分左右，施三重榻，舞倾杯数十曲）。”③ 出于观赏性和艺术性的需要，唐玄宗非赏重视舞蹈主体的包装。舞马上场，一般要“衣以文绣，络以金铃；饰其鬣间，杂以珠玉”④。即身披彩纹花绣的衣服，颈悬金光灿烂的铃铛，马鬃则用珍珠美玉加以装饰，极尽其富丽之态。正因这雍容华贵的仪表，“日照金羁而睛光交映，风飘锦覆而淑气相资”，⑤ 无形中给人以赏心悦目的

① （宋）曾慥：《类说》卷6，文渊阁《四库全书》第856册，第108页。

② （唐）郑处诲：《明皇杂录》补遗卷，中华书局1994年版，第45页。

③ 《资治通鉴》卷218至德元载八月辛丑条，中华书局1956年版，第6993页。

④ 李昉：《太平御览》卷574，第2593页。

⑤ （宋）李昉：《文苑英华》卷131《舞马赋》，第605页。

美感。

（二）马舞复杂，形式多样

马舞表演中的音乐和舞蹈组成都比较复杂。就曲子而言，《倾杯乐》是最为流行的马舞乐曲。该曲早在中宗朝已有雏形，名为《饮酒乐》。宋程大昌《考古编》卷9曰："世传舞马衔杯上寿起于开元；非也。中宗时已有之。景龙文馆记：殿中奏碟马之戏，婉转中律。遇作《饮酒乐》者，以口衔杯，卧而复起。吐蕃大惊。"到玄宗朝，将此曲加以改进，每逢千秋节则奏之，成为定制。与前曲相比，《倾杯乐》在技术处理上更为复杂。《明皇杂录》说："其曲谓之倾杯乐者，数十回。"其复杂程度可以想见。张说有诗云："试听紫骝歌乐府，何如绿骥舞华冈?"① 可知当时舞马乐曲多取自乐府，《华冈》也是一支比较流行的舞曲。同时就舞马动作而言，相应要"奋首鼓尾，纵横应节"，根据曲子做出更为复杂的动作。② 钱起《千秋节勤政楼下观舞马赋》曰："忽兮龙踞，愕尔鸿翻，顿缨而电落朱鬣，骧首而星流白颠。"③ 张说《舞马千秋万岁乐府词》曰："腕足徐行拜两膝，繁骄不进踏千蹄。髼髵奋鬣时蹲踏，鼓怒骧身忽上跻。"④ 还有佚名《舞马赋》云："或进寸而退尺，时左之而右之"；"徘徊振迅，类威凤之来仪；指顾悠忽，若腾猿之惊透。"⑤ 仅观其蹲踞翻卷、顿缨骧首、腕足膝行、踏步徘徊、扬鬃跳跃、进退侧转……就足以让我们眼花缭乱。

唐玄宗还创造了多种舞蹈形式。当时马舞，除了在地面舞蹈之外，还有登高而舞等形式。"施三层板床，乘马而上，旋转如飞。或命壮士举一榻，马舞于榻上。乐工数人立左右前后，皆衣淡黄衫、文玉带，必求少年而姿貌美秀者。"⑥ 另有一种形式是，"襱马人着绿

---

① 《全唐诗》卷28《杂舞辞曲》，第112页。

② （唐）郑处诲：《明皇杂录》补遗卷，第45页。

③ （宋）李昉：《文苑英华》卷81，第369页。

④ 《全唐诗》卷28《杂舞辞曲》，第112页。

⑤ （宋）李昉：《文苑英华》卷131，第605页。

⑥ （唐）郑处诲：《明皇杂录》补遗卷，第45页。

衣，执鞭于床上”①，人在上面指挥，马在下面蹈舞。

（三）动作高难，组织缜密

前文所讲两种乘马登高而舞的形式，一种是在三层高台之上，一种是在壮士举起的榻板之上，还要旋转如飞，做出各种各样的动作，其中带有类似杂技的惊险成分。因此，这些表演具有相当大的难度。

同时，玄宗还善于将群马表演与单马表演、马舞表演和其他艺术表演结合起来，使整个文艺表演活动达到一个相当高的水平。一般宴享之时，“百僚、常参供奉官、贵戚、二王后、诸蕃酋长谢食就坐。太常大鼓，藻绘如锦，乐工齐击，声震城阙。太常卿引雅乐，每色数十人，自南鱼贯而进，列于楼下。鼓笛鸡娄，充庭考击。太常乐立部伎、坐部伎依点鼓舞，间以胡夷之伎。日旰，即内闲厩引蹀马三十匹，为《倾杯乐曲》，奋首鼓尾，纵横应节。又施三层板床，乘马而上，抃转如飞。又令宫女数百人自帷出击雷鼓，为《破阵乐》《太平乐》《上元乐》……又五坊使引大象入场，或拜或舞，动容鼓振，中于音律，竟日而退”②。若在某些重要场合，表演程序则更复杂，府县散乐、杂戏以及山车、陆船等都有相应节日。然而，这些众多的节目都能条理缜密地组织起来，做到按部就班，秩序井然。

（四）时间、地点形成常制

根据朝廷定制，马舞活动是作为典礼仪式而举行的，因而有时间、地点及规格等方面的规定。就时间而言，马舞一般在三种场合表演：一是千秋节，即庆祝唐玄宗生日之时，每年的阴历八月五日，前后表演三天。二是朝会之时。三是常享会，即有宾客宴享之时。《旧唐书》记载，“玄宗在位多年，善音乐，若宴设酣会，即御勤政楼”③，举行包括马舞在内的大型文艺活动。按照正常程序，“若常享会，先一日具坐、立部乐名封上，请所奏御注而下。及会，先奏坐部

---

① 《续通典》卷89乐五杂舞曲条，浙江古籍出版社2000年版，第1678页。

② 《旧唐书》卷28《音乐志一》，第1051页。

③ 同上。

伎，次奏立部伎，次奏蹀马，次奏《散乐》而毕矣”①。就地点而言，勤政殿前是千秋节固定的表演场所。此外，马舞还有专门的表演舞台，称作“舞马台”。《陕西通志》引宋敏求《长安志》说：“舞马台，在斗鸡殿之北。”②

此外，这一时期的舞马玲珑剔透，充满灵气。在与音乐的配合上，不但“骧首奋鬣，举趾翘尾，变态动容，皆中音律”，而且“才敲画鼓头先奋，不假金鞭势自齐”，似乎有一种天生的乐舞感觉。同时，它还能根据调马人的举动下意识地理解其中暗示，并主动调整、改进自己的姿势动作。故而，人们对天宝马舞无不称赞其曲尽其态，舞尽其妙，“固绝伦之妙有，岂众伎之齐（侪？）焉”！

五　马舞的衰落

天宝十四年（756），安史之乱爆发，10月玄宗仓皇入蜀，叛军攻破长安，熊熊战火将马舞艺术焚烧殆尽。从此，中国马舞活动日益寂寥。由于曾经观看过天宝马舞，“安禄山见而悦之，既克长安，命搜捕乐工，运载乐器、舞衣，驱舞马、犀象皆诣洛阳”③。《明皇杂录》记述，当时安禄山“因以数匹卖于洛阳”。《太平御览》则提到“以数十匹置于范阳”。后来，一些舞马“转为田承嗣所得”。田不识舞马，将其当战马来用。结果一日舞马闻乐起舞，被视为妖，惨遭鞭棰而死。这样，天宝舞马初“尽入洛阳”，后“复散于河北”，“向时之盛扫地而尽矣”④。

不过，马舞活动在中、晚唐仍时有延续。陆游《避暑漫抄》有史料说：“洎肃宗克复，方散求于人间，其归于京者十无一二。”后来李唐皇帝如德宗等难改游乐习气，因而靠这幸存的几匹舞马暂时保留了

① 《旧唐书》卷29《音乐志二》，第1081页。

② （清）刘于义纂：《〈雍正〉陕西通志》卷72《古迹》，雍正十三年（1735）刻本，第61页。

③ 《资治通鉴》卷218至德元载八月辛丑条，第6994页。

④ （明）陶宗仪：《说郛》卷39引陆游《避暑漫抄》，文渊阁《四库全书》第876册，第139页。

马舞艺术。据载，德宗“贞元……四年（788）三月甲寅，宴百僚于麟德殿，设九部乐及内出舞马。帝制序及诗以赐群臣，于是给御笔，仍命属和”[①]。贞元十七年，杜佑《通典》成书，该书提到，“今翔麟、凤苑厩有蹀马，俯仰腾跃，皆合曲节，朝会用乐，则兼奏之”[②]。可见德宗在位时期，朝廷还有闲厩饲养舞马，朝会仪式上还有马舞表演。其后再无相关史料记载。而明朝时方以智则明确断言，“今之字舞，鞞拂犹存，无蹀马鱼龙之戏”。马舞活动在中原地区真正销声匿迹了。

原载《中国文化研究》2005 年第 3 期。

① 《册府元龟》卷 40《帝王部 · 文学》，第 455 页。

② （唐）杜佑著，王文锦、王永兴等点校：《通典》卷 145《乐五》，中华书局 1988 年版，第 3709 页。

浅析西域文化在唐人园林中的流痕

唐朝是一个高度开放的时代，西域文明以其前所未有的规模涌入中原地区，使唐朝社会各个领域出现浓淡不一的胡化色彩。作为直观的客观事物和艺术形式，唐人园林则更加鲜明形象地映照出西域文化的内涵。如果就物种传播和艺术活动等角度而言，那么即便在普通的唐人宅第庭院也不难发现西域文化的踪迹。本文拟从动植物物种、建筑特色的变化以及新的文化事象的出现来做一初步考察，以就教于大方之家。

一　唐人园林、庭院中的西域物种

植物、泉石和建筑是构成园林的三大要素，而植物形态差异比较直观，最容易看出外来文化的存在。就已有研究来看，唐代中国疆域广阔，外交繁荣，曾以征求、接纳贡品或者商业贸易等为渠道引进了大量的西域物种。基于其稀奇的特征，它们都曾在唐人园林乃至普通庭院中栽种过，而且不少物种成为后世中国园林的重要组成部分。

首先，花卉是观赏性最强的物种，同时“花卉由于草本者居多，体积小，携带方便，比果类的传入更加便捷”①，因而相对于其他物种而言，异域花卉对中国园林、庭院的装饰艺术产生了更为明显和持久的影响。有唐一代，薝蔔、水仙等物种开始引入中国；而莲花、茉莉等较早引入中国的花卉则在品种更新和推广范围上有了突出发展。

① 魏露苓：《隋唐五代时期园艺作物的培育与引进》，《中国农史》2003 年第 4 期。

由于能够与山水泉石浑然一体地组合在一起，水中生长的莲花是深受中国园林青睐的花卉植物，种植非常普遍。不过，尽管历史文献和考古资料显示莲花在中国境内很早就有生长，但其早期分布并不广泛，而且缺乏人工种植的迹象。伴随佛教文化的传入和发展，中国才得以大量引种印度莲花品种，并在中原广泛种植开来。正因如此，美国学者谢弗把它看作外来的重要事物。① 从唐人对莲花的物种认识和文化联想来看，陈藏器在《本草拾遗》中说："红莲花、白莲花生西国，胡人将来也。"② 同时在诗文、绘画中，莲花形象也往往与佛教人物和教义联系在一起。③ 因此，莲花在唐代无疑也被视为外来的新生事物。

就其文化传播的迹象而言，白莲的推广种植尤其引人注目。沿着自海上丝路引进的路线，白莲较早在中国南方出现。"当时中国北方地区似乎还并没有种植白莲"，起码至唐前期还"似乎没有流传到宫廷范围以外的地方"；"即使到了九世纪时，白莲在人们的心目中仍然是一种带有新奇感的植物"④。不过人们对白莲的特有情调促进了其推广种植，白居易就是典型的例子。作为文人雅士，白居易酷爱种植白莲。据《旧唐书》载，当他"罢苏州刺史时，得太湖石五、白莲、折腰菱、青板舫以归"⑤。谢弗也引证《演繁录》说"九世纪以前，在洛阳还没有白莲，白莲是在九世纪时由田园诗人白居易最先带到洛阳种植的"⑥。白居易写有许多关于白莲的诗文，其中一首云："小桃闲上小莲船，半采红莲半白莲。不似江南恶风浪，芙蓉池在卧床前。"⑦ 可见白居易也确实把白莲种植到自己在洛

① ［美］谢弗：《唐代的外来文明》，吴玉贵译，中国社会科学出版社 1995 年版，第 278—284 页。

② 转引自（明）李时珍《本草纲目》卷 33，文津阁《四库全书》，商务印书馆 2005 年影印本，第 256 册，第 542 页。

③ 谢弗为此举述莲花座、莲花手菩萨、妙法莲花经等佛教事象，并以皮日休《白莲》诗"但恐醍醐难并洁"之句来说明莲花与印度佛教的关系。

④ ［美］谢弗：《唐代的外来文明》，吴玉贵译，第 280 页。

⑤ 《旧唐书》卷 166《白居易传》，第 4340 页。

⑥ ［美］谢弗：《唐代的外来文明》，吴玉贵译，第 280—281 页。

⑦ （唐）白居易：《白氏长庆集》卷 28，文津阁《四库全书》，第 361 册，第 107 页。

阳乃至长安等处的私宅庭院里。此外，薛能有诗描绘礼部衙门里“白莲千朵照廊明”[①]，反映出一些官衙庭院中也有白莲种植。而吴越、荆楚一带更是广种白莲，甚至出现白莲成精的传说；[②] 到唐末五代，天下诸州甚至能够进贡并蒂的白莲花了。[③] 同时在文学作品中，不但白居易多咏白莲，而且李德裕有《白芙蓉赋》，皮日休、陆龟蒙、吴融、黄滔等有咏白莲诗，和尚齐己甚至著《白莲集》。由此可见，白莲种植在中原地区逐步传播开来。

从现有史料里足以看出，莲花种植在唐代园林乃至庭院中已渐普遍。最有条件的当然是皇家园林，无论在长安城内的太液池、兴庆宫池，还是在城北禁苑或者诸多离宫池陂，都有大规模的莲花种植。[④] 而长安城东南角的曲江池芙蓉园，则是一处专门种植莲花的著名园林。皇亲国戚的园林甲第中，如中宗女长宁公主的东庄别业[⑤]、幼女安乐公主的定昆池园林[⑥]、武则天侄子梁王武三思的梁园[⑦]等，同样多有大片荷花池陂。高官权贵的园林庭宅也不例外，唐初大臣杨师道

---

① （唐）薛能：《省试夜》，《全唐诗》卷561，第6513页。

② 参见（五代）孙光宪著，贾二强点校《北梦琐言》，卷9“白莲女惑苏昌远”条，中华书局2002年版，第190页；卷10“杜孺休种青莲花”条，第234页。

③ 《册府元龟》卷203“征应”门记述，梁太祖即位之初，“旬朔之内，诸州郡继以白乌、白雀、白兔洎白莲之并蒂者相次来献”（第2448页）。

④ 王仁裕：《开元天宝遗事》卷3载：“明皇秋八月，太液池有千叶白莲数枝盛开。”（文津阁《四库全书》，第344册，第612页）沈佺期《白莲花亭侍宴应制》诗云：“九日陪天仗，三秋幸禁林。”（《全唐诗》卷97，第1054页）可见禁苑之内有白莲花种植和赏花之处。武平一《兴庆池侍宴应制》诗云：“波摇岸影随桡转，风送荷香逐酒来。”（《全唐诗》卷102，第1085页）可见兴庆宫池有莲花种植。王建《华清宫感旧》诗云：“公主妆楼金锁涩，贵妃汤殿玉莲开。”（《全唐诗》卷300，第3403页）可见华清宫内有白莲花种植。

⑤ 刘宪《侍宴长宁公主东庄》云：“晴新看蛱蝶，夏早摘芙蕖。”（《全唐诗》卷71，第780页）。郑愔《侍宴长宁公主东庄应制》云：“拂席萝薜垂，回舟芰荷触。”（《全唐诗》卷106，第1104页）

⑥ 杜甫游其故址，曾感叹道：“忆过杨柳渚，走马定昆池。醉把青荷叶，狂遗白接䍦。”（杜甫·《陪郑广文游何将军山林十首》，《全唐诗》卷224，第2397页）

⑦ 韦安石描述武三思的宅第道：“梁园开胜景，轩驾动宸衷。早荷承湛露，修竹引熏风。”（韦安石：《梁王宅侍宴应制同用风字》，《全唐诗》卷104，第1095页）早在西汉梁孝王有园林号称“梁园”，非常著名，但此梁园显然非彼梁园也。

的安德山池[①]、元和名相裴度的午桥南庄[②]等处，莲花种植规模亦颇可观。同时，一些官衙如礼部衙门，寺庙园林如修德坊西北隅的兴福寺等，[③] 也得以较大规模种植莲花。而一般私人园林、庭院，如王维的辋川山庄、白居易的履道坊宅第等，也以莲花池陂为其重要的造景方式。[④] 至于地方上私人、寺庙或官衙等公私园林，在唐代特别是中唐以后亦不乏莲花的种植。在各地私人园林中，庐山香炉峰下白居易自建遗爱草堂，最引人注目之处就是“罗生池砌”的红榴白莲；[⑤] 徐氏园林规模宏大，号称以越水吴烟相辅，但以老龟闲游、莲荷半欹为特写小景；[⑥] 杜佑曾有小型别业，竟也古树新荷，别有风味。[⑦] 寺庙园林中，与遗爱草堂相邻的东林寺，北塘有莲花池，“水湛湛见底清，中生白芙蓉，菡萏三百茎”[⑧]；蕲州黄梅县的真慧寺里，“更有一般人

---

① 唐初杨师道封安德郡公，其园林安德山池久负盛名，且习为皇帝和权贵们宴集之所，从李百药、褚遂良至许敬宗、上官仪等都曾留下安德山池宴集之作。其中许敬宗咏叹说，安德山池“台榭疑巫峡，荷蕖似洛滨”（许敬宗：《安德山池宴集》，《全唐诗》卷35，第467页）。将该处莲花池与洛河之滨相比拟，可见种植规模相当之大。

② 裴度有午桥南庄别业，其泉石之美名闻天下。诗人姚合描写那里的壮丽风景云：“池满红莲湿，云收绿野宽。花开半山晓，竹动数村寒。”（姚合：《和裴令公游南庄忆白二十、韦七二宾客》，《全唐诗》卷501，第5697页）

③ 关于礼部衙门，前文薛能诗反映了这里种植着千朵白莲；关于兴福寺，徐松记述，“寺北有果园，复有藕花池二所”（徐松著，李健超增订：《增订唐两京城坊考》卷3，三秦出版社1996年版，第102页）。

④ 辋川山庄有临湖亭，王维本人描绘道：“轻舸迎上客，悠悠湖上来。当轩对尊酒，四面芙蓉开。”（王维：《辋川集·临湖亭》，《全唐诗》卷128，第1300页）可见也以大片莲花为胜景。

⑤ 白居易《庐山草堂记》云：“前有乔松十数株，修竹千余竿，青萝为墙援，白石为桥道，流水周于舍下，飞泉落于檐间，红榴白莲，罗生池砌。”（（宋）李昉：《文苑英华》卷868，中华书局1966年版，第4367页）

⑥ 包佶《秋日过徐氏园林》云：“回塘分越水，古树积吴烟。扫竹催铺席，垂萝待系船。鸟窥新罅栗，龟上半欹莲。屡入忘归地，长嗟俗事牵。”（《全唐诗》卷205，第2140页）

⑦ 钱起《题樊川杜相公别业》有句云：“古树生春藓，新荷卷落花。”（《全唐诗》卷237，第2645页）

⑧ （唐）白居易：《白氏长庆集》卷1，《东林寺白莲》，文津阁《四库全书》，第361册，第6页。

不见，白莲花向半天开”[①]；金陵摄山栖霞寺初建时，“明家不要买山钱，施作清池种白莲”[②]。官府园林较有名者当属冀州堂阳（治所在今河北新河西）亭子，唐人刘咏颇有诗意地描绘道：“至若春草碧，春波青，云乍合，雨初晴，风扬柳花汀鹭起，棹穿荷叶浦鱼惊。此景也，桃源、金谷谬得其名。又若秋蓼红，秋水绿，菡萏香，凫鸥浴，陌上人歌陇首词，月中鱼唱江南曲。此时也，青草、洞庭比之不足。”[③]

薝蔔花，原产印度或中亚地区，由于形态接近原产中国的栀子而俗称为“西域栀子”。道世和尚引《唐高僧传》云：“唐雍州渭南县南山倒犳谷，崖有悬石，文状倒犳，因以名焉。谷有岩像于佛面，亦号像谷。故老传云，昔有梵僧来云：‘我闻此谷有像面山七佛龛，昔有七佛曾来此谷说法，涧内有薝蔔华（同‘花’）常所供养。’近至永徽年中，南山龙池寺沙门智积闻之往寻，至谷闻香，莫知何所。深讶香气从涧内沙出，即拨沙看，形似茅根里甲沙土，然极芬馥。就水抖擞洗之，一涧皆香。将还龙池佛堂中，合堂皆香，极深美气。”[④]可见薝蔔花的传入与佛教僧人有着密切关系。即使在中国，薝蔔花也一般种植于寺庙园林中，有着比莲花更为浓厚的佛教文化情调。贯休描写造微禅师所在寺院，首句就说“薝蔔气雍雍，门深圣泽重”[⑤]；重访一所故旧寺院时则说“再来寻师已蝉蜕，薝蔔枝衰醴泉竭”[⑥]。卢纶描写静居法师坐禅讲法的场景是：“五色香幢重复重，宝舆升座发神钟。薝蔔名花飘不断，醍醐法味洒何浓。”[⑦]白居易素来信佛，经常与高僧们往来，因此自称“予尝醍醐，嗅薝蔔者有日矣”[⑧]；祭奠去

---

① （唐）周繇：《题金陵栖霞寺赠月公》，《全唐诗》卷635，第7293页。

② （唐）李绅：《龟山寺池鱼》，《全唐诗》卷483，第5496页。

③ （唐）刘咏：《堂阳亭子诗序》，《全唐文》卷928，中华书局1983年版，第8736页。

④ （唐）道世：《法苑珠林》卷49，文津阁《四库全书》，第349册，第496页。

⑤ 贯休：《赠造微禅师院》，《全唐诗》卷834，第9405页。

⑥ 贯休：《经旷禅师院》，《全唐诗》卷867，第9322页。

⑦ （唐）卢纶：《送静居法师》，《全唐诗》卷27，第3136页。

⑧ （唐）白居易：《西京兴善寺传法堂碑》，（宋）李昉《文苑英华》卷866，中华书局1996年版，第4570页。

世的上弘和尚，则痛陈“佛灭度后，薝蔔香衰”[①]。王维缅怀禅宗鼻祖惠能法师，说他居止“林是旃檀，更无杂树；华惟薝蔔，不嗅余香”[②]。

郁金香，花色纯正，芳香馥郁，是观赏性植物，又可以制成香料，是比较名贵的花卉品种。据考证，它原产于波斯附近和印度西北。[③] 在唐朝以前中国人已闻知其名，《魏略》就谈到郁金香花如红蓝。不过，有史料确指郁金香花草传入中国是在唐朝。[④] 翻阅文学作品，也是自唐朝起诗人开始用郁金香的花色和香味来比拟颜色之雅洁和气味之纯正。李白描绘初春堤柳娇嫩的淡黄色调是“河堤弱柳郁金枝”[⑤]；白居易描绘深秋盛开的菊花也说“满园花菊郁金黄”[⑥]；李商隐描绘随风而动的牡丹则是“折腰争舞郁金裙”[⑦]。描摹闺房秀雅的意境，莫如卢照邻“双燕双飞绕画梁，罗帷翠被郁金香”[⑧] 之句；赞颂美酒纯正的味道，李白“兰陵美酒郁金香”[⑨] 之咏家喻户晓。由此可见，正是在唐朝郁金香成为中国园林庭院中能见之物，因而才得以为唐人社会所熟悉。

茉莉，又以胡名音译为“耶悉茗”或“耶悉弭”，南方则俗称“素馨”，[⑩] 主要分布于西亚、南亚和地中海地区。唐人段公路云：

---

① （唐）白居易：《抚州景云寺故律大德上弘和尚石塔碑》，（宋）李昉《文苑英华》卷866，第4571页。

② （唐）王维：《六祖能禅师碑铭并序》，（宋）姚铉编《唐文萃》卷63，文津阁《四库全书》，第449册，第262页。

③ 谢弗对该问题曾有较深的研究，见［美］谢弗《唐代的外来文明》，吴玉贵译，第274—277页。唐人陈藏器曾有大秦之说，想必是郁金香早在希腊罗马时代就已西传并遍植地中海沿岸而造成东方古人的误解。

④ 王溥记述：“（贞观二十一年）伽毗国献郁金香，叶似麦门冬。九月开花，状如芙蓉，其色紫碧，香闻数十步。华而不实，欲种取其根。”可见此次进献应是郁金香整棵花草。（宋）王溥：《唐会要》卷100《杂录》，第1796页。

⑤ （唐）李白：《春日独坐寄郑明府》，《全唐诗》卷172，第1767页。

⑥ （唐）白居易：《重阳席上赋白菊》，《全唐诗》卷450，第5082页。

⑦ （唐）李商隐：《牡丹》，《全唐诗》卷539，第6171页。

⑧ （唐）卢照邻：《长安古意》，《全唐诗》卷41，第519页。

⑨ （唐）李白：《客中行》，《全唐诗》卷181，第1842页。

⑩ 也有史料如段公路《北户录》等认为茉莉与耶悉茗、耶悉弭、素馨等为茉莉属不同品种。参见（唐）段公路《北户录》，文津阁《四库全书》，第195册，第597页。

“耶悉弭花、白茉莉花（红者不香）皆波斯移植中夏，如毗尸沙金钱花也。本出外国，大同二年（536）始来中土。”[①] 劳费尔断定它是从波斯传入中国的；谢弗则认为在唐朝有印度所产和波斯所产两个品种传入中国。[②] 不过，茉莉性不耐寒，有种花行家云：“岭北、江南，霜后糊室收之。最畏隙风，晴则取出受日，以午浇之。”[③] 因而这种花很有可能主要是通过海路传至中国南方。有史料说，茉莉花是“胡人携至交广之间”[④]，而广州城南的蕃坊是胡人聚居之地，故而茉莉最初应该是在这里种植。五代南汉时期，茉莉种植在广州得到推广，不但蕃坊有素馨巷，城南还有花田。[⑤] 到了宋代，周去非仍然认为茉莉和素馨都以番禺为多产。茉莉花芳香可爱，南朝时稽含就曾提到，“南人怜其芳香，竞植之”[⑥]；宋人高似孙也描述说，“……交广之间，家家爱其香气，皆种植之”[⑦]。可见茉莉对中国南方园林及宅第装饰艺术之影响。[⑧]

水仙，又称柰祇，古人因其花朵形状又称之“金盏银台”或“金盏玉台”。《酉阳杂俎》云：“柰祇，出拂菻国。苗长三四尺，根大如鸭卵，叶似蒜。叶中心抽条甚长。茎端有花六出，红白色，花心赤黄，不结子。其草冬生夏死，与荠麦相类。取其花，压以为油，涂身，除风气，拂菻国王及国内贵人用之。”[⑨] 唐人有《水仙谣》云：

---

① （唐）段公路《北户录》卷3，文津阁《四库全书》第195册，第597页。

② 参见［美］劳费尔《中国伊朗编》，林筠因译，第157页；［美］谢弗《唐代的外来文明》，吴玉贵译，第367页。

③ （明）方以智：《物理小识》（不分卷），文津阁《四库全书》，第287册，第493页。

④ （宋）高似孙：《纬略》卷99，文津阁《四库全书》，第281册，第648页。

⑤ 清人吴绮云：“素馨花出广州府……广州城南有花田，伪汉刘鋹葬美人于此，此种（指素馨花）尤多，土人取花结为彩灯，亦风艳有致。”（吴绮：《岭南风物记》，文津阁《四库全书》，第196册，第606页）

⑥ （晋）稽含：《南方草木状》卷上，文津阁《四库全书》，第195册，第577页。

⑦ （宋）高似孙：《纬略》卷9，文津阁《四库全书》，第281册，第648页。

⑧ 不过，北方条件稍好的地区和园林也有种植，如宋人李格非介绍自唐保留至宋的李氏丰园，说：“远方奇卉，如紫兰、茉莉、琼花、山茶之俦，号为难植，独植之洛阳，辄与土产无异。”（李格非：《洛阳名园记》，文津阁《四库全书》，第195册，第84页）

⑨ 《太平广记》卷408《李祇草》条，第3299页。

"水客夜骑红鲤鱼，赤鸾双鹤蓬瀛书。轻尘不起雨新霁，万里孤光含碧虚。露魄冠轻见云发，寒丝七炷香泉咽。夜深天碧乱山姿，光碎玉波满船月。"① 对其自然特性了解如此具体，赋予其文化内涵如此丰富，可见唐人对水仙已很熟悉。

此外，还有一些花卉在唐朝传入中国，进入中国的园林世界。如那伽花，"状如三春，无叶，华色白，心黄，六瓣，出在舶上"②，明显是从海路传入中国的。优钵罗花，原生于所谓"白山南，赤山北"，岑参曾"得之于天山之南"③，明显是从内地丝路传入中国。俱物头花，谢弗认为就是睡莲，但有些学者认为尚待考证。④ 据《北户录》记述，罽宾国曾进献此物到唐廷。戎王子，原产于中亚地区，杜甫有诗曰："万里戎王子，何年别月氏？异花开绝域，滋蔓匝清池。汉使徒空到，神农竟不知。露翻兼雨打，开拆渐离披。"⑤ 尽管不知为何物种，但可确定为水生池养，并在唐代传入中国，出现在像何将军山林那样的园林里。

其次，唐代不断传入或推广的异域果树也对中国园林产生很大影响。其中特别是兼具花卉特性者如石榴，适合庭院搭架栽种者如葡萄等，都成为后世中国园林不可或缺的组成部分。

石榴，或称安石榴、若榴，又有音译"丹若""涂林"等名。西方学者认为，它原产于伊朗地区特别是中亚一带多石的土地上。⑥《西京杂记》提及，西汉上林苑建立之初，就有西域国家进献的十株安石榴栽种进去。⑦ 但劳费尔认为，比较确切的资料应是公元3世纪左思的《吴都赋》。其后晋人潘尼、张载、张协、应贞、潘岳、夏侯湛、傅玄、庾儵、范坚等都曾撰有《（安）石榴赋》，可见石榴在中国逐

---

① ［唐］温庭筠：《水仙谣》，《全唐诗》卷576，第6704页。

② 《太平广记》卷409《那伽花》条，第3319页。

③ （唐）岑参：《优钵罗花歌并序》，《全唐诗》卷199，第2062页。

④ 参见［美］谢弗《唐代的外来文明》，吴玉贵译，第7章；魏露苓《隋唐五代时期园艺作物的培育与引进》《中国农史》2003年第4期；等等。

⑤ （唐）杜甫：《陪郑广文游何将军山林十首》，《全唐诗》卷224，第2397页。

⑥ ［美］劳费尔：《中国伊朗编》，林筠因译，第101页。

⑦ （汉）刘歆：《西京杂记》卷1，巴蜀书社1993年影印元明善本丛书十种，第563页。

渐广为人知。不过，到南北朝时期石榴种植在北方似乎尚少。尽管史料明确记载后赵石虎的御苑内已种有石榴，但是此后北魏太武帝还是借征讨彭城（今徐州）之际向刘宋王朝索要石榴；① 北齐亲王纳妃的婚庆宴会上还有人以两颗石榴为礼物进献给文宣帝。② 由于兼具花卉和果树的特征，石榴传入中国后深得人们喜爱。潘尼《安石榴赋》咏叹道："榴者，天下之奇树、九州岛岛之名果。"③ 到唐代，一方面西域国家继续进贡新的品种，元稹有诗反映："何年安石国，万里贡榴花。迢递河源道，因依汉使槎。"④ 另一方面石榴种植在中国境内大大推广，河北道之赵州、深州、孟州等，剑南道之简州等，皆以石榴为土产，同时洛阳之白马寺、衡山之法华寺、长安之金吾卫左仗院等多处以石榴树闻名。⑤ 同时，唐朝已有地方以种植石榴命名。如仆固怀恩收复洛阳、河阳过程中，曾"转战于石榴园、老君庙"⑥，石榴园这一地名的形成想必是出于该地大规模种植石榴。

葡萄，藤类果树，原产于北非尼罗河流域和西亚美索不达米亚平原等地区。一般搭架种植，适于庭院生长，因而也是园林中常有植物。尽管至迟在西汉时期已有人见到葡萄，但是葡萄种植技术在中原的传播却经历了很长一段历史。历南北朝诸代，葡萄种植仅限于宫廷禁苑和极少数园林，在中原地区并不多见。因此，北魏宫人们得赏葡萄总是"转饷亲戚，以为珍奇，得这不敢辄食，乃历数家"；北齐李元忠"曾贡文襄王蒲桃一盘，文襄王报以百缣"⑦。即使到了唐初，贵为侍中的陈叔达得赏葡萄后还是不舍得自己吃掉，而要拿回去孝敬

① 《邺中记》云："石虎苑中有安石榴，子大如椀盏，其味不酸。"（陆翙：《邺中记》，文津阁《四库全书》，第256册，第542页）《南史·张畅传》曰："（北魏）太武复求甘蔗、安石榴，畅曰：'石榴出自邺下，亦当非彼所乏。'"（《南史》卷32，中华书局1982年版，第584页）

② 《北史》卷56《魏收传》，中华书局1974年版，第2033页。

③ 《艺文类聚》卷86，上海古籍出版社1965年版，第1480页。

④ （唐）元稹：《感石榴二十韵》，《全唐诗》卷408，第4539页。

⑤ 参见乐史《太平寰宇记》卷52；《旧唐书》卷169；（唐）白居易，（宋）孔传撰，佚名辑：《白孔六帖》卷69。

⑥ 《旧唐书》卷121《仆固怀恩传》，第3480页。

⑦ 《北史》卷33《李元忠传》，第1024页。

老母。有唐一代，葡萄种植始有推广的明显迹象。除了宫廷大内专设东、西葡萄园之外，[①] 长安光宅坊光宅寺，“本官葡萄园”[②]。民间私人园林和北方各地也有了葡萄种植。储光曦诗云：“秦家女儿爱芳菲，画眉相伴采葳蕤。……蒲萄架上朝光满，杨柳园中暝鸟飞。”[③]《太平广记》讲述唐开元时期故事，说一举子陆生曾因毛驴逃逸而追至终南山下，在一庭院里“见茅斋前有葡萄架，其驴系于树下”[④]。由此可见，葡萄种植已经出现在百姓庭院中。西北甘肃等地是引种葡萄较早且葡萄种植业发达的地区。《艺文类聚》引《秦州记》云：“秦野多葡萄。”[⑤] 杜甫描写陇西盛况说：“一县葡萄熟，秋山苜蓿多。”注者引《永徽图经》曰：“葡萄生陇西、五原、敦煌山谷，今处处有之。”[⑥]《太平寰宇记》等史料显示，在唐河东道即今山西一带，并州、晋州等地已将葡萄列入土产。推想可知，在以上地区的园林、宅第中葡萄种植应当亦有较大影响。在推广葡萄种植的活动中，来自西域的粟特人当是一个重要媒介。就目前广泛发现于北方各地的粟特人墓葬遗迹看，他们习惯在庭院、果园中种植葡萄。在西安安伽墓、太原虞弘墓以及天水、安阳等地粟特人墓葬中，我们发现了习惯以葡萄架或葡萄树为主要内容的石棺床画像。[⑦] 毋庸置疑，正是粟特人这种生活情趣引起了汉地百姓的好奇和模仿。

与此同时，中原继续引进西域葡萄新种。如马乳葡萄，太宗贞观中，“及破高昌，收马乳蒲桃实，于苑中种之”[⑧]。有别于唐代以前的

---

① 沈佺期《奉和春日幸望春宫应制》：“杨柳千条花欲绽，蒲萄百丈蔓初萦。”（《全唐诗》卷96，第1041页）宋敏求《长安志》卷6禁苑条：“禁苑南，有文宗会昌殿、含光殿、昭德宫、樱桃园、东西葡萄园……”［（宋）宋敏求：《长安志》，文津阁《四库全书》，第195册，第38页］

② （清）徐松撰，李健超增订：《增订唐两京城坊考》卷3，第77页。

③ （唐）储光曦：《蔷薇》，《全唐诗》卷138，第1408页。

④ 《太平广记》卷72《陆生》条，第448页。

⑤ 《艺文类聚》卷87，第1495页。

⑥ （宋）黄希原本，黄鹤补注：《补注杜诗》卷20《寓目》，文津阁《四库全书》，第356册，第454页。

⑦ 参见荣新江《中古中国与外来文明》，生活·读书·新知三联书店2001年版。

⑧ （宋）王溥：《唐会要》卷100《杂录》，第1796页。

黄、黑、白三种葡萄，这种马乳葡萄呈紫色、长形，并且较大，几乎同时西突厥统叶护可汗也将其作为礼品进贡到中原来。① 大概到唐朝中后期，马乳葡萄在民间得以推广。韩愈《葡萄》诗云："新茎未徧半犹枯，高架支离倒复扶。若欲满盘堆马乳，莫辞添竹引龙须。"诗中还解释道："《蜀本草》：葡萄有似马乳者。"可见即使西偏蜀地也已种植这种葡萄。而据刘禹锡《葡萄歌》和《和令狐相公谢太原李中寄蒲桃》诗看，太原地区的马乳葡萄种植尤其发达。②

再次，普通瓜果蔬菜乃至香料等类物种尽管多属用于农业生产的经济作物，但是在其传入之初，由于其稀奇少见，也被作为观赏性植物栽种于园林之中。

在果树类中，无花果，又有波斯名称"阿驿""映日"等，在岭南称"优昙钵"。劳费尔认为"这植物是从波斯和印度移植来的，时间不早于唐朝"，"然而我们有阿拉伯商人苏莱曼的证明，他于公元851年著书，说无花果在当时是中国的一种水果"③，无疑是唐代传入中国的。胡桃，今称核桃，两汉魏晋时期已引种到皇家园林——上林苑、华林园里，十六国时期成汉太傅韩豹垂老致仕时曾请求皇帝恩赐将胡桃种到自己的园林里，不过此时胡桃并未广为人知。④ "到了唐朝，则有公元860年所写的《酉阳杂俎》里一段胡桃的描写，由此可以推断出一个事实：这种果实在中国北部种得很多，'北方多种之'

① 王溥云："贞观二十一年三月十一日，远夷各贡方物，其草木杂物有异于常者，诏所司详录焉。叶护献马乳葡萄，一房长二尺，子亦稍大，其色紫。"（王溥：《唐会要》卷100《杂录》，第1796页）

② 刘禹锡《和令狐相公谢太原李中寄蒲桃》："珍果出西域，移根到北方。昔年随汉使，今日寄梁王。上相芳缄至，行台绮席张。鱼鳞含宿润，马乳带残霜。……"（《全唐诗》卷362，第4090页）又有其《葡萄歌》："野田生葡萄，缠绕一枝高。……繁葩组绶结，悬实珠玑蹙。马乳带轻霜，龙鳞曜初旭。有客汾阴至，临堂瞪双目。自言我晋人，种此如种玉。酿之成美酒，令人饮不足。为君持一斗，往取凉州牧。"（《全唐诗》卷354，第3963页）

③ ［美］劳费尔：《中国伊朗编》，林筠因译，第235、238页。

④ 《太平御览》载："《晋宫阁名》曰：华林园胡桃八十四株。……《西京杂记》曰：上林苑有胡桃。《广五行记》曰：后蜀李雄玉衡十二年，扶风人韩豹为太史令。雄卒，子期立，以豹为太傅，犹领侯职。豹尝言于期曰：'臣今老，志在田园，欲植胡桃，愿赐其种。'期不悟。"（《太平御览》卷971《果部八》，第4306页）

这句话在《开宝本草》（成书于北宋初期开宝年间）里提了又提。”[①]可见胡桃是在唐代大为推广的。据农史学者研究，波斯枣（又称“海枣”）、菠萝蜜（又称“婆那娑”）、巴旦杏（又称“偏桃”）、奄罗（即芒果）等都是在隋唐五代时期的文献中首次出现的。[②]波斯枣，原产于波斯湾和非洲东部海岸，唐代“广州廓内见其树”[③]。菠萝蜜，据传最早由来唐番客栽种到南海神庙，该神祠因此又称“菠萝庙”，至今庭中犹多菠萝蜜树。“偏桃出波斯国，波斯国呼为婆淡树”，唐人知道该种树“长五六丈，围四五尺，叶似桃而阔大，三月开花，白色，花落结实，状如桃子而形偏，故谓之偏桃，其肉苦涩不可噉，核中仁甘甜，西域诸国并珍之”[④]，可见了解已多。还有被称为“金桃、银桃”者，可能是经西域改良的新品种桃子，在贞观九年（635）康国有所进献，“诏令植于园囿”[⑤]。

在菜蔬类中，菠菜，一称菠薐菜，据言出自颇陵国，“语讹为波棱耳”[⑥]；一称波斯菜，西方学者认为出自古波斯之地。[⑦]贞观二十一年（647），尼波罗国（今尼泊尔）曾作为贡品进献唐廷。同时，据《嘉话录》记述：“菜之菠薐者，本西国中，有僧自彼将其子来。”[⑧]菠菜可能更多是靠游方的僧人携带进来的。这种菜颜色鲜亮，叶绿根赤，乍看如红嘴鹦鹉（俗称“鹦鹉菜”）；同时味美开胃，营养丰富，是一种重要的素食菜品。因此，在唐代宫廷禁苑和寺庙园林中恐怕都少不了菠菜的种植。茄子，又名落苏、昆仑瓜，原产于东南亚等地。很早就向北传播，至迟到南北朝时期就已传入中国。唐人段成式记述，“有新罗种者，色稍白，形如鸡卵，西明寺造玄院中有此种”[⑨]。

---

① ［美］劳费尔：《中国伊朗编》，林筠因译，第 90 页。

② 魏露苓：《隋唐五代时期园艺作物的培育与引进》，《中国农史》2003 年第 4 期。

③ （唐）刘恂：《岭表录异》卷中，文津阁《四库全书》，第 195 册，第 608 页。

④ （唐）段成式：《酉阳杂俎》卷 18，第 178 页。

⑤ （宋）王溥：《唐会要》卷 99《康国》，第 1774 页。

⑥ 《太平广记》卷 411《菠薐》条，第 3344 页。

⑦ 劳费尔云：“贝烈史奈德谈到菠菜说：‘据说菠菜出在波斯。植物学家们认为烟洲西部是菠菜的原产地。’”（［美］劳费尔：《中国伊朗编》，林筠因译，第 216 页）

⑧ 《太平广记》卷 411《菠薐》条，第 3344 页。

⑨ （唐）段成式：《酉阳杂俎》卷 199，第 186—187 页。

可见，直至唐代仍有新品种移植进来。甜菜，古称“莙菜”，音译胡名为“莙荙”，或称“糖萝卜”。劳费尔从语言学的角度研究指出，“我们可以说糖萝卜是唐朝由阿拉伯人传入中国的”①。其他如甘蓝，原产欧洲，“显然是经西域、吐蕃、河西走廊的通道流传到唐朝来的”②；酢菜、胡芹、浑提葱等，原产西域各地，也曾与菠菜一起在贞观年间被进贡到中原来，一并种植到长安禁苑里。

在香料类中，除了如茉莉、郁金香等可以作为香料的花卉之外，还有不少草本、木本香料植物传入中国。例如，后唐建造龙辉殿，“安假山水一铺，沉香为山阜，蔷薇水、苏合油为江池，苓藿、丁香为林树”③。胡椒，原产于东南亚等地区，唐代已经传入中国。然而从中唐巨蠹元载私藏百石胡椒的事例看，胡椒在唐朝肯定还处于传播不久、不广的早期阶段，否则不会昂贵到令贪官们将其视为家财的地步。

最后，中国园林讲究自然之趣，有的将一些动物放养于园林之中，作为园林风景的一种点缀。在这些以观赏为主要目的的动物中，有不少是来自异域的物种。在这方面最为典型者当属皇家园林。有唐一代，基于活跃发达的对外交往和朝贡活动，大量的域外动物被作为礼品进献到中国境内。草食动物如大象、犀牛、羚羊等，肉食动物如狮、豹、熊、貂等，飞禽类如孔雀、鹦鹉、鸵鸟等，还有许多稀奇古怪的动物如猫鼬、天铁、活褥蛇、四不像等，源源不断地送至唐廷。④这些域外动物被接收后，由朝廷纳入城北禁苑，长期豢养。为此，在禁苑内专门设有象圈、狮子圈、驯犀圈及鹰坊、豹坊等。

总体上看，就唐代园林类型而言，异域物种传入早期主要集中在皇家园林、寺庙园林等地方，而后向私人园林蔓延。因为朝贡是异域物种传入中国的主要渠道，而作为朝贡礼品，这些物种理所当然首先充实到皇家园林里。如城北禁苑，据《旧唐书》卷38载，“苑城东西

① ［美］劳费尔：《中国伊朗编》，林筠因译，第224页。

② ［美］谢弗：《唐代的外来文明》，吴玉贵译，第317页。

③ （宋）陶谷：《清异录》卷下，文津阁《四库全书》，第276册，第336页。

④ 参见《玉海》卷154《贡方物》、《册府元龟》卷970《朝贡第三》等。

二十七里，南北三十里，至灞水，西连故长安城。南连京城，北枕渭水。苑内离宫、亭、观二十四所。汉长安故城东西十三里，亦隶入苑中。苑置西南监及总监，以掌种植”，里面还设有动物圈栏，外来物种应是最为可观的。就区域特色而言，长安、洛阳等京畿重地，广州、交州等海疆要冲，陇右、关中和河东等胡族人口集中之地，都是异域物种影响中国园林比较突出的地区。作为唐朝京都，长安集中了社会上层和权贵集团，除皇家园林外许多皇亲国戚和权贵重臣的园林也能够较早得到外来物种。同时作为国际性大都市，长安无疑也充满着域外各国商人、僧侣和移民等所带来的本土物种。① 还有一些见多识广、熟悉异域风情的博物学家或旅行家，如《酉阳杂俎》作者段成式，尽管其园林建在内地，但也喜欢搜集域外花草来种植。在其城南别墅中，就种有一种名为“水耐冬”的水生奇草。② 有人描绘长安城内开明里一处私人园林云：“城中尘外住，人望是田家。井出深山水，阑藏异国花。”可见一般民宅里也能够种上一些异域花草。③ 即使在京畿远郊，异域物种也不罕见。如在同州冯翊沙苑之地，宋敏求记述说，那里有“小耳羊、葡萄园……石榴园，异果至今不绝”④。洛阳是唐朝陪都，在高宗和武周时期甚至成为朝廷常驻之地，因而也一度成为外来物种集中之地。与此同时，这里水土肥美，比较适于种植业发展。宋人李格非曾说，“远方奇卉如紫兰、茉莉、琼花、山茶之俦，号为难植，独植之洛阳，辄与其土产无异”⑤。因此，“洛阳园池，多因隋唐之旧”⑥，其繁荣景象一直持续到宋朝。广州、交州等地，是外来蕃客最先立足之地，因而接收外来物种的机会也比内地多。例如广州，莲花、素馨、菩提树、菠萝蜜等都先在这里得以种植和推广。唐

---

① 长安多胡人园林，比较著名者如修行坊有于阗国王尉迟胜的林亭，宣义坊、永宁坊有粟特胡人安禄山的园林池亭，城南韦曲有来自海路初居岭南的粟特胡人何昌期的山林，这些园林中多有异域花草。

② 《太平广记》卷408《水耐冬》条：“水耐冬，此草终冬在水不死。段成式城南别墅池中有之。”（第3301页）

③ （唐）许棠：《题开明里友人居》，《全唐诗》卷603，第6965页。

④ （宋）宋敏求：《长安志》卷3，第195册，第32页。

⑤ （宋）李格非：《洛阳名园记》，第195册，第84页。

⑥ 同上书，第83页。

朝有诗人描述说，这里“海花蛮草连冬有，行处无家不满园”①。至于西北和北方诸道胡人集中之地，外来物种引入和推广亦相对较早。中亚、西亚物种沿绿洲和草原丝路东来，最先传布到这些地区。在唐代，葡萄、苜蓿等植物的种植尤其普遍和发达。

二　唐代园林中的西域建筑特色

西域建筑特色影响中国园林首先表现在建筑样式上。我们可以将所有园林建筑分为两大类：一是寺庙园林中的宗教性建筑；二是皇家园林和私人园林等多种园林中的世俗性建筑。

宗教性建筑影响中国的园林建筑为时已久。向达先生早就指出：“中国建筑自中印交通，佛教传入东土以后，当受有印度之影响。此自大同、龙门石窟雕刻上所表现之宫室构造，与印度阿旃陁（Ajanta）及珊齐（Sanchi）之壁画建筑互相比观，可以知之。”② 需要进一步强调的是，伴随佛教传入中国的建筑风格绝不仅仅是印度风格，同时它们影响中国园林建筑也不仅仅表现在宫室构造上。就地域风格而言，尽管佛教文化及其建筑起源于印度，但是当其传播至域外时就受到异质文化的影响。如在犍陀罗文化中，佛教遭遇包括希腊文化、罗马文化、波斯文化及贵霜游牧文化等多元文化的强烈熏染，原来以窣堵波和支提窟（殿）等为主要特色的建筑样式已被“中心塔柱式”殿窟和大佛殿式建筑所取代。其实，无论是取道于中亚陆路还是取道于东南亚海路，传播到中国的佛教文化在建筑形式上无异受到亚欧大陆或南洋海域多种文化的影响。就影响范围而言，除了佛堂宫室构造方面外，佛塔等建筑形式对中国园林的影响深刻而久远。

降至唐代，在中国不但佛教文化发达起来，而且其他外来宗教也呈现繁荣景象，从而使西域宗教性建筑对中国园林的影响也达到一种空前绝后的鼎盛状态。从佛教方面看，尽管其在中国立足已有五六百年之久，同时也已完成其中国化的历程，但是西域文化对它的影响并

---

① （唐）张籍：《送侯判官赴广州从军》，《全唐诗》卷385，第4337页。

② 向达：《唐代长安与西域文明》，河北教育出版社2001年版，第42页。

未消减。这主要是因为，一方面西域特色仍有不少保留在中国化的佛教文化里，另一方面自汉唐时期起中国始终与西域保持着频繁的文化交流。在唐代，继承印度和中亚佛教传统的塔窟式建筑继续在中国北方发展，敦煌、龙门等地石窟文化仍然繁荣昌盛。即使在看似完全中国化了的院落式寺庙里，其建筑形式仍多多少少保留了佛教文化的西域色彩。例如，作为寺院核心建筑的大雄宝殿，以两圈殿柱环绕中心佛坛和佛像的结构布局仍然是继承了印度绕环礼佛背景下流行的回形平面佛殿形式。中国化程度最深的阁楼式佛塔，平面往往设计成正向东南西北的四方形（如大雁塔）。这一建筑形式源于西域制度，象征佛的方袍。与此同时，伴随大规模汉僧取经和胡僧传教活动的开展，西域文化东传的浪潮继续涌动。例如，大雁塔最初兴建时，“砖表土心，仿西域窣堵波制度，以置西域经像”①，可见当时其建筑形式应该是印度覆钵式塔身，是玄奘西游学习印度文化的一项成果。此外，荐福寺的小雁塔、香积寺的善导塔等，同样也受到印度建筑风格的影响。而像天宝年间建于云南大姚县的白塔之类，由于直接由西域胡僧主持建造，无疑具有更多西域建筑的风格。②

佛教之外，号称“三夷教”的祆教、景教、摩尼教和稍后传入中国的伊斯兰教，在园林建筑方面也对中国产生一定影响。祆教主要是通过大量来华的粟特移民传入中国的。据研究表明，有唐一代，西自天山地区，东至东部沿海，北包广大草原和东北地区，南及江淮一带甚至扬州、广州等沿海城市，都曾是粟特人涉足之地，留有众多的聚居村落。而在这些聚落里面，最为突出的一个特点就是建有祆教祠庙。在都城长安，像布政、醴泉、普宁、靖恭、崇化等坊均有祆教祠庙。在东都洛阳，会节、立德、修善等坊及南市西坊等地也设有祆祠。由于“火祆不传教，亦不翻经，又称祠，间称庙，而不称寺，盖中国人无信者，特胡人自奉其所信而已”③，祆教祠庙应当为祆教徒主持乃至自己动手建造，故而这些建筑当有典型的西域风格。中亚考古

① （宋）宋敏求：《长安志》卷8，第45页。

② 参见索南才让《西域佛教漫谈》，《西藏艺术研究》2004年第3期。

③ 吕思勉：《隋唐五代史》，上海古籍出版社2005年版，第1158—1159页。

资料显示，与其他宗教建筑相比祆祠独特之处在于，其室内一般不设偶像，而是在中央位置立有祭坛，坛上点燃火焰作为祭拜对象；其建筑布局和形式展现了当地建筑风格，祭祀场所为一面敞开和四柱结构的中庭式建筑，位居正方形院落的中心，房顶多穹隆顶或平顶样式。[①]唐人描述所见祆祠亦云“内无像，于大屋下置大小炉，舍檐向西，人向东礼”[②]。而就国内所发掘北朝至隋唐时期粟特人墓葬中各种石刻或画像来看，其中所描述的祆教祠庙，也为中庭式建筑，且多穹隆顶或平顶样式。[③] 尽管后来由于受到佛教和中国文化的影响，祆教祠庙逐渐饰有佛龛和塑像，并以土木结构取代了石料砌筑的形式，但是可以肯定在一定时期内，祆教祠庙基本保持了西域建筑特色，成为中国园林中一种新异的建筑形式。

伊斯兰教最初产生于阿拉伯半岛，是阿拉伯人的宗教。伴随阿拉伯帝国的兴起和扩张，一方面来华的阿拉伯商人和使节率先将伊斯兰文化带入中国内地，另一方面伊斯兰教继续在蚕食中亚和东南亚的基础上逐步向中国西北、东南等地渗透。8 世纪以后，中西文献开始记述伊斯兰教传入中国的情况。《旧唐书》载，乾元元年（758）九月，“广州奏大食国、波斯国兵众攻城，刺史韦利见弃城而遁”[④]。阿拉伯商人苏莱曼在其成书于 851 年的游记中则详细地记述了阿拉伯人聚居于广州蕃坊的情况：“中国商埠为阿拉伯商人麇集者，曰康府（Khanfu，后译为‘广府’，指广州）。其处有回教牧师一人，教堂一所。”[⑤]稍后著名旅行家马苏第也描述广州说，“该城的居民由伊斯兰教徒、

① 参见［俄］B. A. 李文斯特主编《中亚文明史》第 3 卷，马小鹤译，余太山审订，中国对外翻译出版公司 2003 年版；滕磊《关于在华祆祠的几点认识》，《敦煌研究》2005 年第 6 期；等等。

② （唐）段成式：《酉阳杂俎》卷 10，第 98—99 页。

③ 参见施安昌《北魏粟特贵族墓石刻画考》，《故宫博物院院刊》1999 年第 2 期；陕西省考古研究所《西安北郊北周安伽墓发掘简报》，《考古与文物》2000 年第 6 期；李永平、周银霞《围屏石榻的源流和北魏墓葬中的祆教习俗》，《考古与文物》2005 年第 5 期；等等。

④ 《旧唐书》卷 10《肃宗本纪》，第 253 页。

⑤ 张兴烺编撰，朱杰勤校订：《中西交通史料汇编》，中华书局 2003 年版，第 759 页。

基督徒、犹太人、袄教徒和其他中国人组成”①。在黄巢攻打广州的时候，“据估计，在面对刀剑的逃亡中死于兵器和水难的穆斯林、基督徒、犹太人和袄教徒共达20万人”②。以上资料证实，唐代广州生活着大量的穆斯林，并建有自己的清真寺。据研究，保留至今的怀圣寺就是当时所建的伊斯兰教庙宇。尽管原始建筑不存，但从南宋所建怀圣寺塔（又称光塔，形如窣堵波，其实是穆斯林礼拜时用来召唤教徒的宣礼楼）的建筑形式来看，唐代建于中国境内的伊斯兰教建筑肯定表现着其鲜明的西域文化风格。

景教是基督教最早传入中国的一支，在贞观年间开始传入中原地区。由于最初多由波斯人入华传教，故而一度被误认为是波斯的宗教，俗称“波斯教”。后来拂菻使者和教士来华，人们才逐步认清了这种宗教，改称为“大秦景教”。经过百余年发展，唐中期景教繁荣起来。长安城内，醴泉、普宁等坊建造了多所“大秦寺”。而据《大秦景教流行中国碑》记载，德宗时期景教已经是“法流十道”，“寺满百城”，可见其在中国流行之广泛。摩尼教创始于波斯，高宗、武后时期已有传入，并得朝廷支持，敕令建造了不少“大云光明寺”。后来摩尼教广泛流行于北部草原地带的回鹘人中，成为其国教。中唐时期大批回鹘人在帮助朝廷平定安史之乱后滞留长安、洛阳等地，再次推动了摩尼教在中原地区的传播。在我国东南地区，摩尼教的影响尤重，至今保留着一些摩尼教寺院的遗迹（如福建莆田的摩尼寺院）。尽管我们缺乏足够的史料来搞清楚这些宗教寺庙的最初建筑形式，但是比对现代基督教堂和摩尼教寺院遗迹，可以推测它们在当时应具有其各自的文化特色。

据园林行业已有研究可知，“从我国古典园林三大体系的数量来说，寺庙园林超过私家园林和皇家园林的总和”③。而在唐朝这个宗教文化极其繁荣的时代，宗教园林建筑在中国园林艺术中的地位可想而知。

---

① ［阿拉伯］马苏第：《黄金草原》，耿昇译，青海人民出版社1998年版，第180页。

② 同上书，第180—181页。

③ 郑琦：《古塔艺术与园林》，《规划师》1994年第4期。

考察包括皇家园林和私人园林在内的世俗性建筑，可知它们所受西域文化的影响也是非常明显的。比较值得一提的是，在皇家园林和贵族私人园林中开始出现凉殿和凉亭等建筑形式。学界前人早就注意到《唐语林》中的两条史料。

其一云："玄宗起凉殿，拾遗陈知节上疏极谏。上令力士召对。时暑毒方甚，上在凉殿，座后水激扇车，风猎衣襟。知节至，赐坐石榻，阴溜沈吟，仰不见日，四隅积水成帘飞洒，座内含冻，复赐冰屑麻节饮。陈体生寒栗，腹中雷鸣，再三请起方许，上犹拭汗不已。陈才及门，遗泄狼藉，逾日复故。谓曰：'卿论事宜审，勿以己方万乘也。'"①

其二云："天宝中，御史大夫王𫓧……宅内有自雨亭子，檐上飞流四注，当夏处之，凛若高秋。"②

仔细分析以上史料，可以看出无论凉殿还是凉亭，都有"自雨""飞洒"的特点，实际上属于利用人工喷泉避暑纳凉的建筑技术。据文献记载，这种建筑技术较早出现在西亚干燥的两河流域及其以西地区。这一带曾属于拂菻即东罗马帝国领土，《旧唐书·拂菻传》云："至于盛暑之节，人厌嚣热，乃引水潜流上遍于屋宇。机制巧密，人莫知之。观者惟闻屋上泉鸣，俄见四檐飞溜，悬波如瀑，激气成凉风，其巧如此。"为此向达先生认为，中国"采用西亚风之建筑当始于唐"③。

不过，学界尚未注意人工喷泉技术在一般私人园林的推广和发展。唐代长安、洛阳二京，其实还有不少私人园林采用了这种技术，建造了形式多样的喷泉建筑。如安乐公主的定昆池里，"作石莲花台，泉于台中流出，穷天下之壮丽"④。延续至宋的董氏西园里，"又西一堂，竹环之中，有石芙蓉，水自其花间涌出。开轩窗，四面甚敞。盛夏燠暑，不见畏日；清风忽来，留而不去；幽禽静鸣，各夸得意"。

---

① （宋）王谠著，周勋初校正：《唐语林》卷4，中华书局1981年版，第327—328页。

② （宋）王谠著，周勋初校正：《唐语林》卷5，第498页。

③ 向达：《唐代长安与西域文明》，第42页。

④ （唐）张鷟：《朝野佥载》卷3，文津阁《四库全书》，第344册，第383页。

这些喷泉建筑既取得纳凉效果，又融入了艺术内涵，比“自雨亭子”更为完美。董氏东园里，“西有大池，中为堂，榜之曰含碧。水四向喷泻池中，而阴出之，故朝夕如飞瀑而池不溢。洛人盛醉者，走登其堂辄醒，故俗目曰醒酒池”①。这一建筑极似凉殿，但以大池环绕中堂，且泉水从房顶朝夕喷泻入池而池不溢，其中隐含了更多相关技术，可谓较前更为精巧和成熟。还有史料显示，这种新颖的建筑形式在唐代就传播到各州县园林中。如至今尚存的绛守居园池，最初建造于隋，唐人有文赋描绘其当时的建筑形制说：“自甲辛苞大池泓（赵注：正东西北包池，大而深也。补正：甲东辛西，中包含大池也，‘苞’‘包’通），横硖旁（赵注：《说文》：横，阑木也。硖石，以木石甃其池潭），木腔瀑三丈余（赵注：腔，《说文》：内空也。言木中空，出水高三丈），涎玉沫珠（赵注：涎垂如玉，沫溅如珠）。”②尽管文句艰涩难懂，但是通过后人注释补正，我们足以看出这座园子里也建造了人工喷泉。

除此以外，我们通过大量历史遗迹特别是墓葬壁画或石刻画像可以了解到，还有不少西域建筑样式对中国园林建筑曾产生过深浅不同的影响。例如，原属于佛教文化的浮图即佛塔建筑，后来超出宗教领域，广泛出现在各地的世俗园林中，成为我国园林世界里一道亮丽的风景。同时，还有一些特殊的建筑形式成为西域文化影响中国园林的重要渠道。例如，武周时期建造的“大周万国颂德天枢”，不但是由胡商捐钱资助、胡人主持建造，而且在建筑形式上以铜柱为塔身，上铸异兽，高呈火珠，俨然仿效西域风格。再如，伴随西域马舞艺术和马球等体育活动的传入，舞马台、击鞠场地开始在中原园林里出现。唐代宫廷建有专门用来表演马舞节目的舞马台，据《长安志》记载，该座建筑应该在禁苑之内，九仙门外，斗鸡殿之北；《旧唐书》卷17则载，玄宗还曾填龙首池来建造鞠场。由于击鞠活动的流行，官宦贵族之家也通常建有极其平整、造价惊人的鞠场。如中宗女儿长宁公主

---

① （宋）李格非：《洛阳名园记》，文津阁《四库全书》，第195册，第83页。

② （唐）樊宗师撰，（元）赵仁举注，（清）吴师道、许谦补正：《绛守居园池记》，文津阁《四库全书》，第360册，第416页。

成婚造宅，就曾在平康坊“并坊西隙广鞠场”[①]，驸马姜皎甚至用香油浇灌泥沙而后夯筑以求其平整硬化。就地域特色而言，伴随粟特人东迁而传入中国境内的中亚建筑形式颇值一提。在粟特人墓葬所发现的石刻画像中，有不少描绘了这些西域移民在生前所居住的园林建筑。例如，有学者分析了安阳粟特墓葬所发现的石刻画像后指出：“这里是西胡贵族私邸的景象。由于取俯视角度，大门内外、庭院、房屋，园囿，一层层展现出来。其石阙、庭院布局，檐下斗拱符合中原法式。房屋是平顶或弯顶，一面敞开的四柱式结构，类似萨珊波斯的方形弯顶大厅。”[②] 可见死者生前所居住的宅第建筑形式仍然明显具有西域文化特色，与传统的中国民居截然不同。

其次，西域文化在图案装饰等方面对中国园林建筑的影响则更加细腻和深刻。以粟特人所带来的西域文化特色为例，其丰富多彩的图案纹饰等内容曾经旗帜鲜明地展现在北朝至唐代的园林建筑上，其中不少巧妙融入中国传统文化，成为中国园林建筑中的重要装饰方式。从其墓葬壁画或石刻画像可以看出，粟特人所居厅堂的建筑外表，比较重视构件细部的装饰，门楣、房檐等处普遍绘有葡萄纹、忍冬纹、莲花纹等花草纹图案，柱头则雕刻成狮子、角牛等兽头形象，具有明显的萨珊文化特征。而其“雕花与镂空的处理能够表现光线与阴影的效果，这些又包含着拜占庭艺术的特征”[③]。这些装饰特征影响深远。如山西介休保留至今的一座祆祠，尽管屡次重修，其庙宇甚至改成祭祀刘关张的“三结义庙”，但仍有角牛或怪兽头等西域风格的装饰部件保留下来。[④] 此外，作为祆教护法神兽的狮子形象，不但经常出现在祆教祠庙或粟特人住宅的壁画里，而且作为建筑附属构件多处出现。特别是最初作为阙门装饰的对狮，得以长期流传并渗透到中国传统文化里。大约从唐代开始，大型的石雕狮子首先竖立在皇家陵园里，唐十八陵四门多有巨型的对狮（或称双狮）。与此同时，从学界

---

① （清）徐松著，李健超增订：《增订唐两京城坊考》卷3靖恭坊条，第149页。

② 施安昌：《北魏粟特贵族墓石刻画考》，《故宫博物院院刊》1999年第2期。

③ 同上。

④ 李伟：《祆教遗迹——祆神楼》，《科学之友》2007年第5期。

对佛塔艺术的总结性描述中可以看出，西域文化特色在这诸多方面的表现一直非常丰富。图画内容上，中国古塔基本继承了佛教文化在印度的原始内容，天王、力士、金刚、罗汉、菩萨、飞天、法轮、花瓶，以及从佛的出生、修行到涅槃的概括传记“八相”图等，这些佛教形象和经变故事是其最常表现的主要内容。图案装饰上，依然有天马、宝象、猛狮、孔雀、麒麟、金翅鸟以及莲瓣、卷草等西域文化内涵。文字石刻中，梵文、八思巴文、粟特等西域文字亦是时常出现的文化事象。①

最后，西域建筑文化影响唐代中国园林还表现在建筑材料上。最有资财和权势的皇室和贵族往往追求各种形式的奢华，他们经常把外来的珍木奇石使用在园林建筑上。如玄宗在兴庆宫用沉香木为亭，在华清宫以白香木为船，白玉石为鱼龙，瑟瑟、沉香为山埠。② 杨国忠在自己宅第中则以沉香为阁，檀香为栏槛，麝香和泥为壁。③ 此外，武后男宠“张易之初造一大堂甚壮丽，计用数百万。红粉泥壁，文柏帖柱，琉璃沉香为饰”④；中宗朝权相宗楚客“造一新宅成，皆是文柏为梁，沉香和红粉以泥壁，开门则香气蓬勃。磨文石为阶砌及地，著告莫靴者，行则仰仆”⑤；德宗权相元载“造芸辉堂于私第。芸辉香草名也，出于阗国，其香洁白如玉，入土不朽烂，舂之为屑，以涂其壁，故号芸辉。而更以沉香为梁栋，金银为户牖，内设悬黎屏风、紫绡帐。其屏风本杨国忠之宝也，其上刻前代美女妓乐之形，外以玳瑁水晶为押，络饰以真珠瑟瑟，精巧之妙，殆非人工所及。紫绡帐得于南海溪洞之帅首，即绞绡类也，轻疎而薄，如无所碍。虽当时凝寒，风不能入；盛夏则清凉自至。其色隐隐，或不知其帐也，谓载卧内有紫气。其余服玩奢僭，率皆拟于帝王家。芸辉堂前有池，以文石砌其岸，中有苹阳花，亦类于白苹，其花红而且大，如有牡丹。更有

① 郑琦：《古塔艺术与园林》，《规划师》1994 年第 4 期。

② （宋）宋敏求：《长安志》卷 9，第 46 页；卷 15，第 62 页。

③ （五代）王仁裕：《开元天宝遗事》卷 4，文津阁《四库全书》，第 344 册，第 606 页。

④ （唐）张鷟：《朝野佥载》卷 6，文津阁《四库全书》，第 344 册，第 395 页。

⑤ （唐）张鷟：《朝野佥载》卷 3，第 383 页。

碧芙蓉，香洁菡萏，伟于常者”[①]。如此事例不胜枚举。由于这种豪奢的土木工程在豪门园林中习以为常，唐人甚至对沉香等宝货的建筑取材颇有理论性认识和总结。例如，穆宗长庆四年九月，“丁未，波斯李苏沙献沉香亭子材。左拾遗李汉上言：‘此何异瑶台、琼室！’上虽怒，亦优容之。杜佑曰：‘林邑出沉香，土人破断其木，积以岁年，朽烂而心节独在，置水中则沈，故名沉香。诸蕃志：沉香所出非一，形多异而名亦不一：有如犀角者，谓之犀角沈；如燕口者，谓之燕口沈；如附子者，谓之附子沈；如梭者，谓之梭沈；纹坚而理致者，谓之横阳沈。今其材可为亭子，则条段又非诸沈比矣。’”[②] 此外，安乐公主的定昆池里，“间以琛贝珊瑚，不可涯计”[③]；白居易从杭州刺史离任时，“得天竺石一、华亭鹤二以归”[④]，放进自己在洛阳履道坊所建的宅第之内；李德裕在洛阳平泉庄园林里，有来自大海，长二丈五尺的巨大鱼肋骨一条，“支遁”奇石数事，石刻莲房玉蕊、狮子等称之。[⑤] 由此看来，在唐人园林中，到处点缀着异域建筑（包括装饰）材料，简直是无奇不有。

三　唐代园林、宅第中的西域文化艺术事象

作为一种物质载体，唐代园林中同时蕴含着丰富的西域文化艺术事象，它们主要通过直观的壁画、造像和抽象的文化活动等形式反映出来。

（一）壁画、造像

出于易于说教的目的，唐代寺院普遍流行壁画和造像艺术。保存至今的敦煌、龙门等地石窟，足以印证石窟寺院这些艺术形式的存

① 《太平广记》卷237《芸辉堂》条，第1821页。

② 《资治通鉴》卷243长庆四年九月条，中华书局1956年版，第7839页。

③ 《新唐书》卷83《诸帝公主列传》，中华书局点校本，第3654页。

④ 朱金城：《白居易集笺校》卷69《池上篇并序》，上海古籍出版社1988年版，第3705页。

⑤ 参见《太平广记》卷405《李德裕》条，第3271页。

在。同时，文献资料反映了一般院落建筑式的宗教建筑同样如此。佛教以偶像崇拜为特征，造像自不必赘言，仅谈其墙壁绘画。以长安佛寺为例，“慈恩寺塔院有吴道玄、尹林、胡人尉迟乙僧、杨廷光、郑虔、毕弘、王维、李果奴、张孝师、朱鎏画”①；“常乐坊赵景公寺……南中三门里东壁上，吴道玄画地域变……西中三门里门南，吴生画龙及刷天王须……平康坊菩萨寺……食堂东壁上，吴道玄画《智度论》色偈变……”②；“光宅坊光宅寺普贤堂，堂中尉迟画颇有奇处，四壁画像及脱皮白骨，匠意极险”③。据唐人张彦远所撰《历代名画记》所记，仅长安城内图绘壁画的寺观就达53座。佛寺壁画之盛，由此可见一斑。

与其所附属宗教的外来特性相一致，这些壁画和造像也无不体现着异域文化特色。就目前可见的石窟壁画来看，非但佛陀、菩萨、飞天等佛教神祇像来自印度等地，而且这些神祇裸体的习俗、立体感极强的“凹凸画法”等也都来自西域。史念海先生早就指出，“佛寺壁上通常皆载图画，所画的图自然多与佛事有关，这当然也是受到域外的影响”；“历代名画，作者甚多，佛寺壁上的佳作却是别具一格。其取材着笔，多有异于中土。特别是尉迟乙僧所作，更具有西域特色”④。至于造像，敦煌、龙门石窟中所保存的唐代作品，更是至今犹可见其西域遗迹。

佛教寺院之外，传布中原的祆教、景教、摩尼教和伊斯兰教诸种宗教之建筑同样流行壁画，祆教、景教、摩尼教由于受佛教影响甚至也采用造像、绘画艺术。它们所反映的文化内涵其西域特色更为浓厚和典型。参见粟特人墓葬石棺画像可知，像祆教火坛祭祀的场面、高鼻深目的祭祀形象以及日月星辰的特殊表现形式之类，都突出地反映了萨珊文化的特点。而景教、摩尼教和伊斯兰教壁画，则更多杂糅了萨珊文化、希腊罗马文化和阿拉伯文化等多元文化的要素。

---

① （清）徐松著，李健超增订：《增订唐两京城坊考》卷3，第110页。

② （唐）段成式：《酉阳杂俎》续集卷5，第248—249页。

③ （唐）段成式：《酉阳杂俎》续集卷6，第257页。

④ 史念海：《中国古都和文化》，中华书局1998年版，第307页。

值得一提的是，唐代壁画艺术也影响到世俗园林。皇宫殿阁，自有专擅画技的名家匠师为其作画；① 官衙厅堂，也有官吏中的丹青高手留有真迹。② 此外，“唐人讲究在私宅墙壁上绘制壁画（主要在亭院和厅屋墙壁上），如有名家的手笔，则更为社会所看重”③。在这些世俗园林的壁画里，也不乏西域文化的痕迹。如绛守居园池中，其“西南门曰虎豹（赵注：左画虎，右画豹，故曰虎豹），左画虎搏立（赵注：左以寅主东方，故东垣画虎，若有所击搏而起立）……右胡人鬅鬙（赵注：鬅鬙，发乱貌），黄帑累珠（赵注：《说文》，帑，幡也。幡上缀系珠累垂也），丹碧锦袄（赵注：言胡人着二色锦衣。补正：丹，赤；碧，深青色；袄，袍也），身刀囊靴捝绦（赵注：捝，瓜头环尾，柄尺余。言胡人身有刀，脂皮作靴，似囊绦）。白豹玄斑（赵注：释虎豹记云，豹主西方，故志西壁。言豹白质黑章，在胡人旁），饫距（赵注：言豹自以舌舐其距。饫，饱也），掌胛（赵注：言胡人以掌抚豹胛），意相得（赵注：言豹与胡人两意相得）”④。可见，该园门墙上栩栩如生地绘画着胡人驯豹的形象。

至于世俗园林中的造像，内容也相当丰富。唐昭陵、乾陵园内的数十座藩王像，是世俗园林造像中域外风物的典型代表，而十八陵前众多的狮子、犀牛、翼马、鸵鸟以及昭陵六骏等动物造像，则表现出堪与寺庙园林相媲美的西域艺术内涵。即使一般私人园林，也呈现多种造像形式。如在洛阳吕文穆园内有狮子造像，“师子非石也，入地数十尺。或以地考之，盖武后天枢，销铄不尽者也”⑤。可见该园与一般园林雕刻石质狮子不同，竟然用铜铁铸造出狮子造型。

① 如凌烟阁有阎立本所绘“二十四功臣图”，大同殿有吴道子和李思训所绘山水壁画。

② 如秘书省有薛稷画在东秘书厅，郎余令画在书阁廊柱；尚书省有薛稷画在考工员外厅、工部尚书厅；御史台有吴道子、萧祐画在殿中厅；太常寺有梁洽所画山水在太卿后厅。

③ 高宁琪.《浅论唐代壁画》，《社科综横》2007年第12期。

④ （唐）樊宗师撰，（元）赵仁举注，（清）吴师道、许谦补正：《绛守居园池记》，文津阁《四库全书》，第360册，第416页。

⑤ （宋）李格非：《洛阳名园记》，文津阁《四库全书》，第195册，第85页。

（二）文化活动

唐代中国园林中展现异域风情的文化活动中，最为典型的当属在葡萄园里举宴行乐的活动。前文提到禁苑南部有东、西葡萄园。而唐人《景龙文馆记》又云："四年夏四月，上与侍臣于树下摘樱桃，咨其食味，始于葡萄园大陈宴席，奏宫乐至暝，每人赐朱樱桃两笼。"[①]《白孔六帖》和《锦绣万花谷》则提到宴享葡萄园早成定制，"唐高宗时，天子飨会，夏宴蒲萄园，赐朱樱，宰相、学士从行，给翔麟马，帝赋诗，学士属和"[②]；"凡天子飨会游豫，惟宰相及学士得从。夏宴葡萄园，赐朱樱"[③]。《全唐诗话》更为全面地概括总结了当时一年四季皇帝带头优游的惯例："凡飨会游豫，惟宰相、直学士得从。春幸梨园，并渭水祓除，则赐柳圈辟疠；夏宴葡萄园，赐朱樱；秋登慈恩浮图，献菊花酒称寿；冬幸新丰，历白鹿观，登骊山，赐浴汤池，给香粉兰泽。从行给翔麟马，品官黄衣各一。帝赋诗，学士皆属和，当时人所钦慕。"[④] 可见夏天在葡萄园里宴享聚会，举杯歌咏于葡萄架下，应已属于皇帝和清要文臣的一种生活定制和习俗。

然而比对中西文献可知，葡萄和葡萄园本是从西域东渐而来，而葡萄园宴乐也应属于西域风情，后来伴随葡萄东传而渗入中原文化活动。在西域各地特别是地中海沿岸，几千年前就有葡萄生产，葡萄园早已成为人们生活中不可缺少的重要组成部分。从希腊、罗马旧境到波斯、安息版图，人们经营着大规模的葡萄园，生产大量的葡萄和葡萄酒，不但以其为经济基础，而且习惯在葡萄园里作息起居，享受生活。《圣经·旧约·以塞亚书》代表神祇或帝王呼唤："耶路撒冷的居民和犹太人呐，请你们现今在我与我的葡萄园中断定是非。"[⑤]《圣

① 《太平御览》卷969《果部六》，第4298页。

② （宋）佚名辑：《万花谷前集》卷3，文津阁《四库全书》，第306册，第586页。

③ （唐）白居易、（宋）孔传撰，佚名辑：《白孔六帖》卷3，文津阁《四库全书》，第295册，第290页。

④ （清）鄂尔泰、张廷玉等纂：《词林典故》卷4引《全唐诗话》，文津阁《四库全书》，第198册，第768页。

⑤ 《旧约全书》，《国学宝典》采用本，第1229页。

经后典·西门赞》则歌咏道："他的英名四方传扬，他给国家带来了和平，以色列人无限欢畅。人们在自己的葡萄园里，无花果树下，过着和平的生活，无忧无虑。"① 可见这种生活习俗早在上古时期就已在地中海沿岸形成了。

不过，这种习俗是怎样传入中原的呢？笔者认为它与葡萄种植的传播有类似之处，波斯、粟特等西域民族的大量东迁当是主要渠道。从汉籍文献里已足看出，至迟在张骞凿空西域之前，中亚和西亚一带的粟特和波斯人已经普遍受到以葡萄园为依赖这一生产和生活方式的熏染，并浸已成俗。后来，波斯、粟特等族使节和商人比踵于丝路东段，受大食侵袭失国后又相继以更大规模东迁避难。在此过程中，他们把葡萄物种、葡萄园生产以及在葡萄园中宴乐的习俗大规模带进中原，从而影响到中国园林及其相关文化生活。考察中原地带所发现的粟特人墓葬石刻版画，我们可以看到多幅表现这些东迁移民在葡萄园里宴乐场景的民俗画面。这些石刻版画无疑是探明葡萄园宴乐习俗从西域东传中原的最佳佐证。

当然，葡萄园宴乐并不是唐代中国园林中所存在的唯一外来文化事象。在社会繁荣和高度开放的那个时代，西域文明东传的规模几乎是空前绝后的。按陈寅恪先生的话说，唐朝是一个胡化严重的社会。在这一社会背景下，大量西域文化以有形的物质载体和无形的精神活动影响了中国园林。例如，在唐代皇家宫廷的舞马台上和私人园林的击鞠场里，会定期表演马舞节目，举行马球等体育竞赛。在一些文人园林里，"叶书传野意，檐溜煮胡茶"② 是一种非常具有情趣和意境的文化活动。而在普通民家小园里，女子驴鞠、徒步打球等游艺活动更是习以为常。此外，还有一些文化韵味更深的域外文化体现方式，如园林建筑小景的名字设计中寓以域外文化内涵，或举行一些思想层面上的文化活动等。比较典型的例子是司空图园林。司空图信佛较深，在中条山别业里不但雕塑观音菩萨像，而且在亭台命名上均寓之以佛教教义等内容，"跂新构于西北隅，其亭曰证因；证因之右，其

① 《圣经后典》，《国学宝典》采用本，第286页。

② （唐）贾岛：《郊居即事》，《全唐诗》卷573，第6673页。

亭曰拟纶，志其所著也……其上方之亭曰览昭，悬瀑之亭曰莹心，皆归于释氏，以栖其徒”①；同时还“自考盘高卧，日与名僧高士游咏其中”②。这样，许多外来的文化事象和内涵便在中国园林里浸久成俗。

原载《唐史论丛》第 11 辑，三秦出版社 2009 年版，第 167—187 页。

① 司空图：《山居记》，《全唐文》卷 807，第 8490 页。

② 《旧唐书》卷 190 下《司空图传》，第 5083 页。

从丝绸文化传播看丝绸之路上的文化回流

在漫长的中外文化交流中，丝绸向来被视为中国文化的代表，因而当探讨这一问题时，我们往往专注于中国丝绸文化的外传。其实也有大量异质丝绸文化涌动在丝绸之路上，它们流入中国并产生重大影响。近些年来，始有学者涉及这一问题。如上海工程技术大学的孙苏探讨了丝路文化在中国染织图案中的反映；浙江工业大学的袁宣萍详细论述了欧洲丝绸在清代的流入和影响；故宫博物院的严勇就中日丝绸文化交流及日本织物发展做了专论。[①] 笔者则拟在较广的历史时空，从地理和文化关系入手，考察丝绸文化回流中国的情况，讨论其对中国社会的广泛影响，肯定文化回流在东西文明交往中的历史地位。

一　从地理和文化关系谈起

综观丝绸文化传播的过程和态势，我们首先可以看到丝绸外传过程就已具有突出的地域特殊性，即在地理和文化关系影响下，丝绸文化从中原地区沿丝绸之路外流，主要在东、西、南三个方向和地区呈现出明显的差异。[②]

---

① 参见孙苏《丝绸之路对中国染织图案的影响》，《东华大学学报》2002 年第 2 期；袁宣萍《清代丝织品中的西洋风》，《丝绸》2004 年第 3 期；严勇《古代中日丝绸文化的交流与日本织物的发展》，《考古与文物》2004 年第 1 期。

② 中国北部包括蒙古沙漠南北乃至贝加尔湖地区与中原关系的密切程度不亚于其他三个地区，然而由于自然条件和经济方式的差异，丝绸生产难以在这些游牧地区发展，从匈奴到突厥等古代民族大多承担了中转丝绸贸易的任务。

从中原地区向东，沿丝绸之路东线可以到达中国东北和朝鲜、日本等地区，这里素称“东夷之地”，地理上与中原相邻，文化上属中国文化圈内，历来与中原交往频繁、关系密切。因此，中国丝绸文化从中原辐射周围最先影响到这一地区，丝绸物品和丝织技术自远古时代起就向这里传播。据载：“殷道衰，箕子去之朝鲜，教其民以礼仪，田蚕织作。”① 到东汉时期，濊北“知种麻、养蚕，作绵布”；“马韩人知田蚕，作绵布”；辰韩“知蚕桑，作缣布”；倭国“土宜禾稻、麻纻、蚕桑，知织绩为缣布”②。可见，至迟到2世纪这里已普遍发展起桑蚕丝织业。

从中原地区往西，沿丝绸之路主要干线特别是绿洲丝路，可以深入欧亚大陆腹地。这里属西域范围，包括中亚、西亚和欧洲等广大地区，与中原地理距离远近和文化关系疏密各不相同，丝绸文化传播也呈现出复杂性。据文献记载，丝绸物品早在周穆王西游之时（前989）就已流入中亚，考古发掘则证明公元前6世纪至前5世纪欧洲人已得到中国丝绸，③ 然而桑蚕丝织技术传播则相对缓慢，并呈阶段性发展。先是影响了中国西部，4—5世纪传播到高昌（今新疆吐鲁番地区）；④ 5—6世纪，于阗也从中原获得养蚕技术⑤；约6世纪中期，东罗马获取了东方蚕种。⑥

从中国南部入海，经东南亚、印度洋可到非洲东部和红海、地中海

---

① 《汉书》卷28下《地理志下》，第1658页。

② （南朝宋）范晔：《后汉书》卷85《东夷传》，中华书局2007年版，第2818页。

③ 参见黄新亚《丝路文化·沙漠卷》第一章，浙江人民出版社1995年版。

④ 参见宋晓梅《高昌国——公元五至七世纪丝绸之路上的一个移民小社会》第9章，中国社会科学出版社2003年版。

⑤ 关于于阗王利用迎娶中原公主的机会获取蚕种的传说，夏鼐认为发生在6世纪前后或者稍早时期（夏鼐：《新疆新发现的古代丝织品——绮、锦和刺绣》，《考古学报》1963年第1期），姚宝猷则承西方学者洛佛尔之说，认为应在5世纪初期（姚宝猷：《中国丝绢西传史》，商务印书馆1944年版）。

⑥ 希腊历史学家普罗科波（Procope de Césarée）（500—562）在《哥特人的战争》中记述了几位印度僧人为东罗马皇帝查士丁尼（527—565年在位）获取蚕卵的故事；东罗马历史学家泰奥法纳（Théo Phane de Byz-ance）（约750—817）则说是一位波斯人偷将蚕卵带给查士丁尼。参见［法］戈岱斯编《希腊拉丁作家远东古文献辑录》，耿昇译，中华书局1987年版，第96、116页。

乃至大西洋沿岸，这里古称“南海或西洋”，以海上丝绸之路与中国相连，在海上交通发达之后构成中外文化交流的主要地区。丝绸文化在该地区传播的情况更为复杂：与中国比邻的越南等地区也较早受到丝绸文化的影响。晋代左思《吴都赋》和刘欣期《交州记》都有交州“八蚕”之说，北魏贾思勰《齐民要术》则明确记述“日南蚕八熟”[①]，可以确定至迟至6世纪初这里的蚕桑生产已有基础。在6世纪中期以前，养蚕技术还可能传播到了印度，因为据张星烺所译柏罗科劈斯的史料可知，传播养蚕技术的僧人是从印度获取蚕种带给查士丁尼的。[②]然而由于西洋地域广阔，国家众多，丝绸文化传播经历了漫长的时间。晚至16世纪，桑蚕生产才在英、法等西欧国家发展起来。

大致与中国丝绸文化的外传相呼应，以上三个地区先后发展起蚕桑丝绸业，并将各具特色的丝绸产品和生产技术回馈到中国，在丝绸之路各线汇成一股股丝绸文化的回流。中国丝绸文化在这三个地区传播情况的差异，直接导致了其丝绸文化回流的不同特点。

二　丝绸文化回流的地域性特点

笔者从入贡、贸易等方面，对异域丝绸流入中原的资料做了搜集和整理，并由此发现，丝绸文化在丝路各线的回流显示出如下特点。

（一）丝路东线

丝绸文化的回流为时最早，且与中国丝绸文化比较接近。正始四年（243），倭国进献倭锦等是异域丝绸流入中原有确切纪年的最早案例。[③] 此外，倭国进献异文杂锦亦在曹魏时期，而女王国进献鱼油锦

① （北魏）贾思勰著，石汉声校释：《齐民要术》卷5，科学出版社1957年版，第288页。

② 张星烺编注，朱杰勤校订《中西交通史料汇编》，第1册，中华书局2003年版，第153页。该段史料为耿昇所翻译。

③ 《拾遗记》载，西周时代“有因祇之国，去王都九万里”，曾献云昆、列堞等锦，事不足据，故不采录（张星烺编注，朱杰勤校订：《中西交通史料汇编》，第1册，第52页）。

和龙油绫在东汉末年，应为时更早。就文化关系看，朝鲜半岛诸国接受蚕桑生产方式远在日本诸岛之前，且自东汉初起就不断进贡方物，其丝绸文化的回流似应还要推前。与此相比，西域首例丝绸进贡——滑国进献波斯锦是在南梁天监十五年（516），南海首例丝绸进贡——安南进献白抹绢是在北宋雍熙二年（985），皆迟数百年。

从丝绸品种看，朝鲜、日本所贡丝绸包括绢、缣、絁、帛、绫、罗、绸、缎、锦及绵、罽等，品类丰富，且接近中国产品。这由双方密切的文化关系所致。它们同时又具地方特色，如新罗朝霞绸染色技术比较突出，以颜色鲜红，艳如朝霞而得名。美国学者谢弗也认为："'朝霞'是一组很常见的词组，它是指来自下方的光线的照射下，白云所显示出的耀眼的淡红色的光彩"，"正是因为这种朝鲜绸具有朝霞般美丽的色彩，它才会被称为'朝霞'"[①]。女王国的鱼油锦和龙油绫"文彩多异，入水不濡，云有龙油、鱼油也"[②]。这种丝绸以其奇异的加工原料和技术，竟取得施色和防水两方面的特殊效果。高丽的金罽是一种含有金线和丝、毛的混纺织品，可能由中国东北古代民族室韦和韈劫子国的毛锦发展而来，不但敦厚保暖，可以做成衣袍被褥，而且精致美观，可用来装饰鞍马刀剑。由于技术上的突出发展，这些回流丝绸也影响了附近地区。如新罗朝霞绸技术就传播到中国东北，契丹朝霞锦应是其继承和发展。

值得一提的是，日本丝绸文化的回流显得强劲而且持久。据研究可知，日本丝织业自3世纪后半期始不断发展，到奈良时期（710—781）达到繁荣，绯襟、薄物、阿波绢、常陆绸、博多织、兜罗绒等优良特产陆续出现。[③] 在此基础上，从曹魏时起日本丝绸贡品源源不断。史书所谓倭锦、倭缎，应是对日本丝绸的泛称，日本产锦有软锦、东京锦等，产绢有阿波绢、珍珠绢等，其他如絁、缎、绫、罗等也各有不同品种。到宋朝，日本细绢已是"薄致可爱"。而其所贡美

---

① ［美］谢弗：《唐代的外来文明》，吴玉贵译，中国社会科学出版社1995年版，第439页。

② 《太平广记》卷480《女蛮国》条，中华书局1961年版，第3955—3956页。

③ 严勇：《古代中日丝绸文化的交流与日本织物的发展》。

浓絁、水织絁等动辄数百匹，可见生产技术和规模都达到了一定水平。到明清时期，倭缎的进贡更为丰厚，日本之外荷兰等国也常以倭缎为贡品。如荷兰在顺治十二年和康熙二十五年等年份的进贡都有倭缎。①

（二）绿洲丝路

丝绸文化的回馈以新异丰富为特征。以两河流域为中心，西至叙利亚，东到中亚腹地，本属纺织业发达之地，且从原料到技术都与中国内地大不相同。丝绸和蚕丝传入之后，该地区把丝绸纺织和原来的毛、麻纺织结合起来，创造出许多质地和性能皆称奇特的产品。同时，由于文化背景的巨大差异，西域纺织品在花纹图案方面也与中国大异其趣，故而流入中原的西域产品往往更引人注目。

据《后汉书》载，大秦国早就生产刺金缕绣，织成金缕罽、黄金涂等织金物品，还有用野蚕丝或所谓水羊毛织成的海西布等。而已有资料和研究表明，古波斯地区的纺织品更为丰富。仅以羊毛为主原料的纺织品就有氍毹、毾㲪、越诺布、撒哈拉等，金银线与麻、毛混纺的罽、绣之类也是从这里起源的，此外还有护那、拓壁、檀等其他原料的织物。② 中亚地区驼毛和棉花织物则相当丰富。丝路凿通之后，中国丝绸大量涌入西域，蚕丝开始成为该地区的重要纺织原料。至迟在三国时期，罗马人已经学会从现成的中国丝绸织物中分解抽丝以重新纺织。《三国志》引《魏略·西戎传》说，大秦“又常利得中国丝，解以为胡绫，故数与安息诸国交市于海中”。由于养蚕和丝织技术西传晚了很多，西域国家的丝织业是在其毛纺织基础上发展起来的。所出丝织品以锦类为主，染色、提花、刺绣一如毛纺。这些织锦流入中国后，人们泛称为“胡锦”“西锦”等。其织造技术保持了毛纺的特点，采取斜纹组织和纬线起花等手段；原料上以混纺为特色，多加以金、银丝线和毛、麻等；花纹图案则基本属于西域传统文化内

---

① （清）梁廷枏纂，袁钟仁校注：《粤海关志》卷22，广东人民出版社2002年版，第441—444页。

② ［美］劳费尔：《中国伊朗编》，林筠因译，第316—332页。

涵，结构形式多连珠团窠或几何图形内填加动植物纹，题材内容多葡萄、忍冬、鹿、马、驼、象或西域神形象。在考古发掘中，新疆境内发现了7世纪与同时代中国丝绸风格迥异的猪头纹锦和立鸟纹锦等丝绸样式，据阿克曼等学者研究，它们被认定为萨珊波斯东部的产品。①

"波斯锦"是其中最有代表性和影响力的品种。劳费尔认为它是一种织金丝绸，② 看出土实物则还有纯丝或毛、麻混纺等，以织造精美、色彩绚丽著称。该品种源出波斯地区，后来影响了西亚、中亚广大地区，故而中亚的滑国和罽宾、中国西北的骨咄禄和突厥、西部的吐蕃甚至今甘肃境内的归义军政权都有"波斯锦"进献。此外，波斯的冰蚕锦、女蛮国的明霞锦以及龟兹和高昌国的"龟兹锦"、疏勒国的"疏勒锦"等，都是西域著名的丝织品。

蚕丝技术西传后，西域丝织业获得进一步发展。唐朝时期，中亚的康国（今撒马尔罕一带）发展成世界丝织品生产中心之一和最重要的丝绸集散地。③ 到宋元时期，中亚地区"各种装饰盖布、马被、丝绸褥垫、镶金织锦、绸缎、谢纳尔（一种织物）、塔夫绸、撒马尔罕的薄绒驰名世界"④；西亚许多地区如报达（今巴格达）、谷尔只（今格鲁吉亚）、毛夕里（今伊拉克北部摩苏尔）、忽鲁模斯（今伊朗西南部，波斯湾沿岸）等，也发展成为重要丝绸产区或集散地。这时候，西域丝绸便通过粟特和阿拉伯商旅大量流入到中国境内来。大食"蕃锦"包括重锦、百花锦、碧黄锦、兜罗锦等，是唐中期以后颇为中原所注目的西域丝绸，在宋朝曾频为大食人进献到中原。其中重锦一件有20橐驼之载重，必须分裁20块运输；⑤ 百花锦多作帷幕，"其锦以真金线夹五色丝织成"⑥，可见二者属织金丝绸无疑。兜罗锦与毛

---

① 夏鼐：《新疆发现的古代丝织品——绮、锦和刺绣》，《考古学报》1963年第1期。

② ［美］劳费尔：《中国伊朗编》，林筠因译，第316页。

③ 马承源：《新疆维吾尔自治区丝路考古珍品》，上海译文出版社1998年版，第41页。

④ ［乌兹别克斯坦］普加琴科娃、列穆佩：《中亚古代艺术》，陈继周、李琪译，新疆美术摄影出版社1994年版，第133—134页。

⑤ 《新唐书》卷217《回鹘下》云："大食有重锦，其载二十橐它乃胜，既不可兼负，故裁为二十匹，每三岁一饷黠戛斯。"

⑥ （宋）赵汝适著，杨博文校释：《诸蕃志》卷上，第89页。

锦、越诺布和撒哈拉红布等类似，有学者认为是丝毛混纺织品，[①] 西亚、中亚甚至南洋国家都有出产和进贡。康国的赞丹尼奇锦，其运销范围北达今挪威地区，南至拜占庭，西达波斯，东到中国境内，我国青海都兰吐蕃墓中就发现了这种锦织品。[②]

（三）海上丝路

丝绸文化回流较迟，然对近代中国丝绸发展影响较大。早期进贡国较重要者有两个：一是安南，自北宋始贡其绢，称“安南绢”，一般为白绢或白抹绢。据载，其“绢粗如细网”[③]，质量似乎不高。同时该国也织造丝棉混纺织物，“得中国锦彩，拆取色丝，间木棉挑织而成”[④]。二是暹罗，既谙于丝织，又通东西商货，因而进贡丝绸较为丰富，明清两朝所进贡丝绸包括本国土产：暹罗红纱、剪绒丝、织杂丝、红花丝、红花文丝和兜罗锦等，多做成被面、手巾、帷幔等生活用品；西洋诸国产品：西洋闪金缎、西洋金缎、西洋金花缎、西洋锦缎带、大西洋阔宋锦、绞绡[⑤]及撒哈拉、大西洋诸布等。为此明人严从简曾感叹：“我朝四夷所献，如朝鲜之苎布、哈密之氍布、交趾之白绢，皆重服也。然暹罗海岛异俗，而能谙于织作，丝之数品，布之贡十有三品，如此可谓知所重矣。”[⑥]

宋元以降，西方丝绸多从海路而来，特别是在欧洲蚕丝业兴起和新航路开辟以后，资本主义列强如葡萄牙、西班牙、荷兰、英国、意大利等国家的丝绸产品成为外来丝绸的主要组成部分。同时，中外贸易制度发生重大变化，16—17 世纪，私人贸易超越了朝贡贸易。从此，西洋丝绸大量涌入中国。其品种以缎类为主，有各种纯丝缎，如

---

① 参见劳费尔《中国伊朗编》“波斯的纺织品”部分等。

② 马承源：《新疆维吾尔自治区丝路考古珍品》，第 39 页。

③ （宋）周去非著，杨武泉校注：《岭外代答》卷 6，第 266 页。

④ （宋）范成大著，严沛校注：《桂海虞衡志》黎幕条，广西人民出版社 1986 年版，第 42 页。

⑤ （宋）赵汝适著，杨博文校释《诸蕃志》卷上解释道：“盖‘绞绡’为纠丝成缯之织物，地中海沿岸原出产著名之丝锦。”

⑥ （明）严从简著，余思黎点校：《殊域周咨录》卷 8，中华书局 1993 年版，第 286 页。

大花缎、荷兰花缎等；织金缎，如大紫金缎、红银缎、织金花缎、织金线缎、金银丝缎以及西洋闪金缎等；棉毛混纺缎，如大哔叽缎、哔叽缎、大红羽缎和其他各色羽缎等。此外还有绒毡类产品，如天鹅绒、洋剪绒、荷兰绒、哆绒、织金大绒毡等；锦绸绡纱等类产品，如大西洋阔宋锦、蕃斜纹、绞绡等。这股西洋风愈吹愈强，19—20 世纪，更有各种廉价的混纺丝绸、人造丝绸充斥进来，机器纺织技术也引入中国，从而对中国丝织业发展和现代化历程产生了重大影响。

三　丝绸文化回流对中国的影响

丝绸文化的回流给中国社会造成了多方面的影响。如果从政治角度看，进贡丝绸起着缔结、维持和加强中国与进贡国之间友好关系的积极作用。然而，它在中国经济和文化方面的地位和影响更值得深究：一方面它在生产技术上为中国丝织业注入了新鲜血液，促进其进一步发展；另一方面它在社会生活上丰富了人们的物质需求，开阔了人们的精神视野。

考察中国丝绸技术改革发展的历程，丝绸文化回流的直接影响确凿可证。《隋书·何稠传》云："波斯尝献金锦袍，组织殊丽。上命稠为之。稠锦既成，逾所献者，上甚悦。"这是中国匠人仿造波斯锦缎的典型例子。但就其关键作用而言，主要还在以下几点：

第一，传播了西域斜纹组织、纬线起花等技术。在纺织技术上，中西之间本来存在截然不同的传统习惯：中国丝绸底纹的纺织采取平纹组织法，图案花纹的纺织采取经线起花。相反，西域丝绸底纹则是斜纹组织，图案花纹采取纬线起花。相比之下，纬线起花可以在织制过程中随时改动纬线的颜色，织出比较富丽的花纹图案，且不会像经线起花那样使丝线容易纠缠，或发生某种颜色的经线短缺的情况。至于斜纹组织，则比平纹组织更能展示出丝线的光泽和色彩。基于以上原因，中原在织锦技术上学习了西域纬线起花和斜纹组织的方法。考古研究表明，7 世纪初期之前，中原丝绸都是经线起花和平纹组织法（织锦为"经畦纹锦"）；从 7 世纪中叶起，首先受到斜纹组织法的影响，流行一种采取斜纹组织法但仍经线起花的"经斜纹锦"；宋代以降，采用斜纹组织和纬线起花的“纬锦”成为中国丝绸的主流。[①]

以上改革肯定是在中原了解西域丝织技术的基础上完成的，而中原了解西域丝织技术无疑不能缺少丝绸文化回流这一前提。

第二，带来了异域图纹风格，丰富了中国丝绸的花纹图案。考古研究证实，早期中国丝绸在花纹图案上均采用传统文化题材，如排列整齐的云气纹、几何纹，中国常见的瑞兽、文字图案等。到南北朝时期则发生了明显变化，如在阿斯塔那古墓群中，高昌章和十一年（541）墓葬所出土的化生纹锦，织出了狮子等动物和佛教中的化生故事、莲花形象；延昌七年（567）墓葬所出土的蓝地兽纹锦则织出了狮形兽和菱形纹，显然都是波斯萨珊文化的艺术风格。[②] 进入隋唐时期，中国丝绸在花纹图案方面包含西域文化的色彩更为浓厚，题材内容上有忍冬、葡萄、生命树等植物形象，狮子、骆驼、羊、马、鹿、象、猪及孔雀等动物形象（其中马、狮等多带飞翼），太阳神、人马、武士等神灵、人物形象；花纹结构上采用环绕动物的联珠纹（又称“球路”纹或“团花连环形骨架”）、内含动植物的几何形纹（又称“几何类型骨架”）等，都成为常见的花纹图案。在阿斯塔那—哈喇和卓古墓群，仅就 1959 年发掘情况看，在 7 种类型的织锦花纹中，有鸟兽树木纹锦、双兽对鸟纹锦、树纹锦和对马纹锦 4 种，“显然不是汉族风格，大约是波斯文化影响的产物”[③]。以上变化也应与西域丝绸的回流不无联系。

第三，织金丝绸对中国工艺的影响。织金是源于上古波斯的西域传统工艺，多用于高级织物的织造。由于加入了金、银丝线，可以使织物光泽闪亮，赏心悦目。织金丝绸在古代西域丝绸产品中占有一定

---

① 参见夏鼐《新疆发现的古代丝织品——绮、锦和刺绣》，《考古学报》1963 年第 1 期；武敏《新疆出土汉唐丝织品初探》，《文物》1962 年第 7、8 期合刊；武敏《新疆近年出土的毛织品研究》，《西域研究》1994 年第 3 期。

② 参见新疆维吾尔自治区博物馆出土文物展览工作组《“丝绸之路”上新发现的汉唐织物》，《文物》1972 年第 3 期；武敏《吐鲁番新发现的古代丝绸》，《文物》1972 年第 2 期。

③ 新疆社会科学院考古研究所：《新疆考古三十年》，新疆人民出版社 1983 年版，第 72 页。

地位，更是西域进贡礼品中的重要组成部分。隋唐时期，中国工匠开始吸收西域织金丝绸的艺术风格，何稠仿造波斯金锦袍就是典型例子。据研究，“隋唐至宋是（中国）织金织物发展的重要时期，元明至清初为鼎盛期，中国织金织物的发展过程就是对西域织金技术的消化吸收过程”①。

丝绸文化回流在中国社会生活上的影响也是多方面的。

首先，物质生活方面。由于以进贡为主要流入渠道，外来丝绸首先供应宫廷，然后以赏赐等方式进入皇亲国戚和高官重臣家庭。这样就在一定程度上满足了社会上层的奢侈需求。例如，唐宣宗宫中有女蛮国所贡明霞锦，“云练水香麻以为之也，光耀芬馥着人，五色相间，而美丽于中国之锦”②。同昌公主有澄水帛，纳凉消暑功效奇特：“一日大会韦氏之族于广化里，玉馔俱列，暑气将盛，公主命取澄水帛，以水蘸之挂于南轩，良久满座皆思挟纩。澄水帛长八九尺似布而细明薄可鉴云，其中有龙涎故能消暑毒也。”③ 此澄水帛其实是用绞绡做成，产自波斯等地，与龙涎香同属舶来品。明清时期，倭缎对中国社会上层的影响更为深刻。由于大量流入和仿造，倭缎一度充斥于宫廷和贵族家庭。如清廷对荷兰等国的回赠礼品中倭缎与大蟒缎、妆缎等并列；④ 康熙和乾隆万寿盛典中对各亲王、郡王、贝勒、贝子以及边疆民族入觐大小首领的赏赐包括倭缎；⑤ 亲王、郡王常服有倭缎袍，八品至九品文武官吏朝服“领袖俱青倭缎……积冬夏皆用之”⑥，櫜鞬等礼器也“皆以青倭缎为之”⑦；典礼活动倭缎用量很大，仅康熙皇帝一次寿典中的赏赐一项就要用倭缎 295 匹，⑧ 甚至清祭天典礼中

① 孙苏：《丝绸之路对中国染织图案的影响》，《东华大学学报》（社会科学版）2002 年第 6 期。

② （唐）苏鹗：《杜阳杂编》卷下，中华书局 1985 年版，第 23 页。

③ 《太平广记》卷 237《同昌公主》条，第 1827 页。

④ （清）刘锦藻纂：《清朝文献通考》卷 33，浙江古籍出版社 2000 年版，第 296 页。

⑤ 《万寿盛典初集》卷 23，文渊阁《四库全书》第 653 册，第 241—243 页；《八旬万寿盛典》卷 21，文渊阁《四库全书》第 660 册，第 241—254 页。

⑥ 《清朝通典》，浙江古籍出版社 2000 年版，第 54 册，第 2377 页。

⑦ 《皇朝礼器图式》卷 14，文渊阁《四库全书》第 656 册，第 790 页。

⑧ 《万寿盛典初集》卷 23，文渊阁《四库全书》第 653 册，第 241—243 页。

也要供上10匹倭缎。同时，倭缎在官僚贵族阶层中的流通也极常见。康熙一份手谕中提到，一位三等侍卫用倭缎与蒙古作马匹交易被揭发，可见当时社会上倭缎应为数不少，一般贵族也能接触到。①

自唐宋起，波斯、粟特和阿拉伯等西域商人大量来华经商，中外商业贸易日趋发达，因而异域丝绸不断流入中、下层社会。杜甫曾受西北来客馈赠一件织成缎褥，歌咏道："客从西北来，遗我翠织成，开缄风涛涌，中有掉尾鲸。逶迤罗水族，琐细不足名。"仇注认为，这种翠织成来自大秦，并引《北堂书钞·异物志》云："大秦国以野茧丝织成氍毹，以群兽五色毛杂之，为鸟兽、人物、草木、云气，千奇万变，唯意所作。……织成缎褥，殆此类。"②黄庭坚在一书跋中说："余尝得蕃锦一幅，团窠中作四异物，或无手足，或多手足，甚奇怪，以为书囊，人未有能识者。"③高启《谢友人惠赠兜罗被歌》唱道："蛮工细擘冰蚕茧，织得长衾谢缝剪，蒙茸柳絮不愁吹，铺压高床夜香软。"④有些异域丝绸甚至流入村坊闾里。曾得冰蚕锦褥的康老子乃长安一家道败落的商人子弟，他正是碰到一位老妪临街兜售而以半贯铜钱买到的。⑤ 更有某些品种甚至深入千家万户。《西河记》载："西河无蚕桑，妇女以外国异色锦为袴褶。"⑥ 伴随西方科技的进步和私人贸易的发展，到近代外来丝绸甚至以较国内丝织品更为价廉物美的优势倾销到中国城乡市场，成为司空见惯的生活用品。

其次，文化生活方面。伴随着丝绸文化回流，中国诗词歌赋中出现不少异域丝绸的影子。《梁太子谢敕赉魏国所献锦等启》较早知道

① 《平定准噶尔方略续编》卷23，文渊阁《四库全书》第359册，第822—823页。

② （唐）杜甫著，（清）仇兆鳌注：《杜诗详注》卷13，上海古籍出版社1993年版，第458页。

③ （宋）黄庭坚：《山谷集》卷29，文渊阁《四库全书》第1113册，第310页。

④ （明）高启：《大全集》卷9，文渊阁《四库全书》第1230册，第121—122页。

⑤ （元）陶宗仪《说郛》卷100康老子条云："康老子，即长安富家子，落魄不事生计。偶一老妪持旧锦褥货鬻，乃以半千获之。寻有波斯见，大惊，谓康曰'何处得此？是水蚕丝所织，若暑月陈于座，可致一室清凉。'即酬千万。"

⑥ 《太平御览》卷695《服章部十二》，第3104页。

“胡绫织大秦之草，绒布纺玄兔之花”①，此后，人们更将冰纨绞绡、织金锦绣之类作为咏叹的主题。如王起《冰蚕赋》曰：“懿北极之寒劲，有珍蚕之处冰，匪柔桑之是食，匪幽室之是凭。”冯宿《鲛人卖绡赋》曰：“皓如凝露，纷若游雾，爰洁尔容，不愆于素。”陆游《夏白纻诗》云：“素绡细织冰蚕缕，清寒不受人间暑。”这是感叹冰纨绞绡奇特的质地。李峤《绫诗》云：“金缕通秦国，为裘指魏君”；杜甫《丽人行》云：“绣罗衣裳照暮春，蹙金孔雀银麒麟”；乃贤《题张萱美人织锦图诗》云：“双凤回翔金缕细，五云飞动彩丝长”；汪元量《湖州歌》“奏授虎符三百面，内家更赐织金袍”② 则是叙述织金丝绸的来历和发展。

有不少外来丝绸以异域神、祥瑞或传说故事为图案内容，如新疆出土丝绸中的天王、太阳神、带翼天马、狮子兽以及化生故事等，无疑充满着文化和宗教的内涵。同时，一些质地和性能奇特的丝绸品种则伴随着神秘传说而来。如关于大轸国织成神锦衾的冰蚕丝，一种传说云：“其国以五色石甃池塘，采大柘叶，饲蚕于池中。始生如蚊睫，游泳于其间；及长，可五六寸。池中有挺荷，虽惊风疾吹不能倾动，大者可阔三尺。而蚕经十五日，即跳入荷中，以成其茧，形如方斗，自然五色。国人缲之，以织神锦，亦谓之灵泉丝。”③ 另有一种说法是：“员峤山有冰蚕，长七寸，黑色有角有鳞。以霜雪覆之，然后作茧，长一尺。其色五彩，织为文锦，入水不濡，以之投火，经宿不燎。唐尧之世，海人献之，尧以为黼黻。”④ 唐代宗时期曾编织为鞘的碧玉丝为东海弥罗国所贡，传说“其国有桑，枝干盘屈覆地而生，大者连延十数顷，小者荫百亩。其上有蚕，可长四

---

① （清）严可均校辑：《全上古三代秦汉三国六朝文·全梁文》卷5，中华书局1958年版，第3061页。

② 参见（宋）李昉《文苑英华》卷120；（明）曹学佺《石仓历代诗选》卷85、176；（清）彭定求《全唐诗》卷5、60、425。

③ （唐）苏鹗：《杜阳杂编》卷中，文渊阁《四库全书》第1042册，第610—611页。

④ （晋）王嘉：《拾遗记》卷10，陈力、段志主编《中国野史集成续编》，巴蜀书社2000年版，第1册，第689页。

寸，其色金，其丝碧，亦谓之金蚕丝。纵之一尺，引之一丈，捻而为鞘，表里通莹，如贯琴瑟，虽并十夫之力，挽之不断。为琴弦则鬼神悲愁忭舞，为弩弦则箭出一千步，为弓弦则箭出五百步”①。绞绡本来是一种轻纱细罗，以轻盈透明为特点，由于来自海上，人们便传说出自海中神油。《拾遗记》记述三国吴主赵夫人仿制此物时说：“夫人乃抴发以神膠续之。神膠出郁夷国，接弓弩之断弦，百断百续也。乃织为罗縠，累月而成，裁为幔。内外视之，飘飘如烟气轻动，而房内自凉。”②

在中外文化交流中，人们最易关注文化主流的动向——不同文明区域互通有无，各以优势文化或特色文化向对方流动。不过如果再向深、细处观察，我们还会发现一个重要现象：当一种文化流入异域，在那里生根发芽，然后发展成另具特色的同类文化时，往往会产生一种回流现象，这种发展起来的新文化被回馈到其发源地。丝绸文化就是如此：它从中国发源向四周地区辐射，对丝绸产品本身或养蚕丝织技术加以影响，在各地区衍生出风格迥异的丝绸文化。这些异质的丝绸文化以丝绸产品等为载体很快回馈到中国境内，在丝绸之路各线形成一股股文化回流。特别是以萨珊波斯风格为典型的西域斜纹纬锦，在中国促动丝织业发生了一场变革，造就了唐宋时期中国丝绸文化的繁荣发展和以后对外传播更为强劲的潮流。海路丝绸文化的回流较晚，然而，最后兴起的以西欧丝绸为主要内容和特色的“西洋风”却具有重要影响和意义，它既以残酷的竞争和遏制造成近代中国桑蚕丝绸业的衰微，同时也以崭新的资本主义机器生产方式带动中国丝绸业向现代化的方向迈进。总之，丝绸文化传播是一个在不断互动交流中向前发展的过程，而丝绸文化的回流无疑是其中不可忽视的重要部分。通过对丝绸文化回流及其影响中国这些史实的探讨，我们才能全面和深入了解整个丝绸文化的流动态势和发展历程，并真正认识到：丝绸文化不仅是中国对世界的贡献，同时，也促进了中国文化的发展，是整个世界的宝贵财富。扩大到整个东西文明交

① 《太平广记》卷401《软玉鞭》条，第3233页。

② （晋）王嘉：《拾遗记》卷8，陈力、段志主编《中国野史集成续编》，第1册，第678页。

往的视角看，正是在这种文化回流的基础上，东西文明才得以深层次交流，并得到高度发展。

原载《西域研究》2008 年第 2 期。

被忽略的文化互动

——从吐鲁番文书中“桃”字与葡萄的关系看中西文化的双向传播

吐鲁番地区素称水果之乡，果树种植业发达，历代史籍大都称述该地盛产葡萄等水果，出土文献中桃杏梨枣的信息更是具体和丰富。迄今学界对此已有一定研究，① 不过某些问题并未解决。例如在出土文书的释读上，单单一个“桃”字就很值得斟酌。由于时代的变化和地域的差异，中原常有的桃与传自西方的葡萄似乎在这里一度变得纠缠不清。在出土文书中，“桃”单字词与“蒲桃”“浮桃”“蒲陶”“莆桃”等词多处混杂，而且出现的次数最多。仅就唐长孺先生主编的《吐鲁番出土文书》② 看，出现“桃”与“蒲桃”“浮桃”“蒲陶”“莆桃”等词的相关文书有65件，“桃”单字词与其他词语混杂出现者7件，单独出现者更达32件。由于吐鲁番的葡萄古今闻名，将其中“蒲桃”“蒲陶”或“浮桃”“莆桃”等词指为葡萄似属合理。然而，文中大量出现的“桃”单字词也为文献整理和研究者一概指为葡

① 参见杨际平《麴氏高昌赋役制度管见》（《中国社会经济史研究》1989年第2期）、《也谈唐代西州的土地管理方式——再论唐代西州的两种授田制度》（《中国社会经济史研究》1997年第4期），孙玉振《试析麴氏高昌王国对葡萄种植经济以及租酒的经营管理》（敦煌吐鲁番学新疆研究资料中心编：《吐鲁番学研究专辑》，1990年版），张南《古代新疆的葡萄种植和酿造业的发展》（《新疆大学学报》1993年第3期），宋晓梅《吐鲁番出土文书所见高昌郡时期的农业活动》（《敦煌学辑刊》1997年第2期），苏振兴《古代中西葡萄、葡萄酒考略》（《华南农业大学学报》2004年第1期）等文。

② 唐长孺主编：《吐鲁番出土文书》第1至10册，文物出版社1981—1991年版。

萄，[①] 就不禁令人生疑。笔者拟从辨析这诸多“桃”字与葡萄的关系入手，对古代吐鲁番地区桃和葡萄的种植情况进行考察，力图澄清这两种各自代表东、西方文化的物种传播交流的历史事实，并进一步揭示中西文化交流中某些为人忽略的现象和规律。

首先，笔者仔细比较了出现“桃”单字词的文书，发现它们存在不同情况，在释读上不应一概而论。

第一种情况：如 72TAM153：36/37《高昌夏某寺葡萄园券》，[②] 为一份出租契约，前文提到“……寺浮桃壹园”（第 2 行），看来说的是葡萄园无疑。后文“若渠破水謫（同“过”），仰治桃人……”；“……仰桃主了”（第 4 行）等句，应是规定葡萄园主人与承租者之间的义务。69TAM160：18/4《高昌张元相买葡萄园券》，[③] 为一份买卖契约，前文提到“……蒲桃壹园，承官役，半亩陆拾（步）”（第 2 行），也应是言葡萄园事。后文有“钱即毕，桃即付”，“桃中……”（第 3 行）；“□桃行。桃东诣渠，南诣道”（第 4 行）；“桃肆□之内，长不还，促不□”（第 5 行）等语，应是规定交易方式，并说明葡萄园四至等事。此外，64TAM4：4《唐乾符元年左憧熹夏葡萄园契》、64TAM4：6《唐总章三年左憧熹辞为租佃葡萄园事》[④] 情况类似。此类文书中后文之“桃”字想必为“蒲桃”或“浮桃”的简称，可以认指为葡萄。

第二种情况：如 60TAM320：01/8、60TAM320：01/1、60TAM320：01/2、60TAM320：01/3《高昌张武顺等葡萄亩数及租酒帐》四件残片[⑤] 记述张武顺等人有“桃”亩数和出租情况，其中提到“康崇相桃贰……储酒伍百升[⑥]，得酒壹姓（姓，据研究亦为量酒单位）有拾百

---

① 除上述著述外，该观点近来还为杨友谊《明以前中西文化交流中的葡萄研究》（暨南大学硕士文库，2006 年）进一步强调。

② 唐长孺主编：《吐鲁番出土文书》第 2 册，文物出版社 1981 年版，第 336 页。

③ 唐长孺主编：《吐鲁番出土文书》第 5 册，文物出版社 1983 年版，第 53—54 页。

④ 唐长孺主编：《吐鲁番出土文书》第 6 册，文物出版社 1985 年版，第 421、426 页。

⑤ 唐长孺主编：《吐鲁番出土文书》第 3 册，文物出版社 1981 年版，第 50、51—52、52—54、54 —55 页。

⑥ 百升，该字左偏旁为“百”，右偏旁为“升”，文献整理者认为是量酒单位，即“斛”字。

升”（第一件第4—5行）；“□□□桃壹亩陆拾步，有酒叁……”（第二件第11行）；“……庆则桃贰亩半，储酒伍□，□酒两姓有贰拾陆百升”（第二件第12行）；“……桃贰亩，储酒捌百升，得酒两姓有叁拾百升”（第二件第15行）；“索寺德嵩桃贰亩，储酒捌百升，得酒壹姓……”（第三件第2行）；“……寺桃壹亩半，储酒拾伍百升，得酒叁姓半有拾伍百升”（第三件第3行）；“抚军寺桃伍亩陆拾步，储酒叁拾，得酒拾壹姓有壹佰肆拾贰……”（第四件第1行）等句。这些文书中的“桃”多与酒帐相联系，而有学者认为西域素产葡萄酒，并多以此缴纳租赋，所以也将这类“桃”字指为葡萄。此论看似有理，其实已属推测。[①]

第三种情况：如72TAM153：38（a）《高昌曹、张二人夏果园券》[②] 中提到：“（第6行）……桃中梨、枣尽（第7行）□（属?）桃行，若曹、张二人与冯寺主梨两□[③]。若桃水（第8行）□桃，二人还寺主桃。若树干漯[④]，不得近破[⑤]（第9行）。”60TAM320：13/1、60TAM320：13/2《高昌□延怀等二人举大、小麦券》[⑥] 记述：“到七月内，延怀边不得麦，取末岁桃中子黍一年入□相。”67TAM78：29（a）《唐贞观十四年西州高昌县李石住等户手实》之二[⑦]记述安苦咖[⑧]延一家有地一段肆亩捌拾步，且有“桃贰亩陆拾步”。68TAM103：18/7（a）《唐田亩簿》[⑨] 记述某乡有“常田桃三顷一十……”68TAM99：6（a）《高昌侍郎焦郎等传尼显法等计亩承役

① 将该类文书与葡萄和葡萄酒相联系，认为这类“‘桃’与酒文书，显然是葡萄和葡萄酒的关系反映”的观点，可参见杨友谊《明以前中西文化交流中的葡萄研究》第一章第二节。

② 唐长孺主编：《吐鲁番出土文书》第3册，第337—338页。

③ 此字为“九”字右侧加一竖，可能是草体写法，文献整理者认为即“斛”字。

④ 文献整理者认为即“濕”字。

⑤ 文献整理者注为“斤破”，解释为“即斧斤所破”。

⑥ 唐长孺主编：《吐鲁番出土文书》第3册，第12—13页。

⑦ 唐长孺主编：《吐鲁番出土文书》第4册，文物出版社1983年版，第72—73页。

⑧ 该字左偏旁为“口”，右偏旁为“知”。

⑨ 唐长孺主编：《吐鲁番出土文书》第4册，第242页。

文书》[①] 中有“桃一亩”，“断除桃园”，“买东高渠桃一园”等语。此外，64TAM24：35，32《高昌延昌酉岁屯田条例列得横截等城葡萄园顷亩数奏行文书》、73TAM210：136/11《唐勋官某诉辞为水破渠路事》、64TAM4：53《唐麟德二年张海欢、白怀洛贷银钱契》、64TAM27：36（a），37（a），38（a），39（a）《唐开元四年（公元七一六年）西州高昌县安西乡安乐里籍》及67TAM92：49（b）、67TAM92：49（b），44（b），50/1（b），50/2（b），45（b），46（b）、67TAM92：48（a）、67TAM92：47（b）、67TAM92：42（b）《高昌诸寺田亩帐》数件文书[②]中有“口分桃”“世业桃”“永业桃”“桃水满溢”等语。该类文书中独有“桃”字，并无任何可与葡萄相联系之处，但文献整理者也将文中“桃”字全部注为葡萄，不免缺乏根据。不啻如此，该类文书的作者多次提到这种“桃”以“树”为量词，并且必须用斧头砍伐，明显属于长有木质部的乔木类，与葡萄的情况不无矛盾。

同时值得注意的是，某些文书如第五册中67TAM92：47（a）、67TAM92：48（b）《高昌诸寺田亩官绢表》之一、之二和第六册中67TKM39：9/6（a）《唐贞观年间西州高昌县手实一》、60TAM325：14/1－1和60TAM325：14/1－2《唐西州高昌县武城乡范慈□辞为诉君子夺地营种事》、64TAM5：80《唐李贺子上阿朗、阿婆书四》之三等，[③] 文中单独出现的“桃”字却未注为葡萄。这些文书与注“桃”为葡萄的文书相掺杂，注与不注两种做法多次出现在同一册书、同一墓葬文书甚至同组文书的不同残片中，不可能是体例不同所致，更难以解释为文献整理者和研究人员的疏忽。因此，很可能是某些学者对文书中“桃”字是否全指葡萄也生疑惑或异议。

第四种情况：有一类文书形成时间相近，出土于同一墓地，可以

① 唐长孺主编：《吐鲁番出土文书》第4册，补遗第64、65页。

② 分别见于唐长孺主编《吐鲁番出土文书》第5册，第2—4、167—170、170—171、171—172、172—173页；第6册，文物出版社1985年版，第95、414—415页；第8册，文物出版社1987年版，第315页。

③ 分别见于唐长孺主编《吐鲁番出土文书》第5册，第176、177页；第6册，第105—106、201—202、398—399页。

说属于同一时代和同一地区，然而在涉及果园、果树时却有的全称“蒲桃”或“蒱桃”，有的只称为“桃”。例如，64TAM10：38《高昌延寿四年参军汜显佑遗言文书》与67TAM92：49（a）、48（b）、47（b）《高昌诸寺天亩帐》、67TAM92：47（b）、44（b）\ 50/1（b）、48（b）《高昌诸寺田亩官绢帐》①，前者出土于阿斯塔那10号墓，形成时间在高昌延寿四年即公元627年，后两者出土于阿斯塔那92号墓，形成时间为延寿十六年即639年，前后仅十数年之差，且都在阿斯塔那墓地，但前件死者遗嘱文书写明要分“石宕渠蒱桃壹园与姨母”，同时“阿姨得蒱桃壹园”，而后两件田簿文书则一概叙述为“桃半亩”，“桃四……”，“桃九亩”，“桃四亩”，“桃二亩半六十步”等。某些文书还出现于同一墓葬中甚或同一死者的身上，如阿斯塔那一五二号墓男尸身上拆出的五件文书②形成于566—594年，前后形成时间相差最多也只有二十几年，但其中第一、第三、第五件文书中皆用“蒲桃”一词，而第四件文书中却用“桃”字。在如此之短的时间内，同一地区的人们对同种水果的认识和称呼上不可能发生如此重大和明显的变化。因此，出现这种差异的原因绝不在于语言习惯变化，而是所指事物根本不同。再者，统观以上现象，在6—7世纪短短几十年中，高昌人从“蒲桃”到“桃”，然后从“桃”到“蒱桃”，再由“蒱桃”到“桃”，如果是将葡萄的称呼如此频繁地变来变去，实在令人费解。笔者认为，在这里，“蒲桃”和“蒱桃”就是葡萄，而“桃”即是桃，高昌人总不会在对同一种水果称呼上老是反复。

第五种情况：深入分析在同文中“桃”与“蒲桃”“浮桃”等词并述的文书（高昌国时期文书中“桃”与“浮桃”并述者1件，“桃”与“蒲桃”并述者3件；西州时期“桃”与“蒲桃”并述者3件），可知其中某些“桃”字显然不是“蒲桃”“浮桃”等词的简称，而是另有所指。如《高昌武城堛作额名籍》③第4行，文书作者在前面“赵阿养、范荆祐、□□□”名下加注“屯桃三人”，而在后面

① 唐长孺主编：《吐鲁番出土文书》第5册，第70—71、167—173、175—178页。

② 唐长孺主编：《吐鲁番出土文书》第4册，第247—251页。

③ 唐长孺主编：《吐鲁番出土文书》第3册，第216页。

“范田养、张祐多、赵欢富”名下加注“屯浮桃三人”，同行文字中如此加注，显然作者有意将“桃”与“浮桃”区别开来。再如《武周载初元年西州高昌县宁和才等户手实》之六，[①] 登记康才宝家户口（全家14口）、土地等况，其中第18行记有某田：“一段三亩半六十步，桃，城北一里孔进渠，东丞田，西氾七隆，南张苟面，北张……”第19行记有某田：“一段一亩一百八十九步，菜，城里一里张渠，东曹慈善，西高信行，南荒……”第20行又记有田：“一段二亩，蒲陶，城西六里……”显然，该户人多田地亦多，在城里有块菜园，而城外有多处果园，其中两处分别是桃园和葡萄园。

与此同时，出土文书中还有不少叙事短文和固定俗语从各个方面佐证了笔者的分析和判断。

如阿斯塔那五一号文书第二73TAM518：2/5（b）《唐索桃牍》[②]：

［前缺］

第1行：才得贴，忍惠法师今要

第2行：须廿颗桃，将向州。请便

第3行：即分付尉师，将来得

第4行：　即日

该文是说某寺忍惠法师为到州城去，要带“桃”20“颗”。文中“桃”既以“颗”为量词，并说明要带到州城去，此应指果实而非果树。或认为古文中不能排除“颗”通假为“棵”的可能性，但是可以想象，带20棵葡萄树或桃树上路，既不能品尝解渴，送礼也未必合适，因为在两地距离相近和自然条件一致的情况下该地不至于有州城甚感稀奇的树种。同时，忍惠以其尊贵的法师身份也确无亲自推广物种的义务和必要。进一步讲，此“桃”量词为“颗”，而非“穗”或“串”，显然应是桃子而非葡萄。再者，从其数量和分量上看，法师此行所带“桃”如果是只是20粒葡萄，显然不可思议，而20颗上好桃子足有十来斤，则合情理。

再如阿斯塔那五号墓64TAM5：80《唐李贺子上阿郎、阿婆书

① 唐长孺主编：《吐鲁番出土文书》第7册，文物出版社1986年版，第424—427页。

② 同上书，第317页。

四》之三。[①] 书信发自洛州，洛州始设于东晋十六国时期，前燕及东魏、北齐和隋唐时期有洛州在今洛阳市，前秦及西魏、北周有洛州在今河南陕县，后移至今陕西商州。无论哪一个洛州，都处于长安与洛阳之间的中原文化核心地带。作者李贺子常年寄居于此，并在这里娶妻生子，对遍布黄河流域的桃树应较熟悉，其信中提到的“桃”不会是指葡萄。

其次，吐鲁番出土文书中常有“桃中梨枣”等俗语，表示在“桃”行里面间种梨、枣等果树。如果将此“桃”树指为葡萄树，则从种植技术上难以讲通。我们知道，葡萄树为藤状植物，种植时必须竖桩搭架，同时为了便于采摘，葡萄架高度多与人的高度相近；而梨枣皆属乔木，高度动辄三五米。这样，如果在葡萄园里间种梨、枣，葡萄无从得到日照，则会妨碍其光合作用，不利其生长结果。而桃树与梨、枣同属乔木，高度相近，间种也不会有太大影响。因此，桃树与梨、枣间种才属正常。笔者实地考察也证明，吐鲁番乃至其他广大地区，桃与梨、枣间种的情况非常普遍，却少见葡萄园间种梨、枣的现象。

接下来的问题是，如要确证出土文书中这些另有所指的“桃”单字词就是中原地区常有的桃子，我们必须证明古代当地居民起码认识并经常接触桃子，那么吐鲁番能有桃树种植无疑是最好的证据了。我们可以从历代典籍的记载来分析，看看吐鲁番地区桃树种植的情况到底如何呢？

从魏晋南北朝到隋唐，史传舆志对该地的物产大多作如下记载：

《魏书》卷111《高昌传》：“高昌者，车师前王之故地也。……地多石碛，气候温暖，厥土良沃，谷麦一岁再熟，宜蚕，多五果。”（《北史》卷97《高昌传》记载相同）

《周书》卷50《高昌传》：“地多石碛，气候温暖，谷麦再熟，宜蚕，多五果。”（《隋书》卷83《高昌传》、《册府元龟》卷961高昌条记载相同）

《旧唐书》卷198《高昌传》：“厥土良沃，谷麦岁再熟，有葡萄

① 唐长孺主编：《吐鲁番出土文书》第6册，第398—399页。

酒，宜五果。”

《通典》卷190高昌条：“其地高燥，多石碛，气候温暖，与益州相似，谷麦再熟，宜蚕，多五果。”

《太平寰宇记》卷180高昌条：“其地多石碛，气候温暖与益州相似，谷麦再熟，多五果。”

《太平御览》卷793高昌条：“其国有八城，多石碛，气候温暖，厥土良沃，谷麦一岁再熟，宜蚕，多五果。”

以上诸史均记载高昌“多五果”“宜五果”，可见除了葡萄之外吐鲁番地区古代还盛产“五果”。按“五果”之说，由来已久。阴阳家初以五行格致万物，医学书继以五行区分本草，因而谷粮菜蔬水果等也往往分成五类。如《灵枢经》卷8记述：“黄帝曰：‘谷之五味，可得闻乎？’伯高曰：‘请尽言之。五谷，秔米甘，麻酸，大豆咸，麦苦，黄黍辛；五果，枣甘，李酸，栗咸，杏苦，桃辛；五畜，牛甘，犬酸，猪咸，羊苦，鸡辛；五菜，葵甘，韭酸，藿咸，薤苦，葱辛；五色，黄色宜甘，青色宜酸，黑色宜咸，赤色宜苦，白色宜辛。凡此五者，各有所宜。’”孙思邈《备急千金要方》卷88也说：“五畜：豕、羊、鸡、犬、牛；五谷：大豆、麦、麻、稻、稷；五果：栗、杏、李、桃、枣……”由此，五果与五谷等概念皆为人所普遍接受，并在文献中经常使用，以至成为固定俗语。如南朝宋萧常撰《萧氏续后汉书》卷39《郑浑传》载：“（浑）以郡下乏材，乃课树榆为篱，复种五果。榆皆成藩，五果丰实。”北齐贾思勰《齐民要术》卷4载：“凡五果花盛时遭霜则无子……凡五果及桑正月一日鸡鸣时把火照其下则无虫灾。”

“五果”内涵，文献中统统解释为桃、李、杏、栗、枣这中原地区最为普遍的五种水果。如唐王冰注《黄帝内经素问》卷7注“五果”为：“谓桃、李、杏、栗、枣也。”明李时珍《本草纲目》卷29说：“五果者，以五味、五色应五脏，李、杏、桃、栗、枣是矣。”此外，《外台秘要方》等类医书及《小学绀珠》等类书，所见文献均以“五果”指李、杏、枣、桃、栗。约定俗成之后，《辞源》也释“五果”通指李、杏、枣、桃、栗。由此可见，“五果”的内涵是固定而且统一的，肯定包括桃子在内。

基于以上论述，古代吐鲁番地区盛产五果，而五果又毫无疑问包括桃子，那么古代吐鲁番地区应有桃树种植。陈诚《西域番国志》吐鲁番条云："天气多暖少寒，鲜有雨雪，土宜麻麦，水稻不生。有桃、杏、枣、梨，多葡萄，畜羊马。"[①] 陈诚作为中原人远足西域，一方面吐鲁番情况为其亲见，另一方面他不会不认识桃杏等果，因此该条记述绝非妄言。那么，该书明确指出吐鲁番地区有桃种植，足可印证以上论述。当然，最有力的证据还是考古资料。据王炳华先生报道，在高昌国和回鹘高昌时期的吐鲁番出土文物中，都已经发现了桃子果实，[②] 使得先前借缺乏考古发现为由否定吐鲁番古代有桃子种植的观点显得难以立足。

其实，西域许多地方都有包括桃子在内的五果之传播。据查，为《魏书》《北史》以及《太平御览》《太平广记》《通志》等书所明确记载盛产五果者有于阗国（在今新疆和田一带）、色知显国（都色知显城，一般认为在撒马尔罕西北）、伽色尼国（都伽色尼城，一般认为在撒马尔罕与 Balkh 之间）、薄知国（在伽色尼南）、牟知国（位于粟特以南地区，阿姆河右岸）、呼似密国（在阿姆河下游，今乌兹别克一带）、阿弗太汗国（在呼似密国以东）、诺色波罗国（应在今伊朗东北境泥沙普尔）、早伽至国（在今布哈拉以西九百里）、伽不单国（在今撒马尔罕北，Kodym Tam 山麓，Bulangghyr 河流域）、拔豆国（约在中亚南部或印度西北地区）等，[③] 以上诸国大致沿车师道和莎车道等丝绸之路南北干线，分布于今新疆及其以西包括中亚、西亚等广大地区。这样来看，在地理和交通诸条件大致相同的情况下，而高昌又位于距中原更近的北道东部枢纽上，我们没有理由抹杀这一地区产桃的现实性。

最后，退一步讲，假如吐鲁番古代居民即使认识并普遍种植桃树，也不能证明文书中的"桃"这种水果就是桃子，而是对桃与葡萄

① （明）陈诚著，周连宽校注：《西域番国志》，中华书局 2000 年版，第 106 页。

② 王炳华：《吐鲁番古代饮食文化初探》，《吐鲁番学研究》2001 年第 2 期。

③ 诸国地望可参见余太山《西汉魏晋南北朝正史·西域传研究》卷 2 第 5《南北朝正史"西域传"所见诸国的地望》，中华书局 2003 年版，第 268—277 页。

认识不深、区分不开的缘故导致他们以“桃”字混指葡萄。那么，我们还可以从语言学、植物学、社会学以及人们认识事物的规律等几个侧面来分析，看看吐鲁番古代居民以“桃”字混指葡萄的可能性有多少呢？

在早期文献中，人们曾以“蒲桃”或“浮桃”称述葡萄。尽管其中也有“桃”字，但是从语言学和植物学角度来讲，葡萄与桃却有明显差别。

从语言学上讲，据已有研究可知，“葡萄”（或即“蒲桃”和“浮桃”）一词是由外来语转译而成，“按其语音还原，当为 butao”，中古突厥语拼为“bor”，由此又可还原为上古伊兰语“bud”或“bod”①。或者汉语“葡萄”就是直接来自古大宛语“budaw”，它又转自波斯语，“可以看作波斯古经里的 maδav（浆果制的酒）变化出来的方言体”②。以葡萄种植技术自西而东的传播过程相印证，可以说汉语“葡萄”一词由外来语音转拼而至的事实是确凿可靠的。至于“桃”字——汉族人民自古以来对中原地区这一常见水果的称呼，则纯由汉语产生，是中原地区土生土长的词语。二者虽然在发音上偶然产生相似音节，但相互之间并无必然联系。

从植物学上讲，稍有常识的人都能区分，葡萄属于葡萄科藤木类，茎有卷须借以攀缘他物而生长，而桃树则属于蔷薇科乔木类，主干比较粗壮、坚硬，独立成棵而生长；葡萄的果实为浆果类，轮廓近球形而小，皮软而常带白粉，肉呈汁液状而多籽，而桃的果实为核果类，外形不规则而大，表皮多被柔毛，果肉结实而敦厚，一核而大且较坚硬；葡萄的叶子互生，近圆形，基部心形，叶齿较粗，而桃的叶子为长椭圆状披针形，基部广楔形，叶齿较细。葡萄花小，呈黄绿色，而桃花较大，多呈粉红色。无论从其种属或者形态，葡萄与桃都有明显的差别，甚至远远不如桃与胡桃之间的近似程度，绝无相互混淆的客观条件。

再从社会学的角度看，吐鲁番地区最初奠基于汉代中原将士的屯

① 李树辉：《吐鲁番地名 Bujluq（葡萄沟）探源》，《西域研究》2002 年第 3 期。

② ［美］劳费尔：《中国伊朗编》，林筠因译，第 49—50 页。

田，魏晋南北朝时期又有大量汉族百姓从河西等地不断迁徙补充进来，由此发展为高昌郡和高昌王国。其“国有八城，皆有华人”①，“刑法、风俗、婚姻、丧葬与华夏小异而大同”②。从出土文书的情况看，其主要文字当为汉字。因此，无疑这是一个与中原保持着密切联系的汉文化社会。在此背景下，一方面桃树在西传过程中不会偏偏避开高昌这个西域仅有的汉文化社会和与中原关系最为密切的交通枢纽而只在其他地区广泛传播；另一方面高昌人也不会不熟悉桃子和桃树，更不至于尽以“桃”字混指葡萄。

假如以上分析仍旧不能排除吐鲁番古代居民以“桃”字混指葡萄的可能性，我们还可以从人们对客观事物的认识规律来判断。即使吐鲁番居民在早期确实是缘于对葡萄认识不深，与桃子区分不开而以“桃”字混指葡萄，那么，后来随着葡萄的大量种植，他们对葡萄的认识总会愈来愈深，对葡萄的称述用词也会逐步统一起来。然而，通过比较吐鲁番文献中“桃”与“蒲桃”等名称使用情况的前后变化，笔者发现其用词歧异的现象在高昌国和西州时期反倒比高昌郡时期更为严重。据初步统计，高昌郡时期有相关文件 3 件，均称为“蒲陶”；高昌国时期有相关文件 27 件，其中写“桃”字者 12 件，写“蒲桃”者 8 件，“浮桃”者 2 件，“莆桃”者 1 件（另外还有“桃”与“蒲桃”并用 者 3 件，“桃”与“浮桃”并用者 1 件）；唐代西州时期相关文书 24 件，其中写“桃”字者 13 件，写“蒲桃”字者 4 件，“蒲陶”字者 1 件，写“陶”字能断为代指“桃”字者 2 件（另有“桃”与“蒲桃”并用者 2 件，“桃”与“蒲陶”并用者 1 件，“陶”与“蒲桃”并用者 1 件）。假如这些用词都是对葡萄的称呼，那么这显然不符合人们对同一种事物认识的规律。我们不能说，早期人们还比较统一地称呼葡萄为“葡陶”或“蒲桃”，后来反倒分歧愈加严重。换句话说，好像高昌人更不清楚葡萄与桃子的区别，更多地混称葡萄为“桃”了。笔者认为，这恰好说明桃与葡萄在吐鲁番都有种植，随着认识的发展人们真正将同存于当地的这两种果树区分得越来越清

① 《魏书》卷 101《高昌传》。

② 《周书》卷 50《异域传下》、《旧唐书》卷 198《高昌传》。

楚了。

若只是考辨吐鲁番的桃与葡萄，文章到此就可以搁笔了。然而笔者的用意不仅仅在于澄清名实，而是力图揭示在这“桃”非葡萄的背后存在某些为我们所忽略的文化传播现象，并思考究竟是什么因素导致我们忽略了这些现象，以致造成对历史事物片面的认识。

在中西文化交流史上，由于双方各具文化优势，任何时候都很难说文化是单向流动的。相反，不同文化的互动交流倒是无时不在，无处不在。这可以称作“双向互动”规律。桃与葡萄，这两种分别代表东、西方文化的典型事物，其传播交流的态势就是遵循这种规律的最佳例子。

葡萄发源于地中海沿岸，伴随着东西方文化交流的发展经中亚一带传入中国。关于葡萄的东传中国人是耳熟能详的，早在《史记》中就明确记述，大宛（位于中亚费尔干纳盆地）一带有葡萄、苜蓿，“汉使取其实来，于是天子始种苜蓿、蒲陶肥饶地。及天马多，外国使来众，则离宫别馆旁尽种葡萄、苜蓿极望”①。以后史书典籍连载不断，骚人墨客更是咏唱不迭，以至“西域葡萄”“西国葡萄”逐渐在中原家喻户晓，曹丕神谈酒后葡萄、太宗西取高昌新种则成为千古佳话。至于当今学者，对于葡萄东传研究已深，② 笔者毋庸赘言。

另外，桃杏也有着向西传播的历史。中国是桃的故乡，这是肯定无疑的。而且在比葡萄传入中国还要早的年代，中国的桃树种植已经向西蔓延。只是非常奇怪的是，东方人对此并无深刻印象。尽管史书也提及西域许多国家生产“五果”，但没人更进一步关注桃杏西传的史实；尽管吐鲁番出土文献中处处透露桃杏梨枣的信息，但现代史学

---

① 《史记》卷123《大宛列传》。

② 参见张忠玉《葡萄和葡萄酒的东传》（《农业考古》1984年第2期）、胡澍《葡萄引种内地时间考》（《新疆社会科学》1986年第5期）、尚衍斌《元代西域葡萄和葡萄酒的生产及其输入内地述论》（《农业考古》1996年第3期）、仲高《丝绸之路上的葡萄种植业》（《新疆大学学报》1999年第1期）、王艳明《从出土文书看中古时期吐鲁番的葡萄种植业》（《敦煌学辑刊》2000年第1期）、苏振兴《葡萄、葡萄酒由新疆传入内地考》（《新疆师范大学学报》2003年第4期）、夏雷鸣《西域葡萄药用与东西文化交流》（《敦煌学辑刊》2004年第2期）等文。

工作者反而认定“桃”皆是葡萄。倒是一些自然科学家，较早注意到了桃杏西传的问题。早在20世纪初期，就有西方学者从自然科学的角度对桃杏种植史作了认真考察。以美国学者劳费尔在1919年出版的《中国伊朗编》为代表，西方学者普遍肯定了桃杏从中国向西方传播的历史事实。他们“有力地解释了桃杏的原产地是中国”，“是由中国传到西方的”，认为“这两个礼物或许是绸缎商人带去的，首先带到伊朗（公元前二百年或一百年），从那里再到亚美尼亚，希腊和罗马（公元第一世纪）。在罗马迟至罗马帝国的第一世纪才有这两种树”①。近数十年来，中国农学专家们进一步探讨论证，指出桃树的原生林主要分布在陕西和甘肃一带的山区，“至少在一至二千年前在南疆各地普遍栽培”，甚至在公元前332年已传入小亚细亚及希腊诸地，或在公元前2世纪到前1世纪传到伊朗及欧洲各地。② 从其传播路线看，桃树种植技术应该是沿着当时中西交通要道——丝绸之路各干线而西传的，③ 而吐鲁番恰好处于天山南麓的要道（时称北道）上，而且早为汉军集中驻军和屯田之地，在桃树种植上有充分的传播条件。

近来笔者在实地考察过程中发现，新疆境内包括吐鲁番地区不但产桃，而且其果实一般比内地所产要硕大甜美。导致这种差别的主要原因恐怕不是桃的品种或栽培技术等可传播因素，而应是吐鲁番地区在土壤、日照等方面生长环境更为优越这一非传播因素。由此说明，吐鲁番地区产桃条件充分而又极其现实。

那么是什么因素导致史学界的偏见呢？笔者认为最直接的问题当出在史料上。通观历代典籍，可以看到其记述域外史实形成一种习惯，那就是往往抓住中原少见的新奇事物重点描述，相反对自己熟悉的东西却轻描淡写甚至忽略不计。例如，各史书记述高昌物产往往大谈葡萄（或葡萄酒）、羊刺、白盐等，而对出土文书中频繁出现的桃、杏、梨、枣等则少有反映；其文化、制度沿袭中原，就用“其风俗政

① ［美］劳费尔：《中国伊朗编》，林筠因译，第369—370页。

② 参见闵宗殿《中国农业科技史年表（三）》，《农业考古》1985年第1期；孙云蔚主编：《中国果树史与果树资源》，上海科技出版社1983年版；等等。

③ 参见林培钧《天山野果林在人类生态和果树起源上的地位》，《农业考古》1983年第1期。

令与华夏略同"[①] 一笔带过。这种记述方法往往掩盖了人们所熟悉的重要事物和史实，从而造成一种错觉。作为中西文化传播的枢纽之地，葡萄和桃树在吐鲁番地区确实都有种植，但是由于史书记载强调葡萄而忽略了桃杏，这就掩盖了桃杏西传的史实，甚而导致后人将出土文书中的"桃"字一概指为葡萄的结果。如果深究起来，这又与人们的认识习惯不无关系。从心理学角度讲，新奇和变化是引起和维持人们注意的重要因素，越是人们未曾见识或者造成环境变化的事物，越能引起人们的关注，使人们付以足够的注意力；相反，人们身边那些长期存在且无较大变化的事物往往造成人们的视觉和心理疲劳，使人们熟视无睹。正因为如此，葡萄作为新奇的域外之物进入人们的视野，给人们的生活带来新的内容，并以不断的流动影响各个地区，由此引起人们的长期关注；而桃作为中原物种在人们心里已无新奇之感，它的外传也未给中原社会造成多大变化，在域外这种东西更不如当地方物能够引起中原行者的注意，这样桃的西传就在人们心目中给淡化了。

这是一个饶有趣味而又发人深思的问题。几乎在同一过程中流动着的文化个体，却为诸多因素影响而在人们的历史视野中留下不同的划痕，甚至形成假象掩盖了某些史实，导致人们忽略了重要的历史过程，忽略了东西文明交流中常有的"双向互动"规律。它启发我们，在考察历史问题时务必更加留心被假象掩盖了的事物，这样才能全面地看待问题，正确地总结规律。正如吐鲁番的桃与葡萄，我们只有既关注葡萄又注意到了桃子，才能比较全面地看待当时中西文化交流的状况，也才能揭示文明交流过程中不断互动的规律。

原载《暨南史学》第5辑，暨南大学出版社2008年版。

① 《隋书》卷83《高昌传》。

岭南“陶瓦筑堵”说试解

探讨岭南建筑发展史，前人首先提起的是宋璟教民“陶瓦筑堵”的史实。《新唐书》载，开元三年（715）璟做广州都督，“广人以竹茅茨屋，多火。璟教之陶瓦筑堵，列邸肆，越俗始知栋宇利而无患灾”[①]。据该条史料记述，似乎岭南地区至盛唐始有砖瓦技术，而此后砖瓦建筑在岭南很快普及，以至于再无火患。其实砖瓦技术在岭南的传播远非这么简单。笔者钩稽史料，试从其传播过程、背景因素两方面对岭南砖瓦建筑发展史作以梳理和诠释。

一　砖瓦技术在岭南的传播过程

考察砖瓦技术在岭南地区的传播过程，可以发现至迟在秦末这一过程已经开始，并非到盛唐才得发端。而其传播过程也相当漫长和复杂，大致有从宫廷和官府向民间、从核心城市广州向地方州县两种传播趋势，经历了以下几个阶段。

（一）秦末砖瓦技术在岭南地区的初步传播

砖瓦技术传播岭南应以秦代大规模开发为条件。统一中原地区以后，秦始皇经略南粤之地，当时大量征发“诸尝逋亡人、赘婿、贾人”为士兵，[②] 后又“以谪戍民五十万戍五岭，与越杂处”[③]。这些南

① 《新唐书》卷124《宋璟传》，第4391页。

② （汉）司马迁撰：《史记》卷6《秦始皇本纪》，中华书局点校本，第179页。

③ 《资治通鉴》卷7始皇帝三十三年条，中华书局1956年版，第242页。

下的民众身份复杂，为数众多，极容易维持原有的生活习惯和技艺，从而为砖瓦技术的南传奠定了基础。

至迟至秦末时期，砖瓦技术已传播到岭南地区。考古发掘中所发现的南越王国时期的大量砖瓦遗物，可以为此提供充分的证据。南越砖从1975年出土南越宫署砖石走道起陆续有所发现。其砖型规格多样，有方形、长方形、梯形、三角形、扁平弧形及长方条形空心砖、包角砖等。就烧制质量而言，多胎质硬，火候高，制作也精，明显为窑内烧制。南越瓦早自20世纪30年代起就有发现。先是在广州市东山区龟岗寺背底瓦窑遗址，曾出土了一批瓦当；后来在中山四路南越宫署遗址，出土了更具代表性的瓦件，不但为数众多，而且种类丰富，板瓦、筒瓦、连当瓦和折腰瓦等都有发现。①

图1　南越王公署的铺地方砖
（67厘米×67厘米）

图2　南越国板瓦
（51厘米×38厘米）

资料来源：广州市文化局编《广州秦汉考古三大发现》，广州出版社1999年版，第129、137页。

不过，必须指出的是，这一时期岭南地区的砖瓦业尚存许多局限，主要表现在：

第一，应用仅限于宫廷建筑。

南越砖瓦主要出土于南越宫署遗址，而在其他地方则罕有发现。同时瓦窑遗址出土遗物以"万岁"瓦当和带文字瓦居多。"万岁"瓦

① 广州市文化局编：《广州秦汉考古三大发现》，广州出版社1999年版，第108、128页。

当显然是南越王模仿中原帝王建制的产物。就带文字砖瓦而言，其中工匠所做的印记铭文能表明自身身份或所属机构的可分以下几个类别：一是“左官××”，如“左官奴兽”“左官卒犁”“左官卒窟”“左官侈忌”等；二是“右官”；三是“右冢”；四是“官×”，如“官节”“官伎”等；五是“官”字、“公”字；六是“奴×”，如“奴利”等。此外还有“右贫”等类。由此可以看出，这些工匠或为官奴，或为卒吏，很可能就是秦王朝经略岭南时所征发的罪犯、贫民和将吏的后裔。他们处于官府的直接管理之下，那么其所从事的砖瓦业应为官营，生产目的则是为南越宫廷服务。这种经营机制限制了砖瓦技术的普及和发展。

图3　“万岁”瓦当（直径16厘米）

图4　“左官奴兽”铭文

图5　“左官卒犁”铭文

图6　“右官”铭文

图7 "右冢"铭文

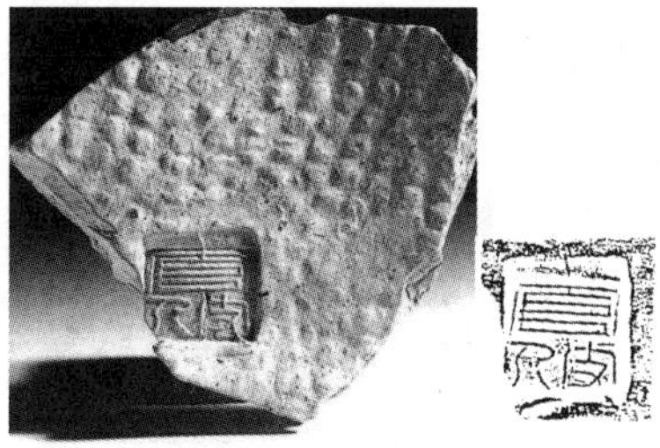

图8 "官伎"铭文

图9 "官"字铭文

图10 "奴利"铭文

资料来源：广州市文化局编：《广州秦汉考古三大发现》，广州出版社 1999 年版，第 159、160、163、164、165、169、166 页。

第二，砖瓦多铺于道路、地基、屋面等，用于筑堵做墙者少。

分析考古实物可知，出土的南越砖尽管数量、种类不少，但其多数显然并非用在房墙上的。其中占了绝大多数的方砖，以 67 厘米 × 67 厘米为最常见，某些边长甚至有 90 多厘米，显然无法用于砌墙，而是铺地用的；扁平弧形砖专门用于垒砌井壁；包角砖专门用来保护宫殿台基四角，其他像带榫卯的砖也显然是用在建筑结构中必须衔接的部位。至于长方形砖，其数量非常少，与垒砌墙壁的用量根本无法比拟。笔者认为，尽管当时砖瓦技术已由秦人带至岭南，但是在建筑应用上又受到岭南地方资源的限制和风俗习惯的影响，即使宫殿的墙壁很可能也多用竹木而非砖瓦，甚至其建筑主体都是竹木结构的。

第三，砖瓦技术传播范围仅限于南越政治中心——番禺。

无论文献记载还是考古资料都表明，秦末汉初砖瓦技术只是初步传播到岭南地区的政治中心——番禺，即今天的广州市部分市区。而在其他地区，尚未见砖瓦技术传播的痕迹。

（二）唐代砖瓦技术推广到广州民居

唐朝时期，随着海上丝绸之路的兴起，岭南地区特别是广州的政治经济地位获得进一步提高。由此，中原王朝越来越重视岭南地区的开发。无论是出镇广州的朝廷大员，还是贬流岭南的官吏名士，他们或改革吏治，或移风易俗，都曾对岭南地区的发展做出过贡献。这一形势，促成砖瓦技术在岭南地区的重大发展。其主要标志就是，广州民居开始采用砖瓦技术。

岭南民居初以竹茅做楼、蒲葵覆屋[①]为流行形式。《旧唐书》云："广州旧俗，皆以竹茅为屋。"[②] 这种建筑形式存在一种致命的缺点，即竹木蒲葵为易燃之物，每当夏季燥热之时，经常引起火灾，而且一旦火起，就会将大片房屋焚烧无余。正如颜真卿在宋璟神道碑铭中所描绘："彼之风俗，兢趋苟简，茅茨竹檐，比屋鳞次，火灾岁起，煨烬无余。"[③] 到唐代，广州城市建设已有很大发展，人口增多，房屋密集，每有火灾，损失应是相当惨重的。为了清除这种严重的灾患，一些官吏首先在广州大力倡导建筑改革，促使广州民居开始由竹茅结构向砖瓦结构过渡。李翱记述杨於陵改革岭南风俗，称其"撤去蒲葵，陶瓦覆屋"[④]。

在广州民居的这场变革运动中，以下几位著名人物曾起到重大倡导作用。

一是在武则天至唐玄宗时期名重一时的宰臣宋璟。宋璟，邢州（今河北邢台）人，精于吏治，颇有政绩。开元二年（714），曾"坐

---

① 宋人朱翌认为岭南用来覆盖屋顶的蒲葵其实是棕榈（参见朱翌《猗觉寮杂记》卷上，广雅书局，清光绪二十五年）。

② 《旧唐书》卷96《宋璟传》，第3032页。

③ （唐）颜真卿：《有唐开府仪同三司行尚书右丞相上柱国赠太尉广平文贞公宋公神道碑铭》，《全唐文》卷343，中华书局1983年版，第3478页。

④ （唐）李翱：《唐故金紫光禄大夫尚书右仆射致仕上柱国宏农郡开国公食邑二千户赠司空杨公墓志铭》，《全唐文》卷639，第6449页。

小累为睦州刺史”，三年“徙广州都督”[①]。在广州都督任上，他整肃制度，革除鄙俗，大得岭南民众的爱戴和中央政府的重视。经过玄宗皇帝的批准，人们为他竖立遗爱碑以颂扬其功德。据载，宋璟在广州“率人版筑，教人陶瓦”[②]，主要是针对房屋比较密集的商业区，大力“改造店肆”[③]。当时改造规模很大，很快“千甍齐翼，万堵皆兴”[④]。改革之利也很快显现出来，“室皆涂塈，昼游则华风可观；家撤茅茨，夜作而灾火不发”[⑤]。可见，在宋璟倡导下所发生的这次变革开始真正深入到民间。

二是唐德宗在位时期（780—805）任岭南节度使的李复。[⑥] 李复字初阳，族系李唐宗室，为淮安靖王李神通曾孙，以门荫入仕。在岭南节度使任上，他惩治赃官，平定叛乱，同时“教民作陶瓦，镌谕蛮獠”[⑦]，曾为岭南地方稳定和发展做出贡献。

三是唐宪宗在位时期（806—820）曾任岭南节度使的杨於陵。“元和初……出为岭南节度使。辟韦词、李翱等在幕府，咨访得失，教民陶瓦，易蒲屋以绝火患。”[⑧] 杨於陵这次变革也有较大力度，广州城区从此“遂无火灾，民赖以安”[⑨]。

砖瓦技术在广州民居中的传播和普及至少持续了唐代百余年的时间。从宋璟改造商业店铺开始，并历经了地方官吏的多次倡导，最终促成了广州城市建设的巨大变化。这里还必须强调的是，以上史料都

---

① 《新唐书》卷124《宋璟传》，第4391页。

② （唐）张说：《广州都督岭南按察五府经略使宋公遗爱碑》，《全唐文》卷226，第2288页。

③ 《旧唐书》卷96《宋璟传》，第3032页。

④ （唐）颜真卿：《有唐开府仪同三司行尚书右丞相上柱国赠太尉广平文贞公宋公神道碑铭》，《全唐文》卷343，第3478页。

⑤ （唐）张说：《广州都督岭南按察五府经略使宋公遗爱碑》，《全唐文》卷226，第2288页。

⑥ 《佩文韵府》卷51之二，陶瓦条曰：“《唐书·宗室传》：齐物字道用，为岭南节度使时，教民作陶瓦。”以为教民作陶瓦者是李复之父齐物，误。

⑦ 《新唐书》卷78《李复传》，第3533页。

⑧ 《新唐书》卷164《杨於陵传》，第5032页。

⑨ （唐）李翱：《唐故金紫光禄大夫尚书右仆射致仕上柱国宏农郡开国公食邑二千户赠司空杨公墓志铭》，《全唐文》卷639，第6449页。

说明唐代砖瓦技术的传播还仅限于广州城内，而并非在整个岭南地区迅速普及。这样，《新唐书·宋璟传》所言就难经推敲，盛唐时期既非越俗了解砖瓦技术之始，更非岭南从此再无火灾之患。

（三）宋代砖瓦技术向各州县传播

大致从宋朝时起，岭南地区因不断开发而继续发展，社会经济文化都有了不小的进步，逐步摆脱荒蛮落后的状态。这一时期，有相当一批地方官吏在各州现县大力倡导推行砖瓦式建筑，教民陶瓦，甚至身体力行，自树榜样。从此，砖瓦技术开始由核心城市向各州县蔓延渗透，影响层面日益广泛。仅赵宋一朝来看，就可见类似许多例了，较著名者有：

（1）曹克明在桂州（治所在今广西桂林）：大中祥符年间（1008—1016）知桂州，"州人覆茅为屋，岁多火。克明选北军教以陶瓦，又激江水入城，以防火灾"①。

（2）丁谓在崖州（今海南崖县）：乾兴元年（1022）七月，丁谓被贬崖州司户参军。"丁谓既窜珠崖……既至贬所，教民陶瓦。先为公宇，次营所居之第。为小楼，日游其上，阅书焚香，怡然以自得。"②

（3）刘宜言在邕州（治所在今广西南宁）："（元丰二年即1079年三月）戊子，管勾广南西路常平等事刘谊言：邕州官舍民居悉以茅覆，兼兵火之后，边城楼橹未备，乞集陶匠烧瓦，运宜州木板，置溪峒竹，盖公私屋宇，庶绝火患。从之。"③

（4）苏缄在廉州（治所在今广西合浦）：约在熙宁元年即1068前夕，苏缄"知廉州。屋多茅竹，戍卒杨禧醉焚营，延烧民庐，因乘以为窃。缄戮之于市"④。因为意识到火灾的严重性，他也曾请人向当

① 《宋史》卷272《曹克明传》，中华书局点校本，第9318页。

② （宋）王君玉：《国老谈苑》卷2，文渊阁《四库全书》第1037册，台湾商务印书馆1986年影印本，第878页。亦见于（宋）曾慥《类说》卷45《圣宋掇遗》"教民陶瓦"条，上海古籍出版社1993年版。

③ 《续资治通鉴长编》卷297元丰二年三月条，中华书局1995年版，第7223页。

④ 《宋史》卷446《苏缄传》，第13156页。

地百姓传授烧制砖瓦的技术。有史料记述说：“廉民用茅竹为屋，多火灾。缄饬民陶瓦……”①

（5）邓酢在梅州：“邓酢，字宾礼，始兴人。……（绍兴年间即1131—1162）知梅州，教民陶瓦筑室，以绝火患。”②

（6）苏轼在惠州：绍圣四年（1097），年已六十二岁的苏轼被贬岭南，流落惠州。他在《与毛泽民推官书》中说道：“寓居粗遣，本带一幼子来。今者长子又授韶州仁化令，冬中当挈家至此。某已买得数亩地，在白鹤峰上，古白鹤观基也。已令斫木陶瓦，作屋三十许间，今冬成。”③

以上史料证明，在宋代岭南不少州县已有砖瓦技术传播，至少在其治所城内已经有人在陶瓦筑堵了。这时候砖瓦技术的传播已有重大推进，但显然仍未达到在岭南地区普及的地步。

（四）明代砖瓦建筑在岭南广泛出现

到明代，砖瓦式建筑以多种形式并且更为频繁地出现在广西各地乃至南部边境一带。例如，永乐十四年（1416）监察御史黄宗载巡按交趾（永乐五年即1407年设省，辖今越南中、北部），“令三司募官伐材陶瓦，不半年营房皆覆瓦”④。这是以砖瓦建造营房。天顺年间（1457—1464），庆远（今广西宜山）知府周一清以砖瓦改造城楼，“各门城楼与沿城串楼皆易材一新之，覆以陶瓦”⑤。成化四年（1468），富川知县韦忠等，“伐木于山，陶瓦于野，鸠工聚材”，重修县学。⑥ 成化五年（1469），贺县“召土木、灰石、陶瓦诸工”⑦，

① （明）黄佐：《广东通志》卷47，广东省地方志办公室1997年誊印本，第1171页。

② （明）黄佐：《广东通志》卷48，第1205页。

③ 苏轼著，孔凡礼点校：《苏轼文集》卷53，中华书局1986年版，第1527页。

④ （清）谷应泰纂：《明史纪事本末》卷22，中华书局1977年版，第354页。

⑤ （明）章纶：《重建庆逺卫城楼关堡记》，（清）汪森编《粤西文载》卷23，广西人民出版社1992年版，第2册，第174页。

⑥ （明）袁衷：《富川县学记》，（清）汪森编《粤西文载》卷27，第2册，第297页。

⑦ （明）袁衷：《贺县学记》，（清）汪森编《粤西文载》卷27，第2册，第296页。

并广泛筹集募捐以修缮县学。成化十二年（1476），太平府（治所在今广西崇左西北）“抡材琢石，运甓陶瓦，财罔民征，开廓地基”[①]，拓建城隍庙。成化十三年（1477），河池州（今广西河池）重建治所，“伐木陶瓦，恢拓旧制”，“以次第建为廨宇，而一新之”[②]。正德十六年（1521），靖江国主施财派官，“程工市材，陶瓦砖埴”[③]，修复桂林宁寿古刹。当然最有意义和影响的还是嘉靖八年（1529）梧州民居的改革活动，上下官吏群策群力，缜密筹划，将政策与教化相配合，使当地民居很快过渡到砖瓦结构。

明代砖瓦技术之所以传播如此迅速，一方面是当地官吏采取了比较有效的措施。他们多以政府拨款、官民捐资等方式筹划经费；以官府主持、招雇工匠等方式建设工程；以法令与教化两相配合的方式统一思想，效果都非常明显。梧州官吏改革民居时，“其令民自今皆易竹庐为瓦屋，力不足者官为赀给助之，能以义倡为凡民先者旌之，有不如令者罚之，甚者籍其地而墟之。于是乃发窑戍千人，命中军监制砖瓦。凡累数十钜万，恣贫民所易取。令藩臬使者以意行之，行之郡县。五阅月而镇城外内居民无敢复为竹舍矣”[④]。这种措施相当得力。另一方面是当时岭南地区社会经济的发展。到明代，岭南经济开始发达，制陶业也已兴起，为砖瓦烧制奠定技术条件。学术界明确认为：“明代制砖技术有了很大的发展，砖的产量剧增，已成为一种并不昂贵的建筑材料，因此它被普遍地运用于民居、宫殿、庙宇、城墙等建筑上。”[⑤] 尽管岭南地区地较偏远，但其砖瓦技术的传播也明显更加广泛和深入了。

---

① （明）黎淳：《太平府城隍庙碑》，（清）汪森编《粤西文载》卷39，第3册，第159页。

② （明）冯俊：《河池州治记》，（清）汪森编《粤西文载》卷23，第2册，第85页。

③ （明）徐淮：《重修宁寿寺碑》，（清）汪森编《粤西文载》卷41，第224页。

④ （明）林大春：《肇造全镇民居碑》，（清）汪森编《粤西文载》卷44，第3册，第290页。

⑤ 中国科学院自然科学史研究所主编：《中国古代建筑技术史》，科学出版社1985年版，第167页。

二　影响砖瓦技术在岭南传播的主要因素

以上史料显示，砖瓦技术在岭南地区的传播极其缓慢。从秦末汉初南越宫廷使用砖瓦技术到广州民居陶瓦立堵，就经历了近千年时间。再从广州这一中心城市向各州县逐步普及，又经历了至少数百年的时间。在砖瓦技术艰难传播的背后，隐藏着多层面的影响因素。撮其主要，岭南地区的资源环境、经济条件和风俗习惯等都起到一定作用。

（一）岭南地区自然环境的特殊性

岭南地区雨水丰沛，植被稠密，地多竹木茅茨。用于房屋楼台，竹木茅茨容易搭建，且省钱省力。对于一般百姓来讲，节省尤为重要。这是岭南民居长期流行竹楼茅屋的一条重要原因。

与此类似，中国南部广大地区也曾流行竹木结构的建筑。如湖北一带，"荆俗不理室居，架竹苫茅"①；"襄人不善陶瓦，率为竹屋"②。江西一带，洪州（治所在今江西南昌）"屋居以茅竹为俗"③；"会昌民素不知井饮，汲于河流，故多疾疠；不知陶瓦，以茅覆屋，故多火灾"④。江苏一带，扬州"惟是比户向系茅舍"⑤。浙江一带，临安府（治所在今浙江杭州）"市皆茇舍"⑥。四川一带，剑州（治所在今四川剑阁）"郡当两山间，民架竹为茅屋，依山而居"⑦。云南一带，

① （唐）元稹：《故金紫光禄大夫检校司徒兼太子少傅赠太保郑国公食邑三千户严公（彦）行状》，《全唐文》卷655，第6665—6666页。

② 《宋史》卷300，第9967—9968页。

③ （唐）杜牧：《江西观察使武阳公韦公遗爱碑》，《文苑英华》卷870，第4590页。

④ （明）宋濂：《元史》卷164，第3854页。

⑤ （宋）郑兴裔：《郑忠肃奏议遗集》卷上《请蠲扬州缗钱疏》，文渊阁《四库全书》第1140册，第197页。

⑥ （宋）周必大：《文忠集》卷69《九宝文阁学士通奉大夫赠少师梁公神道碑》，文渊阁《四库全书》第1147册，第730页。

⑦ （宋）范祖禹：《范太史集》卷42《朝奉郎郭君墓志铭》，文渊阁《四库全书》第1100册，第464页。

“官民居以草覆之，无陶瓦，小民以竹为楼”①。之所以如此，“以其价廉而工省也”②。

不过，与以上地区相比，岭南一带又有不同之处：一是开发相对较晚，植被保留较好，竹木资源更加丰富；二是地处热带，气候常年温暖，无须坚墙厚壁御寒；三是环境闷热潮湿，住在竹楼茅屋更有利于透风散热。这些使得南粤居民对竹木结构的建筑钟情难舍。值得指出的是，即使到了明朝，岭南某些州县仍然没有出现向砖瓦结构过渡的趋向。例如，《明一统志》记述，封川一带“俗荒陋，市肆无陶瓦”③。黄佐《嘉靖广东通志》提到，肇庆府“市无陶瓦”④。

（二）岭南地区经济条件的限制

砖瓦技术的传播和应用，是以社会经济的发展为前提的。因为砖瓦的烧制成本较高，耗资较巨。特别是在技术条件方面，砖瓦烧制建立在制陶技术的基础上。在制陶技术不发达的情况下，砖瓦烧制无由发展，砖瓦建筑也就难以普及。在中国历史上，岭南地区是经济发展较晚的地区。发达的海上对外贸易因是官方朝贡贸易，多与岭南当地社会无关。而岭南地区的百姓生活，在较长时期处于比较贫苦的状态。同时与五岭以北地区相比，岭南制陶业兴起较晚，而且发展不够充分，这使得砖瓦技术和砖瓦建筑缺乏推广和普及的力量。

（三）南粤居民风俗习惯的影响

与其他地区不同，岭南长期处于荒蛮状态，居民生活比较原始，由此形成一种简朴和苟安的观念和风气。颜真卿在宋璟神道碑中就强调“彼之风俗，競趋苟简，茅茨竹檐，比屋鳞次”。即使是在州县城镇里，民风依然如此。如“梧州为东南重镇，实两省冠裳之会，三军所出，四民聚焉。……其俗尚简朴，无高堂华屋之观。盖自官府学宫

① （明）谢肇淛：《滇略》卷9，文渊阁《四库全书》第494册，第224页。

② （宋）王禹偁：《小畜集》卷17《黄州新建小竹楼记》，文渊阁《四库全书》第1086册，第167页。

③ （明）李贤等纂：《大明一统志》卷81，三秦出版社1990年影印本，第4971页。

④ （明）黄佐：《广东通志》卷51，第1536页。

之外，率多竹庐以蔽风雨”。一般民众“惮费惜劳而安于陋习”，“乃欲为一切目前之计以苟岁时，卒有不便于已即委而去之，视弃其居如弁髦然”[①]。即使房屋被火焚毁，他们还会依前搭建，而从不考虑变革建筑结构。

三　结论

通过以上考察可以说明，岭南地区砖瓦技术的传播和建筑形式的发展呈现出特有的历史轨迹。它并非像《新唐书·宋璟传》中所说的那么简单，而是经历了一个相当漫长和复杂的历程。尽管早在秦末业已奠定基础，但其推广和普及比较迟缓；特别是民居部分，甚至到明代仍有某些州县仍然处于竹茨茅屋状态。究其原因，是受自然环境的特殊性、经济条件的限制和风俗习惯的影响。

原载《暨南史学》第6辑，暨南大学出版社2009年版。

① （明）林大春:《肇造全镇民居碑》,（清）汪森编《粤西文载》卷44，第3册，第290页。

吧城唐番通婚与中外文化冲突及融合

——以吧城华人公馆档案资料为基础

唐番通婚，历来是中外文化交流的重要渠道。通过这一渠道，中外文化得以亲密接触，产生激烈碰撞，亦导致深度交融，从而促进着文明发展。在该问题上，吧城地区表现得尤为突出。吧城，即今印度尼西亚首府雅加达，中国史籍称为交留吧、加留吧或噶喇叭（吧）等，荷兰殖民者建立城堡后称为巴达维亚，简称吧城、吧国。作为主要华人移民地区之一，吧城华人社会具有典型的代表性。在前人成果中，包乐史、吴凤斌《18世纪末巴达维亚唐人社会》（厦门大学出版社2002年版）及陈萌红《在中国传统与荷兰殖民体制之间：19世纪巴达维亚的华人婚姻》（《南洋资料译丛》2004年第2期）、聂德宁《18世纪末—19世纪中叶吧城华人与当地民族的关系》（《南洋问题研究》2005年第2期）等文涉及吧城华人婚姻问题，而纪宗安、张雪《18—19世纪吧城华人婚姻状况研究——〈公案簿〉婚姻案件分析》（《世界华侨华人研究》2008年第1辑、2009年第2辑）从吧城华人婚姻习俗、观念等方面进行了探讨。笔者则选择唐番通婚这一视角，分析促成其通婚的背景因素，所呈现的通婚类型和结构，探讨其中所存在的文化冲突和融合现象，从而反映中外文化交流在海外所呈现的态势。

一　吧城唐番通婚的背景因素及类型结构

在吧城，唐番通婚在华人社会极为普遍。那么，究竟是哪些因素促成了这种异族通婚的大量产生呢？

（一）唐番通婚的背景因素

吧城是早期接纳华人移民东南亚的较早地区之一，与明代相当时期这里已经形成一定规模的华人社会。特别是在 1619 年荷兰人占领该地之后，殖民当局为开发经济而千方百计招诱华人，促使更多华人移民入境，以至于华人成为这里所占比例最大的居民。值得注意的是，出于拓荒垦殖的需要，吧城所招纳的华人基本都是青壮年劳动力。在某些时期，荷印政府甚至把华人移民限制在掌握专门生产技术的“匠人百工”范围之内。① 同时，海上航行的风浪颠簸和吧城的艰苦环境等因素也不便于华人妇女移民入境。据《开吧历代史记》载，在吧地建城之后长达 200 年的时间里，仅有一位华人妇女直接从中国移民入境，当她跟随丈夫登岸之时，一度轰动整个吧城。② 这件事情被清朝当局获知后，“有司拘究领载妇人出口之人，连累被杀者数人”③，可见当时中国政府也严禁妇女移民国外。因此，华人移民群体性别结构严重缺失，没有唐番通婚华人社会无以为继。

此外，还有一些因素值得注意。一是华人居住的分散性。学界传统认为吧城华人聚居城内，集中性非常强。然而笔者据吧城华人成婚注册存案簿统计，在 1775 年 100 位华人的结婚登记中新郎居住区多达 37 处，除了中港仔、圣墓港、八茶罐、结石珍和吧城大南门外和西门外等处，其他均在 4 人以下，且 1—2 人者最多。在 1808 年 116 位华人和 1809 年 143 位华人的结婚登记中，新郎居住区更是多达 60 和 64 处，而且再也没有像 1775 年中港仔有 16 位华人结婚那么集中的现象，1—2 人的区域相应更多了。可见，除了部分华人聚居在少数

① 参见刘永连《从〈公案簿〉新客资料看中国与巴达维亚之间的技术交流》，《海交史研究》2008 年第 1 期。

② 纪宗安、张雪《18—19 世纪吧城华人婚姻状况研究〈公案簿〉婚姻案件分析》以人口数据分析了吧城华人男多女少的特征，不赘。

③ （清）佚名：《历代开吧史记》康熙三十八年条，荷兰莱顿大学馆藏 1723 年手抄本。笔者所凭该抄本复印件以及尚未整理面世的吧城华人成婚注册存案簿等资料皆蒙厦门大学吴凤斌教授所赐，在此谨表感谢。

几个区域外，恐怕多是分散开来与其他民族杂居的，[①] 而且伴随移民人数的增多，华人居住呈不断扩散趋势。档案资料还显示，更多华人散居到吧城远郊甚至偏远的乡村，而且结婚比较自由，根本不作登记。[②] 分散居住乃至杂居，无疑会加大唐番通婚的概率。二是华人重男轻女的传统思想。17 世纪西方人对吧城这样描述："华人几乎都是有子无女，难得在他们家见到一个女儿。我对此非常奇怪，想知道这是怎么一回事，但百思不得其解。后来，我与一个华人交上了朋友，才知道他们残暴野蛮地溺杀女婴的方法。为了达到这个目的，华人一发现妻妾肚子大了，就把她锁在屋内，这样，除非是生下个儿子，否则外人就不知道她分娩之事。我曾以性命担保，起誓绝不泄露半点秘密，才能得知其中奥秘。"[③] 溺杀女婴只留男婴无疑会加重华人群体中性别失调的现象，从而也成为华人与异族通婚的重要因素之一。三是荷印殖民当局的政策。17—18 世纪，殖民当局非常重视华人在开发吧城中的主力军地位，在大多数时候允许甚至鼓励华人与当地土著通婚。清人顾森在描述这一阶段吧城情况时说，女子嫁给华人可以免赋，因而华人船至，常有老媪携带少女，艳妆求售。[④]

（二）唐番通婚的主要类型和结构

就其通婚类型而言，华人男子与土著妇女结婚是吧城唐番通婚的

① 有些华人居住情况可以从其地名显示出来，如"乌鬼巷""阿鬼巷"、番人鉴光（"鉴光"，即村庄或城市居民区之意，参见袁冰凌、[法] 苏尔梦校注《公案簿》第 2 辑附录，厦门大学出版社 2004 年版，第 435 页）等，应该是当地土著或其他非华人民族聚居之地。

② 当地华人称乡村为"山顶"，从吧城去乡村为"上山"，资料显示一些华人在山顶居住，而当主审官问及当初结婚情况时，当事人辄称"山顶人哪有婚字?"（"婚字"，闽南话，结婚证书），可见散居乡村的华人通常是不作结婚登记的（原始资料见于 1825 年 5 月 27 日《承内澹命查复婴甘媚控伊外孙黄玉娘逃走一案》、1827 年 3 月 23 日《吴开二人呈控黄乔四》、1834 年 2 月 28 日《雷珍兰杨汉官详，为罗月娘求给婚字》等）。

③ [德] 克里斯托费尔·弗里克、克里斯托费尔·施魏策尔：《热带猎奇——十七世纪东印度航海记》，姚楠、钱江译，海洋出版社 1986 年版，第 34 页。

④ （清）顾森：《甲喇吧》，王葆心《虞初支志》卷 2，人民日报出版社 1997 年版。

主流。在东印度公司统治印度尼西亚的近二百年间，吧城“华人的成年女性人口主要来源于与华人通婚的当地妇女”[①]。土生华人与华人新客及其他种族男女结婚也是值得注意的类型。华人新客指从中国内地移民过来的华人，为纯粹华人血统无疑。土生华人即前代唐番通婚的混血儿（女称“侨生女”，男称“峇峇”），是不同于华人和土著的中间性质群体。那么，“侨生女”与华人新客及其他民族男子的通婚、“峇峇”与土著女子的通婚都可以算作华人与异族通婚的不同类型。此外，还存在华人妇女与番人私通的事实婚姻形式。据笔者考察，18世纪末至19世纪初的吧城《公案簿》资料记录了38起华人女性与番人私通案件，已婚妇女与番人私通案有30起，占了79%，其中与土著私通有25起，占了66%。

如果从地域角度来考察，华人所娶女子除了“侨生女”多为吧城人外，土著女子则来自外地。如雷珍兰高根官家，小妾春梅、罗果是武讫人，或称武吃人、布吉斯人，该族主要分布于今印度尼西亚苏拉威西岛南部望加锡等地；吗哰是猫厘人，即巴厘人，该族主要分布于今印度尼西亚巴厘岛等地区；春桂、冬菊、当寅是暹罗人，该族主要分布于暹罗即今泰国。还有一位已经出走、处于离异状态的妻子黄志娘，是万兰人，亦称万唠人、班达人，该族主要居住于今班达群岛。《公案簿》中还有不少吧城华人从武讫、猫厘等地购买妾的案例。西人行记描述，吧城“华人的妻妾多是从巴厘岛和望加锡买来的女奴，皮肤不太黑，呈黄褐色，身材短小而匀称”[②]。

就婚姻结构而言，吧城华人家庭呈现比较复杂的情况。由于华人经济状况要比土著居民好得多，较有条件易婚或者纳妾，比较富有和有身份的华人往往妻妾成群。如高根官共有五妻（分别是李荫娘、陈审娘、郭瑞娘、黄志娘，一位佚名）、六妾（分别是罗果、春梅、吗哰、冬菊、当寅、春桂）。甚至有西人云：“只要养得起，他们要多少

---

① 聂德宁：《18世纪末—19世纪中叶吧城华人与当地民族的关系》，《南洋问题研究》2005年第2期。

② ［德］克里斯托费尔·弗里克、克里斯托费尔·施魏策尔：《热带猎奇——十七世纪东印度航海记》，姚楠、钱江译，第33页。

妻妾，就可以有多少。”① 在相对贫穷的华人家庭，也有纳妾现象，或者私娶野合妻子进门，但更多是易婚再娶，或者在外面私通和另养女人。同时，吧城华人也可以与女仆生儿育女，宠爱有加时则解除其奴婢身份，转为正式的婚姻关系。如高根官就与春梅、罗果、吗咩等几位女婢育有子女，因而在遗嘱中要付其出身即解除其奴婢身份，并分给其财产，授权其抚养子女。这样，在吧城华人的家庭结构中，就包括了主人与正妻、主人与小妾、主人与女婢等几种婚姻关系。

通过多种类型的通婚，加上多种地缘和婚姻结构，吧城华人与异族之间形成复杂的婚姻关系。而这种复杂的婚姻关系，导致其文化冲突和融合都非常激烈和明显。

二　多层面的文化冲突

吧城唐番通婚渗透着复杂的历史因素，当地华人所面对的不仅仅是深受伊斯兰文化熏陶的爪哇土著，还有西方殖民势力扩张背景下移民而来的欧洲种族和东南亚其他民族，文化差异既显，政治影响也大。这使得吧城华人在与异族广泛通婚的同时冲突频起，并呈现在多个文化层面上。

（一）宗教和习俗层面的冲突

由于阿拉伯移民的影响，明朝以降在东南亚地区伊斯兰教逐步取代佛教等其他宗教而流行起来。《海岛逸志》载，爪亚（哇）人“食不设筯，以手掬之，以牛为享，不食猪犬，女子脚不缠，面不施脂粉，首不簪花，衣不带领，裙而不绔。男子则衣有领，鬓簪花，身有绔，可谓颠倒反背矣”②。可见，他们的伊斯兰信仰是十分虔诚和严格的。宗教信仰的差异特别是伊斯兰教强势的教规制约，在穆斯林土著

① ［德］克里斯托费尔·弗里克、克里斯托费尔·施魏策尔：《热带猎奇——十七世纪东印度航海记》，姚楠、钱江译，第33页。

② （清）王大海著，姚楠、吴琅漩校注：《海岛逸志》卷1《西洋纪略·爪亚风土拾遗》，第30—31页。

与非穆斯林华人之间划出一道极深的鸿沟。19世纪初曾在南洋游历的华人旅行家谢清高称，华人与当地土著“各类自为风气，不相混也”①。在唐番通婚问题上，有学者分析到，无论是在荷兰东印度公司统治时期还是荷印殖民政府统治时期，吧城华人男子之所以选择巴厘或者布吉斯、暹罗等地女子作为妻妾，“除了这些女子乖巧貌美、善解人意并能持家之外，更为深层的因素在于这些女子在宗教信仰上多位信奉印度教和佛教，与华人在生活习俗上能够相互适应，不会发生冲突”②。这从反面反映出吧城华人与爪哇土著因宗教差异存在隔阂。

在《公案簿》中，伊斯兰教称为“失畓”，由马来语“Slam”转译而来。从华人公堂对一些纠纷的处理上可见，华人对伊斯兰教和穆斯林土著持以严格区分和明显对立的态度。

首先，平时生活中华人对穆斯林群体就抱着两不相干，井水不犯河水的态度。以1833年1月25日华人公堂审理杨柏娘乞养番人为子案为例，荷印政府地方官挨实嗹曾于和（荷兰）1833年1月22日致书公堂云：

> 在和1832年10月23日有杨柏娘乞养番人猫媚（亦名爸唠领）之子（名奎炳）为已子，但必依失畓成规，祈公堂详察唐人有此条规否耶？而柏娘系唐人，何欲养失畓之子为子，且欲从失畓成规？有所未解，特以相质。③

文中所谓“失畓成规”，指的就是伊斯兰教的教规；而所谓“依失畓成规”，即皈依伊斯兰教。由于杨柏娘申请领养的儿子是穆斯林土著且必须以加入伊斯兰教为前提，公堂会议断然回复：“据杨柏娘

---

① （清）谢清高口述，杨炳南笔录，安京校释：《海录校释》噶喇叭条，商务印书馆2002年版，第128页。

② 聂德宁：《18世纪末—19世纪中叶吧城华人与当地民族的关系》，《南洋问题研究》2005年第2期。

③ 聂德宁、侯真平、［荷］包乐史、吴凤斌校注：1833年1月25日《承挨实嗹命，委查杨柏娘乞养番人为子事》，《公案簿》第3辑，厦门大学出版社2004年版，第53—54页。

原有掌戏，则养此子欲以习戏，所供是实。至欲养为己子仍从失畓成规，唐人断无此规例。"①

其次，如果涉及婚姻，华人公堂态度则更为强硬，把华人与穆斯林通婚视为叛逆行为。如 1847 年 6 月 25 日刘己娘再醮案，公堂会议判决：

> 论我唐人规例，为父母者，为其女主婚只是一次而已。及后若欲再醮，任从伊女所选何人，但务必不可玷辱祖宗方可。若是背籍改姓，伊父及伊宗亲有所阻止，则自不可。今已娘欲入失畓，便是背籍改姓，玷辱祖宗，如何其可也？况在前经付林如日为妻，伊父亚二亦经甘愿，且己娘尚有一女，年方四岁。本堂细思：其所恳不得承受，宜仍归林如日为是。……凡唐番人等宜各守其道，免致乱籍，以伤风化。②

公堂认为刘己娘改嫁穆斯林就是"背籍改姓"，"玷辱祖宗"，可见问题的严重性。

再如 1849 年 6 月 8 日朱喜淡入伊斯兰教一案，华人女子朱喜淡幼年丧父，在姨母——土著妇女茄诗的抚养下长大成人，后来其同胞兄长朱毛讫欲将其寻回。但是朱喜淡已经习惯土著生活，在公堂几次表示"不愿归唐人"，"不愿从祖妈朱才娘"，而"甘愿入失畓"，"回归鉴光岩望与微微③茄诗居住"。公堂断然驳回，认为"照我唐规例，朱喜淡尚在闺女，不得自专入失畓；况伊母已经身故，须归伊兄朱毛讫为是"④。

最后，一旦华人与穆斯林介入婚姻，其文化冲突则在家庭里激烈

① 聂德宁、侯真平、［荷］包乐史、吴凤斌校注：1847 年 6 月 25 日《刘己娘再醮》，《公案簿》第 3 辑，第 54 页。

② 吴凤斌、［荷］陈萌红、［荷］包乐史、聂德宁校注：1849 年 6 月 8 日《朱喜淡入伊斯兰教一案》，《公案簿》第 5 辑，厦门大学出版社 2005 年版，第 153 页。

③ 微微，马来语 Bibi 音译，指姨妈、姑妈、婶母之类。

④ ［荷］包乐史、刘勇、聂德宁、侯真平、吴凤斌校注：《公案簿》第 6 辑，厦门大学出版社 2006 年版，第 76—78 页。

地表现出来。以1845年5月9日“陈澳夏、陈良娘兄妹控亡父丧服未满而遭母徐梅娘私通之土著雇工里富殴打一案”为例，陈氏兄妹控云：“晚等父死未寒，家母遂背籍从番，与乌发里富通奸。见晚祭祀有用猪肉，里富将物抛去地下，声言怒骂，而且用手束晚之颈。伏乞究治。”里富则云：“贱素常在伊厝开戈丕亚朗[①]，因澳夏兄妹有买猪肉到家中烹调，贱对他有云，此肉务必另下别处，恐番人犯嫌，戈丕不能笑市。耐他不听，贱用手推去……”尽管还有街区头目叶丁五和华人最高首领妈腰都证实徐梅娘与里富私通的罪行，但是这一纠纷的关键并不在于私通，而是涉及宗教习俗的一场激烈冲突：陈氏兄妹为祭祀亡父买了猪肉回家，但伊斯兰教俗禁猪肉，穆斯林里富不允许陈氏兄妹在家里烹煮。结果双方相争致使陈氏兄妹受害。公堂会议判决：

> 论徐梅娘伊夫丧服未满而养奸夫番人，此系干犯我唐人规例，其罪一也；暗匿番奸在伊家将近一年而无报默[②]，其罪二也。若论里富久宿梅娘之家，无请知默氏亦不得为无过。祈将二人明罪其罪，以警后来。又，梅娘既已承认与番人通奸，弃我唐规例，本堂细思，其儿女四人：陈澳夏、陈良娘、陈金娘、陈信育，理宜付伊该亲陈劝率归抚养为是，免被伊母付入失畓。[③]

从中可知，徐梅娘与土著私通，已破坏了华人社会的规矩，而将信仰和习俗差异极大的奸夫藏匿家中将近一年则更是罪上加罪。为了使华人家庭免受伊斯兰教的影响，公堂特别强调，必须剥夺徐梅娘抚

---

① 戈丕亚朗：咖啡店。

② “默”，默氏之简称，马来语 Bek、荷兰语 Wijkmeester 的简略音译，意为区长、街长。1685年，殖民者仿照荷兰人聚居区管理方式在华人街区设置区长，俗称“甲首”。19世纪以后，随着吧城华人人口的增多，在华人居住的各街区通皆设有街区负责人，管理本街区治安，相当于中国保甲制度中的地堡、保长、甲长之类（参见聂德宁、侯真平、［荷］包乐史、吴凤斌校注《公案簿》第3辑，第353页）。

③ 侯真平、聂德宁等校注：1845年5月9日《承挨实嗹命，查勘详复陈澳夏、陈良娘兄妹控亡父丧夫未满而遭母徐梅娘私通之土著雇工里富殴打一案》，《公案簿》第4辑，厦门大学出版社2005年版，第117页。

养子女的权利，将其四个儿女交付陈氏宗亲抚养。

以上案例显示，宗教和习俗差异往往成为华人与土著冲突的导火索。

（二）伦理和道德层面的冲突

华人在中国深受礼教熏陶，讲究传统伦理道德。1847 年 12 月 3 日华人公堂规定了唐人 19 条规矩，其中居家礼仪 8 条规矩（一是，孝友于父兄，尊敬于母婶；二是，朝夕须当问安；三是，出必告，返必面；四是，所为必有常；五是，步履须仔细；六是，出言须和顺；七是，尊上敬长，卑以自牧；八是，含忍宽容，毋得角口）、处世礼仪 11 条规矩中的 8 条（一是，勿交淫朋；二是，勿耽饮酒；三是，勿见利忘义；四是，勿损人利己；五是，父兄须当钦敬子弟，且宜教笃；六是，交关务必忠厚，接任须有礼；七是，出入不可妄昧，持己当以恭；八是，所行道路，男左女右）[①] 等都是伦理规矩。具体到婚姻和男女关系方面，华人对女性的礼仪约束尤其严格，这成为华人与异族构成文化差异的一个重要层面，也是华人与番人之间酿成纠纷的主要原因之一。

据华人公馆档案资料看，吧城华人特别重视女子行为准则，普遍讲究“三从四德”，而且依旧用“七出之条”约束已婚妇女。如处理吴丙娘私奔案，华人公堂认为当事人触犯了“七出之首”[②]。这些规矩都是其他民族所没有的。再具体到日常行为准则上，华人家庭中的女子一般要在家老实主厨或做女红，不能随便出行；而番人家庭中的女子则行动自由，白天晚上都可以随意出门。这使得土著女子在嫁入华人家庭后两不适应，产生纠纷。如 1847 年 3 月 12 日张亚元叫伊妻徐庚娘案、1847 年 4 月 9 日陈盖叫伊妻林掬娘案、1850 年 8 月 23 日黄饭与沈银娘离婚案等，都起因于家庭妇女“日日好游在外，不顾中馈之事”“不顾儿女之情”“在外遨游、赌博，不顾体面”“私出归宁”“并无通知”“每日与番人聚谈歹语”等情。[③] 即使所谓私通案，

---

① 吴凤斌、［荷］陈萌红、［荷］包乐史、聂德宁校注：《公案簿》第 5 辑，第 229 页。

② 同上书，第 397 页。

③ 聂德宁、侯真平、吴凤斌、［荷］包乐史等校注：《公案簿》，第 105、122、157、179 页；《公案簿》第 7 辑，厦门大学出版社 2007 年版，第 36 页。

其实不少案例应该定性为番人女子本已习以为常的出门活动。例如，1847 年 12 月 29 日黄水生控告其妻谢月娘一案，黄水生供云："讵料他（她，指谢月娘）经数次外出，不知往何处所，又昨夜自七点出去，至十点回家。"① 1848 年 8 月 11 日陈右控告其妻谢活娘一案，陈右所言："为拙妻自戊（戊申，道光二十八年，1848）五月廿六日，对晚云要同伊母往寻老君②服药，至次日不回。晚即往四处寻觅，并无踪影。及至唐七月初一日方回家。"③

在贞节观念上，唐番差别则更为突出。华人讲究女人要对丈夫忠诚，婚姻上从一而终，平时尤其忌讳男女私通。然而其他民族无此理念，在男女关系上比较随便，这些也影响着拥有土著民族血缘的侨生女群体。如李喜控告其妻林新娘案，由于林新娘趁丈夫出城做生意时，经常私自夜宿番人街区，私通番人，公堂认为："新娘不守名节，每赴桑间之约，常为濮上之游，大伤礼仪，理所难容。"④ 再如许坛控告其妻萧柔娘案，由于萧柔娘私自离家出走，改嫁番人数年之久，其夫斥其"不守妇道，丑声耐闻"；旁观者认为其"无半点唐人妇范"，公堂官员则认为萧柔娘"亦经改节属番"，背离了华人社会。⑤

需要强调的是，出于对破坏贞节者的嫉视，华人公堂往往加以严惩，主要有挂牌示众、藤条责打、禁闭拘留、判其离婚等方式。如李艳娘私奔案（1790）中，因李艳娘多次私奔，最后由公堂判定，"至第三日礼拜五下午四点钟，甲必丹大（指甲必丹王珠生）请列位雷珍兰到洪溪（吧城重要华人社区之一）齐会，着达氏将李艳娘押在唐人鉴光，沿街藉打，示众警省"⑥。黄浩娘私奔案（1846）中，黄浩娘

---

① 吴凤斌、[荷] 陈萌红、[荷] 包乐史、聂德宁等校注：《公案簿》第 5 辑，第 247 页。

② 老君，马来语 Dukun 音译，指医生。

③ 吴凤斌、[荷] 陈萌红、[荷] 包乐史、聂德宁等校注：《公案簿》第 5 辑，第 343—344 页。

④ 袁冰凌、[法] 苏尔梦校注：《公案簿》第 2 辑，第 60—62 页。

⑤ 同上书，第 397 页。

⑥ [荷] 包乐史、吴凤斌校注：《谢道忠叫李艳娘》，《公案簿》第 1 辑，厦门大学出版社 2002 年版，第 349 页。

和拐诱者诺呼民被一体惩罚，挂牌莉责示众。[①] 再如吴丙娘私奔案（1847—1848），由于吴丙娘多次私奔，同时顾及怀有身孕，公堂申请挨实嗹先后将其拘禁了 4 天、6 天。[②] 郑维娘私奔案，郑维娘出走、私从番人三个月，公堂判定："维娘理宜挂牌，游唐人鉴光示众。若挨实嗹要查勘细详，可随时吊讯音勿兰之女，若获真情，责音勿兰与郑维娘一体同罪。"[③]

（三）种族和政治层面的冲突

18 世纪起，荷印政府加强了殖民统治。它采取民族分治的政策，于 1717 年颁布了"唐人不得入番"的法令；[④] 1745 年又制定"居留区条例"，划分唐番区界，并"严禁华人伊斯兰教徒与普通华人混居"[⑤]，将普通华人与穆斯林及其他民族隔离开来。1837 年，吧城当局又颁令严禁华人新客出行吧城以外各地区。[⑥] 此外，荷印殖民政府还炮制种族优劣谬论，实施民族等级制度。1847 年 9 月 6 日挨实嗹在致华人公堂的公文中强调："荷兰更胜于所居亚地[⑦]之唐人者也。唐人虽富有，而荷兰有受命可居此地，唐人系羁旅，不过附居而已，故唐人终不得比于荷兰，须自认本份，当在正荷兰之下。"[⑧] 该文同时埋怨华人由于致富而僭越等级，敕令妈腰"如何能以法度感化诸唐人，庶免过分，以从旧法"[⑨]。为维护等级制度，荷印政府更多是施以

---

① 侯真平、聂德宁、［荷］包乐史、吴凤斌校注：《承挨实嗹命，查勘祥复陈滔控妻黄浩娘私从土著诺呼民一案》，《公案簿》第 4 辑，第 241—242 页。

② 参见吴凤斌、［荷］陈萌红、［荷］包乐史、聂德宁校注《公案簿》第 5 辑，第 223—225、256 页。

③ 聂德宁、侯真平、［荷］包乐史、吴凤斌校注：《公案簿》第 3 辑，第 260 页。

④ 参见聂德宁、侯真平、吴凤斌、［荷］包乐史、刘勇校注《公案簿》第 6、第 7 辑前言。

⑤ Van Der Chijs, Jacobus Anne, *Nederlandsch-Indisch Plaksstbook, 1602 - 1811*, Vol. 5, pp. 315. Batavia/Den Haag, 1855 - 1900.

⑥ 侯真平、聂德宁、［荷］包乐史、吴凤斌校注：1846 年 6 月 13 日《公堂奉书进谏，为解除唐人新客通往州府禁令》，《公案簿》第 4 辑，第 278—280 页。

⑦ 亚地，亦作爪亚、爪鸦、Java，地名，指爪哇岛。

⑧ 吴凤斌、［荷］陈萌红、［荷］包乐史、聂德宁校注：《公案簿》第 5 辑，第 211 页。正荷兰，当指纯欧洲血统的荷兰人。

⑨ 同上。

严刑峻法。成书于1820年的《海录》记述，“（噶喇叭）民情凶暴，用法严峻。华人有殴荷兰番者法斩手，戏其妇女者法绞”[①]，堪为佐证。

民族隔离和等级制度在吧城留下民族对立和歧视的烙印。就华人而言，公堂在处理案件时始终坚守“唐番分治”的规矩；日常管理街区则注重立法约束，曾颁布《唐人鉴光[②]规约三条》，规定“番人夜间不得携利器入唐人鉴光，又不得披挂纱囊”等。[③] 在民族等级地位上，华人也自认为“各宜尊敬于荷兰为是”[④]，并于1847年议定规矩19条，对华人在家、出行以及衣服饮食、接人待物等方面都明确规定了行为准则。同时对待土著民族也与荷兰人一样存在民族歧视心理，如在妈腰陈永元控告梅花一案中，土著戏子梅花由于以华人打扮外出而遭告发，华人公堂判其“拘禁责罪，以警后来”[⑤]。

这种对立和歧视情绪也在唐番通婚过程中时时体现出来。1788年蔡明捷与荷兰人女婢劳吉申请结婚案中，公堂行文云：“况数年前土库（办公处）内上人（荷兰行政长官）有出示，不许番、唐结婚。”[⑥] 显然荷印政府曾明令禁止华人与异族结婚。1766年荷印政府公告亦重申：“一般来说，不准唐人与伊斯兰教的人结婚，不论是男是女。实际上，信佛教的唐人不能与伊斯兰教女子结婚，此事武直迷要注意。”[⑦] 前述“唐人不许入番”的法令，也限制了吧城华人与爪哇土著的通婚。而华人也认为，“凡唐番人等宜各守其道，免致乱籍，以伤风化”[⑧]。特别是在华人女子与番人通婚问题上，华

① （清）谢清高口述，杨炳南笔录，安京校释：《海录校释》噶喇叭条，商务印书馆2002年版，第128页。

② 马来语Kampung音译，乡村、村落之意。唐人鉴光即华人聚居村落或街区。

③ ［荷］包乐史、吴凤斌校注：《公案簿》第1辑，第84—85页。

④ 吴凤斌、［荷］陈萌红、［荷］包乐史、聂德宁校注：《公案簿》第5辑，第212—213页。

⑤ 同上书，第216页。

⑥ ［荷］包乐史、吴凤斌校注：《公案簿》第1辑，第72页。

⑦ 转引自［荷］包乐史、吴凤斌《18世纪末吧达维亚唐人社会》，厦门大学出版社2002年版，第39—40页。

⑧ 吴凤斌、［荷］陈萌红、［荷］包乐史、聂德宁校注：《公案簿》第5辑，第153页。

人多持反对和鄙视态度。如萧柔娘改嫁番人、刘已娘申请嫁给番人迦于等案，华人定性为“改节”“改姓”“乱籍”“背籍”，显然带有种族主义的色彩。

即使已经嫁给华人，进入华人家庭的土著女性，也多少受到民族歧视。从家庭地位而言，土著女子位居侨生女之下。从1845年11月14日陈神才起诉朱日娘违约将侄女陈芳娘付人为妾案①、1846年6月20日陈玉娘控诉小姑邹黎娘不许其看视和携归小儿案②等案看，按华人规矩侨生女不允许被纳为小妾，而土著妇女与侨生女共处则只能拥有偏房名分。其地位基本等同于女婢，可以被随时买卖。如果丈夫去世，土著妇女很少有权处置家产，甚至没有抚养、教育儿女的权利。例如在妈开山申请由自己抚养幼子邱继山的案件中，邱继山的叔父邱亚三认为“彼妈开山系是番婆，安能识唐人规矩”，公堂由此剥夺了妈开山抚养亲生儿子的权利。③ 另外从许多案例还可看出，华人家庭中的土著女性一旦离婚或另嫁，其子女之监护和抚养权毋庸争辩地要归男方所有；如遇男方去世或者无力抚养等情况，公堂则宁肯将其转交男方族人，而不允许母亲将子女带走。

种族血缘影响到华人家庭妻、妾地位关系的变化。早期由于基本都是从土著民族中买来的，妻、妾的地位差异不大，都可转售别人，且名分并不固定，只是习惯按主人喜好保留一位作为正房传宗接代。17世纪较早客居吧城的克里斯托费尔·弗里克记述：“当某个华人死后，他的继承人便将他所有的妻妾再度出售，仅留下死者生前最钟爱的一人，按照遗嘱给予自由，列为正房，其所生子女也就被承认为是真正的华人。”④ 后来侨生女群体发展起来，因带华人血统而较受看重，一般要明媒正娶，立为正妻。从此，妻、妾名分开始固定，地位

---

① 参见侯真平、聂德宁、［荷］包乐史、吴凤斌校注《公案簿》第4辑，第195—197页。

② 同上书，第284—285页。

③ 参见吴凤斌、［荷］陈萌红、［荷］包乐史、聂德宁校注《公案簿》第5辑，第293页。

④ ［德］克里斯托费尔·弗里克、克里斯托费尔·施魏策尔：《热带猎奇——十七世纪东印度航海记》，姚楠、钱江译，第34页。

也悬殊起来。在《公案簿》资料中，我们可以看到许多案例是妻子控告丈夫不养家小、赌博吸毒、私养女人等罪，且能得到公堂支持；或因遭受虐待、婆媳不和而要求离婚，也得到公堂调解或准离。从一些争夺遗产①和子女抚养权②的纠纷处理看，一般情况下妻子是可以拥有继承遗产和抚养子女的权利的。可见正妻已被赋予主人地位，趋于与丈夫平等。小妾则不然，如 1826 年 2 月 9 日何水生卖弟媳邱娘娜于荷兰人案③，1846 年 9 月 2 日陈江水起诉李山、邱翰娘夫妇卖女为妾违约案④等案，这些小妾仍与女婢的地位差异不大，随时可以被买卖。同时，一些较受宠爱且与主人育有子女的女婢，在身份上则基本等同小妾。如高根官的女婢春梅等是在高临终前才解除奴婢身份的，但能够继承遗产、抚养子女。

三　在冲突中走向融合

伴随唐番通婚之发展，吧城华人与异族居民之间融合趋势更是明显。

（一）婚姻关系愈加复杂

在吧城，华人与异族的通婚是多层面的，从族群上讲，既有与东南亚土著的广泛通婚，还有与荷兰人、英国人等欧洲民族的通婚；从形式上讲，则包括明媒正娶的登记结婚、无证野合的自由婚姻、将女仆赎身纳妾的辅助婚姻以及由私奔、私通、拐匿等方式形成的事实婚

---

① 如 1844 年 11 月 29 日《林秋水起诉叔父林福贵、姑母林顺娘侵占父祖遗留房产份额案》（侯真平、聂德宁、[荷] 包乐史、吴凤斌校注：《公案簿》第 4 辑，第 25—26 页）、1845 年 8 月 4 日《林守约、林义明遗产纠纷案》（同上校注：《公案簿》第 4 辑，第 149—150 页）、1846 年 1 月 16 日《杨传娘诉求撤销大伯陈国顺代理亡夫遗产案》（同上校注：《公案簿》第 4 辑，第 212—213 页）等。

② 如 1848 年 5 月 12 日《妈开山叫邱亚三案》（吴凤斌、陈萌红等校注：《公案簿》第 5 辑，第 293 页）。

③ 参见袁冰凌、[法] 苏尔梦校注《公案簿》第 2 辑，第 294—296 页。

④ 参见吴凤斌、[荷] 陈萌红、[荷] 包乐史、聂德宁校注《公案簿》第 5 辑，第 17—22 页。

姻。这种多层次的通婚，使得华人与异族家庭之间形成错综复杂的婚姻关系，主要表现为：在华人与番人之间，即使在极小的人口空间里也逐步构成了多重的婚姻关系；同时在原来仅仅是番人女子介入华人家庭的传统通婚方式之外，出现华人女子（特别是带有华人血统的侨生女）介入番人家庭的通婚方式。

1. 唐番之间构成多重婚姻关系

从妇女个体而言，许多妇女由于再婚经历，曾先后与华人、土著多人结婚，成为多个华人和土著家庭中的成员，生育了带有多种民族血统、属于不同民族群体的诸多子女。如娶甘媚控伊外孙女黄玉娘逃走一案中，甘媚曾提到自己的再婚经历：

> 婢原系蔡家女婢出身，随沈阿孟五年，生一男一女，男不育，女即沈邦娘，嫁黄新客为妻（生黄玉娘，年已16岁）。后阿孟身故。三年后，婢再随李阿敢，生二男，一夭亡，一即李文生。及文生年七岁，阿敢身故，停二年，婢再随于番人宝连甘媚，至今已十七年。①

再如王山、黄娇娘离婚一案中，据供述黄娇娘本来已与王山成婚25年，"生育儿女甚多"，但是在王山因盗窃罪被判坐牢期间，黄娇娘"弃儿私奔"。先是"私奔陈森一年"，"而森弃世，后二年与番人茄音苟合"，并且"怀孕将娩"②。

从家庭单位而言，不少家庭与华人、荷兰人和土著穆斯林都有婚姻关系。如刘已娘再醮案，据刘已娘供述：

> 氏年19岁，与前夫管亚才结发无给婚字（婚字，即结婚证书），只一年而拙夫离氏而去，有遗下一女名管劳丕娘，才三

---

① 袁冰凌、［法］苏尔梦校注：1825年5月27日《承内澹命直复娶甘媚控外孙女黄玉娘逃走一案》，《公案簿》第2辑，第205页。

② 参见聂德宁、侯真平吴凤斌、［荷］包乐史校注《公案簿》第7辑，厦门大学出版社2007年版，第228—230页。

个月，付家父刘亚二抱归抚养，迄今年登四岁。及后氏从与和兰人结为野合，经数月，至氏患病回家，讵料家父不容氏入室。无奈即住鉴光广东，依居番迦于之厝，以为养病之计。因氏感伊母调治兼给诸衣食所费，无以为报，所以愿入失奋嫁与迦于。①

而据其父刘亚二等供述，刘己娘在申请嫁给穆斯林之前已经由其父做主再嫁华人林如日，并与其同居数月。此外刘己娘还提到，“兼家母本是失奋人”。可见在其家庭中，父亲刘亚二是华人，曾娶土著穆斯林女子为妻，所生女儿刘己娘为侨生女，曾先后嫁给华人和荷兰人，现在又要加入伊斯兰教嫁给穆斯林迦于。

再如1824年6月28日沈桂娘、朱秀娘、林春娘三人私奔荷兰人案，沈桂娘之父为华人，沈父与已婚妇女苏来娘（不明民族血统）同居；其姐嫁给荷兰人，据称比较富贵；其女婢碧莲与不知主人的女婢亡仔应该都是土著身份，且与荷兰新娆②高密等熟悉，并曾招诱沈桂娘等与其私通。后来，有荷兰人驾驶马车乘夜接应沈桂娘三人。可见某些华人家庭与土著、荷兰等民族都有密切关系。③

2. 华人妇女与番人通婚者逐渐增多

伴随不同民族群体交往日渐频繁和接触日益密切，出现华人妇女改嫁番人的现象。特别是来自土著民族的华人妇女，与土著有着血缘关系，熟悉并亲近土著生活，因而对改嫁番人习以为常。如吴丙娘、吕亚二离婚案：华人女子吴丙娘原嫁吕亚二为妻，但后来趁吕患病与荷兰人毛洛私通，在其家内同居三个月之久。在1847年5月21日被吕亚二告上公堂，公堂责成吴丙娘思过，由其父收留。④ 然而，吴丙

① 吴凤斌、［荷］陈萌红、［荷］包乐史、聂德宁校注：1847年6月25日《刘己娘再醮》，《公案簿》第5辑，第153页。

② 葡萄牙语Senhor、马来语Sinyo的音译，是对欧洲或欧印混血男孩的称呼。

③ 参见袁冰凌、［法］苏尔梦校注《公案簿》第2辑，第4—9页，《承副美色葛移会，为闺女沈桂娘同朱秀娘、林春娘三人逃走一案》。

④ 参见吴凤斌、［荷］陈萌红、［荷］包乐史、聂德宁校注：《公案簿》第5辑，第148—149页。

娘继续与毛洛同居，并与吕亚二屡构事端，到1848年12月22日先后五上公堂请求离婚，公堂几经拘留禁闭责罚无效，最后只得判离。[①]萧柔娘出走案：萧柔娘“逃出而嫁番人，今已数载”，可见其改嫁番人已成事实。[②]王山、黄娇娘离婚案：黄娇娘与土著茄音“苟合”二年，且已怀孕，“誓死不归”[③]。

自18世纪末起，吧城开始出现未婚华人女子私奔或要求嫁给番人的案例。比较典型者有1790年7月30日辜日生妻妹李艳娘多次私奔案，该女先被居住在嘧喳唠厝口[④]的宰猪荷兰（荷兰屠夫）拐匿，寻回后被许配于华人谢道忠，但此后仍然“不思改过”，1790年10月1日又“被卖花番私诱奔逃”。反映出华人妇女对番人并不陌生，甚至更倾向于与番人共同生活。[⑤]1824年6月28日沈桂娘、朱秀娘、林春娘三人私奔荷兰人案，华人未婚女子沈桂娘通过身为奴婢的土著女子碧莲、亡仔与荷兰人私通，并招诱一同寄居在娄沈六（疑为花船主）、苏来娘家的朱秀娘、林春娘，乘夜集体私奔，逃至惹呀毛吃（在雅加达与胶老旺之间），准备嫁给荷兰人。[⑥]1849年朱喜淡入伊斯兰教一案，华人女子朱喜淡声明“经被顺叻入失畬籍，改换其名喜喃”，“兼与失人[⑦]已经许定亲事”[⑧]。与改嫁妇女不同，这些未婚的华人女子都是带有华人血统的侨生女，她们与番人的婚姻促成华人血缘成分直接注入番人群体，可谓是唐番民族融合的新发展。

---

① 参见吴凤斌、[荷]陈萌红、[荷]包乐史、聂德宁校注：《公案簿》第5辑，第189—191、223—225、239、256、396—397页。

② 参见袁冰凌、[法]苏尔梦校注《公案簿》第2辑，第397页。

③ 参见聂德宁、侯真平、吴凤斌、[荷]包乐史校注《公案簿》第7辑，第228—230页。

④ 嘧喳唠，马来语bicara音译，诉讼、审案、商议的意思。嘧喳唠厝，指荷印殖民政府的地方法院。

⑤ [荷]包乐史、吴凤斌校注：《为城内辜日生妻妹李艳娘存案》，《公案簿》第1辑，第313页；《谢道忠叫李艳娘》，第349页。

⑥ 袁冰凌、[法]苏尔梦校注：《承副美色葛移会，为闺女沈桂娘同朱秀娘、林春娘三人逃走一案》，《公案簿》第2辑，第4—9页。

⑦ 失人，即失畬人，指伊斯兰教徒。

⑧ [荷]包乐史、刘勇、聂德宁、侯真平、吴凤斌校注：《公案簿》第6辑，第76—78页。

此外，还有一种婚姻形式值得注意，即比较贫穷的华人男子入赘到女方家里，特别是入赘到番人家里。道光年间陈乃玉《咬口留吧赋》云："十有七家，招夫赘婿，千而万鼎，酿蔗成糖。"[①] 这种婚姻形式无疑与华人妇女与番人通婚具有同样的意义。

（二）唐番杂居程度加大

首先，不少华人移入番人居住区。如1833年2月10日《李选娘叫其夫林天麟》案记录，李选娘、林天麟及该区头领林皆等无疑都是华人，但是他们所居住的乌鬼巷[②]则是因集中居住乌鬼（印尼东部皮肤较黑的土著居民）而得名的土著居民区。[③] 再如1846年9月11日《吕亚满叫林平娘、廖亚灶》案中记述，原告吕亚满"住实滑巷，番默呠礤界内"，显然住在一个以番人为主的居民区。被告林平娘、廖亚灶显然同是华人，也住在该区内。[④] 1847年11月12日《邱渊福叫伊妻范金娘》案中记述，华人邱渊福白天在家捉奸之后，直接"拿到番默茄微请知"。该居住区既然也以番人为首领，而且居住着以表演东南亚土风舞为生的土著居民，显然也是一个番人居民区。[⑤] 从一些经济纠纷案例还可看出，不少华人租赁土著居民的房屋、土地栖身和生产。如合劳劳诉林东生案记录，"番合劳劳叫林东生（住西门）：'为欠和1846年8月24日至11月24日止，计三个月厝税，每月3.5盾，共雷10.5盾，伏乞追究。'"[⑥] 亚务猫葛爱室诉赖亚辰案记述，番人亚务猫葛爱室受然爱室委托，向华人赖亚辰追索1847年9月份起至1948年4月份共8个月、32盾的房租。[⑦] 另有1848年1月22日盒律唠蜇诉傅祯祥、1848年3月2日呭立然爱室诉林呭钫等许多案

---

① 参见（清）佚名《历代开吧史记》，第2页。

② 乌鬼巷，原指葡萄牙人的混血后裔的聚居地，在吧城唐人区的东南面，仅当地还有一座"葡萄牙教堂"。其居民，为印尼东部的居民，因肤色黝黑，华人称之为"乌鬼"。

③ 参见聂德宁、侯真平、［荷］包乐史、吴凤斌校注《公案簿》第3辑，第64页。

④ 吴凤斌、［荷］陈萌红、［荷］包乐史、聂德宁校注：《公案簿》第5辑，第29—31页。

⑤ 同上书，第222页。

⑥ 同上书，第108—109页。

⑦ 同上书，第312页。

件，都是因华人欠缴土著房租而引起的纠纷。再如怒诗也、盒律啉吗控刘亚广欠地租一案记录，“番婆怒诗也并其子盒律啉吗”与被告人刘亚广“俱在鉴光啉画勿杀”居住，显然是一个土著居民区。据华人公堂反映，“盖在界外诸唐人所居住者，或唐番交加，或唐夫妇角口，皆无投告本堂，擅自往请默氏，而默氏遂请于公勃垄[①]”[②]，由此推想，大量华人在土著居民区所发生的纠纷因公堂无法知晓而乏记录。

其次，有些华人甚至定居到吧城以外的“山顶”亦即土著居民比较集中的乡村。如娶甘媚控伊外孙女黄玉娘逃走一案提到，华人黄新客居住在距吧城60公里以外的望加寺二百戈地，只是将女儿黄玉娘寄居在吧城，委托其岳母娶甘媚照料。他还解释说：“因山顶邻家皆番人，恐其不识礼仪，因此寄在外家，不时往来……”[③] 再如朱喜淡入伊斯兰教一案述明，华人朱定居住在吧城以外的芝弄蓴地鉴光岩望，娶当地番婆茄勃为妻，生子名毛讫、女名喜淡。后来朱定夫妇相继身故，毛讫、喜淡兄妹由祖父照料。朱毛讫供述，“因在山顶无利路，是以家祖父邀晚下城[④]寻觅利路，则舍妹喜淡托付微微茄诗看顾”[⑤]。还有卢占娘起诉林天赐案，记录林天赐、卢占娘夫妇居住在江口，是为“山顶”之地，状文曰：“氏与拙夫结发于今七年，并无生产。乃拙夫再娶一番婆为妾，宠爱已极，视氏如草芥，无端辱骂，逐氏下城，谁能忍耐？氏故下城与母同居，以针指度日，计之两年，而拙夫置之不闻，又无分文寄来。”[⑥] 文中显示卢占娘娘家本来在吧城华人区内居住，属于华人携家迁居城外的类型。再有陈顺英、李求生离婚一案，陈氏诉云：“氏与拙夫李求生结发于今十二年，只生一男不育，而拙夫往居山顶（地名芝唠叻）计之五年，兼娶妈曾之女，绝无

① 公勃垄，荷兰语 Commandant 音译，指地方防卫长官。

② 吴凤斌、［荷］陈萌红、［荷］包乐史、聂德宁校注：1847年9月28日《挨实嗹致书唐人应尊长敬上与公堂立唐人规矩》，《公案簿》第5辑，第212页。

③ 袁冰凌、［法］苏尔梦校注：《公案簿》第2辑，第205页。

④ 下城，闽南话，进城。

⑤ 参见［荷］包乐史、刘勇、聂德宁、侯真平、吴凤斌校注《公案簿》第6辑，第76—77页。

⑥ 参见聂德宁、侯真平、［荷］包乐史、吴凤斌校注1843年12月15日《值月公馆雷珍兰郑若思官、高俊杰官详卢占娘叫伊夫林天赐》，《公案簿》第3辑，第238—239页。

看顾于氏……乞判分离。”苏伴娘叫伊夫陈其殷一案，言及陈其殷成婚后因“在（吧）城并无利路，故觅利于山顶，为徐茂松之财副”，15个月内仅有5个月在家中居住，“其余至今俱在山顶”①。可见有些华人由于在吧城婚育不顺或需要出外谋生，撇去原来家庭而到城外土著社区定居甚至再娶。

最后，资料显示有番人在华人居住区杂居的迹象。如牛郎沙里一地属于华人聚居区和公墓区，但在1844年6月7日华人公堂讨论修整此地的公文中提到，“据牛郎沙里该默供云：‘在此地头内，番人居住约计65名。’”② 再如把杀务朗也是一华人社区，但在陈密娘叫夫谢太山案中，被告供述发现妻子与人私通的情由时说，“因本月廿三夜十点钟，适晚守在更寮，而在邻番（名皆）来报有一唐人入晚之厝……”文中“在邻番”一词，编者释为“闽南话，意为当地土著邻居”。可见至少有一家土著居民与谢氏夫妇毗邻而居。③ 另外，在吴密被杀案中，从其邻居戴节，默氏戴荣、严金水，甲头陈皆，更寮人陈二生、甘朝老、曾水等情况看，这是一个华人社区。但吴密深夜被杀，目击和听闻此事者中也有土著居民。其妻戴流娘也是进入华人群体不久的土著妇女，因其提到无法听懂华人语言：“晚八点钟之时，有唐人三人到氏家中与拙夫坐谈，因所谈系说唐话，氏不知说甚话。”④ 在一起荷兰人殴打华人案中，荷兰人厘律吗逸、茄南吗逸兄弟与其舅媚哎三人，在华人居住区结石珍与华人发生冲突，伙同白人十余人追打至雷珍兰陈启准公司之内。当时目击者中不但有华人，也有不少土著如: 于味、: 于兰、丝温、乌拔厘蛮等人。⑤ 生活在华人界内的番人除了嫁入华人家庭的番婆妻妾外，还有不少以姻亲、雇佣等

① 吴凤斌、［荷］陈萌红、［荷］包乐史、聂德宁校注：《公案簿》第5辑，第177页。

② 聂德宁、侯真平、［荷］包乐史、吴凤斌校注：1844年6月7日《承挨实嗹命，公堂嚓喳唠续议牛郎沙里塚地修整清洁事》，《公案簿》第3辑，第307页。

③ 同上书，第306页。

④ 袁冰凌、［法］苏尔梦校注：1826年10月30日《奉缎挨实嗹命，查讯吴密被杀案》，《公案簿》第2辑，第357—360页。

⑤ 吴凤斌、［荷］陈萌红、［荷］包乐史、聂德宁校注：《喱律吗逸等叫陈启准甲》，《公案簿》第5辑，第335—342页。

关系而在此定居者，前者俗称为“番仔亲”，后者由马来语音译为“龟里”。比较典型者有吴恩起诉土著工人老唠若与女儿吴珠娘私通一案，据云“此老唠若系吴恩之亲戚”，因“与吴恩之子吴天止作龟里”[①] 而在华人居住区乌褒土库租房居住，结果与吴珠娘日久生情。[②]

（三）唐番交往愈加频繁，构成复杂关系网络

在吧城唐番之间，以姻亲关系和邻里关系为基础，日常交往愈加频繁，涉及社会各个领域，构成了错综复杂的关系网络。

首先，涉入经济领域，主要形成以下关系网络：

其一是货物交易关系。华侨擅长经商，主要从土著手里购买当地原料性物产，如蚋屎、甘蔗等，加工成蜡烛、蔗糖等成品转售；[③] 或粟米、丁香、肉蔻等直接出售外地；[④] 有时还从土著或荷兰人手里购买土地等生产资料。[⑤] 同时，华人也把各种各样商品销售到土著和欧洲人手里。掌握生产技术的华人工匠出售自己加工生产的牛皮、砖瓦、食油、布匹、蔗糖、草灰以及船只、马车等产品，而纯以货贸谋生的华人商贾则出售从外地运来的丝绸、咖啡、茶叶、金银、铁器等商品。例如，商人朱深的一份出货单，计有上红布 10 匹、黄白青职 25 匹、红大褛 2 戈里、点绣冬岸 3 劳、点绣纱郎 2 戈里；红西仔职 3 匹、红冉务职 5 匹、大目褛 2 戈里；并记录番人蛮律媚兰买去西仔冬

① 亦作苦力、咕哩等，马来语 Kuli、英语 Coolie 音译，意为雇工、重体力劳动者。

② ［荷］包乐史、刘勇、［荷］包乐史、吴凤斌校注：《公案簿》第 6 辑，第 28—31 页。

③ 蚋屎，闽南话，即蜡油。据（印尼）林天佑《三宝垄历史（1416—1931）》记述，在吧城和三宝垄一带华人一般从土著手里购买牛油，形成规模很大的制蜡业。这在吧城华人公馆公案簿中也有显示，详见袁冰凌、［法］苏尔梦校注《公案簿》第 2 辑，第 102 页等。同时公案簿显示华人多设蔗厂，从土著手中购买或自己开园种植甘蔗，用以制造蔗糖出售。

④ 参见吴凤斌、［荷］陈萌红、［荷］包乐史、聂德宁校注《公案簿》第 5 辑，第 236 页等；刘永连《从吧国公堂〈公案簿〉看清前期中吧之间的经济交往》，《海交史研究》2006 年第 1 期。

⑤ 如 1849 年 8 月 3 日《挨实嗹询问商人陈江水堪补黄燎光缺而任雷珍兰与否一案》载录陈江水履历，提到他曾购买荷兰居民区首领缎默芝帽叻土地价值“数十千盾”（参见［荷］包乐史、刘勇、聂德宁、侯真平、吴凤斌校注《公案簿》第 6 辑，第 108 页）。

岸39条、勿宁明冬岸5劳、蒲足包冬岸5劳等。[①] 华人的货物贸易还在唐番家庭之间发生。例如，在1790年12月8日康来娘叫方尧观案中，康来娘陈述："方尧有税娶富之女婢。氏有白绞只布、小裙等货，托其婢代卖。"[②] 这类贸易多为规模较小的家庭手工业产品的交易，直接由家庭妇女和奴仆女婢进行，有现金交易、委托代卖等多种形式。

其二是金融借贷关系。在唐番货物贸易中，经常出现记账赊欠情况。如1833年10月18日《承亚实颠挨实嗹命，委查马长水挂咁黄亚剑诗礁番亚二盒律呅蛮欠款案》，华人马长水代理黄亚剑起诉土著亚二盒律呅蛮欠款169.5盾。[③] 再如华人蔡锦淮代理蔡朝宗起诉番人亚媚、毛含末案所提供的账本中，《总清簿》记录亚媚自1846年11月19日至1848年12月2日记账82条，共赊欠货款7216.26盾，偿还4995.22盾，尚欠2221.04盾；毛含末自1946年8月13日至1848年11月30日记账110条，共偿还货款7573.44盾，尚欠2386.02盾，而在《日清簿》中二人还有多项货、款往来没有算进总账。[④] 此外，还有许多案例则反映了唐番之间相互赊欠货款的情况。[⑤] 如果生意关系稳固可靠，他们有时还相互借贷款项。如1790年1月13日苏纯观叫张唱观案载："本年五月间，纯有向和兰（即荷兰人）借来钱二百文。后张唱借去钱乙百文，原与纯合伙，在城内把杀开阿朗。"[⑥] 再如1847年4月23日猫蚶毛氏叫陈茂生案记录；"缎西逸盒律呅蛮

---

① 参见吴凤斌、［荷］陈萌红、［荷］包乐史、聂德宁校注：1848年3月17日《委查朱深出货单》，《公案簿》第5辑，第277页。文中"红大褸"，应为"幔"，指丝麻织品；或为"缦"，指没有花纹的丝织品；"戈里"，马来语Koli音译，量词，包、捆、箱等；"冬岸"，马来语音译，指手绢；"劳"，荷兰语Dozijn，量词：一打，十二支；"纱郎"，即纱笼，一种花裙布。

② ［荷］包乐史、吴凤斌校注：《公案簿》第1辑，第357页。

③ 聂德宁、侯真平、［荷］包乐史、吴凤斌校注：《公案簿》第3辑，第131页。

④ 参见［荷］包乐史、刘勇、聂德宁、侯真平、吴凤斌校注《公案簿》第6辑，第164—167页。

⑤ 参见［荷］包乐史、吴凤斌等校注《公案簿》第2辑；第3辑，第107页；第4辑，第113页；第5辑，第10、29页；第7辑，第51页；等等。

⑥ ［荷］包乐史、吴凤斌校注：《公案簿》第1辑，第240页。把杀，即集市或市场；阿朗，马来语Aneksasi音译，指小店铺或零售店。

猫蚶毛氏叫陈茂生住把杀亚奄：‘为除外尚欠16盾，伏乞追究。’”① 可能荷兰人资财雄厚，华人向荷兰人借款的案例尤多，甚至出现多人或多次借款的现象。如1844年10月30日《承荷兰美色甘命，查勘详复欠款人林本世下落一案》载：“为无额间掌理故缎亚唠敦业内，有被唐人许新宗立钱单一纸，欠去银250盾。又林本世向梁礁立欠钱字一纸，计500盾。”② 再如1844年11月22日《承荷兰美惜甘命，查勘详复林本四、许新棕欠款一案》云：“为接本月5日第37号之字所云，知悉兹林本四（住戈劳屈）于和（荷兰）1830年8月5日第12号向梁礁缎奚哖做字，对缎亚力敦借去银500盾；又许新棕于和（荷兰）1831年3月16日私下做字对缎亚力敦借去银250盾。”③

其三是租赁承包关系。在华人与土著和荷兰人之间，广泛存在租赁承包关系。新客或贫困华人往往租赁土著或荷兰人房屋居住。据查，仅在1845年3月至1848年9月之间，就有十余起该类案件记录。④ 不少华人租赁他族土地及设施生产，特别是蔗园糖厂，从事种蔗制糖事业。同时也有案件反映土著租赁华人房屋、草埔等生产、生活设施的情形。租赁关系深入唐番各族生活，因为在华人与土著、荷兰人之间时常出现相互租赁船只、马车附带赊欠马草等许多情况。此外，华人多承包荷兰人土地、柴山等业，同时也出现荷兰人承包华人墓地等现象。而在荷印政府招标的鸦片、食盐、市场、营业、赌场等税中，华人与土著、荷兰人都参与其中，唐番合伙承包也不乏其例。

其四是人力雇佣关系。华人多雇用土著从事装卸、撑船、锄草、

---

① 吴凤斌、［荷］陈萌红、［荷］包乐史、聂德宁校注：《公案簿》第5辑，第131页。

② 侯真平、聂德宁等校注：《公案簿》第4辑，第10页。美色甘，荷兰语Weewskamer音译，意为孤贫养济院。梁礁，荷兰语Notaris音译，荷印时代掌书契、书写讼状者，后为政府承认之公证人。

③ 侯真平、聂德宁、［荷］包乐史、吴凤斌校注：《公案簿》第4辑，第21页。美惜甘，同“美色甘”。做字，闽南话，即立字据。

④ 参见侯真平、聂德宁、［荷］包乐史、吴凤斌校注《公案簿》第4辑，第100、107、316页；吴凤斌、［荷］陈萌红、［荷］包乐史、聂德宁校注《公案簿》第5辑，第40、49、108、124、163、204、296、362页；等等。

修路甚至扛棺等苦力劳动，或雇用为酿酒作坊、买卖商店等处伙计、杂役。例如，在陈敖泰起诉陈梓塔拖欠房租案中提到，陈敖泰出租的库房雇有“搬货诸龟里（名嗱、啪厘压、那力、意淡）等四名”，即四名土著装卸苦力。[①] 在郭带起诉杨光阴拖欠舢板租金、娘仔闹热起诉黄荣寿船沉没导致戏子死亡及林亚友起诉饶亚盛欠款等案中，都提到华人雇用土著为船工的事实。[②] 再如，在林德镇与管账才副因账目不清而发生的纠纷案件中，提到林德镇的酿酒作坊中雇有厨沃番并糟番亦即酿造椰子酒和米酒的土著工人共 5 名。[③] 也有富裕土著雇用华人做乳母等个别现象。荷兰人则多雇用华人从事百业工匠技术劳动，或者聘任华人做其茄实亦即现金出纳等。例如，在陈江三被杀案中提到，华人陈亚六作为工头率领至少 8 名华人工匠为荷兰人打铁。[④] 再如，在陈三福起诉蔡宗兴案中，提到蔡为土生荷兰人新蛲婆老闽请陈制作筷子等竹制品；在制茶头人缎惹谷孙起诉黄亚初买茶欠款案中，提到担保人“黄亚能系是做茶箱龟里”，“入敖文明计有十二年之久”；在许春和起诉林亚友欠屋瓦案中，提到林亚友为荷兰人买瓦建房；在缎吉宁起诉许漳荣一案中，提到荷兰人缎吉宁等合伙经营“荷兰牌”赌博，聘请华人许漳荣为茄实亦即现金出纳。[⑤]

其五是合伙经营关系。这是在以上经济交往基础上产生的新型经济关系，反映了唐番之间更为密切的经济联系。公案簿显示，在应招承包政府各税过程中，华人与荷兰人经常合伙承包盐税、赌税、鸦片税等许多税项，还与土著合伙承包鱼市场税等税项。甚至华人承包营业税可以申请聘用荷兰人和土著居民协助其检查入港船只；而土著承包宰牛等税通常也通过华人公堂来上报。[⑥] 在私人买卖经营中，其实

---

① 侯真平、聂德宁、［荷］包乐史、吴凤斌校注：《公案簿》第 4 辑，第 10 页。

② 参见《公案簿》第 4 辑，第 289 页；吴凤斌、［荷］陈萌红、［荷］包乐史、聂德宁校注，第 5 辑，第 141、258 页；等等。

③ 袁冰凌、［法］苏尔梦校注：《公案簿》第 2 辑，第 307 页。

④ 参见袁冰凌、［法］苏尔梦校注《公案簿》第 2 辑，第 296 页。

⑤ 参见［荷］包乐史、吴凤斌校注《公案簿》第 1 辑，第 220 页；聂德宁、［荷］包乐史等校注，第 3 辑，第 223 页；第 4 辑，第 106、294 页；等等。

⑥ 参见《公案簿》第 3 辑，第 87 页；第 4 辑，第 69 页；第 7 辑，第 69、72 页；等等。

早就产生华人与土著合伙经营的案例。如在1788年11月5日《入字为私载亚片（即鸦片）犯人陈情》一文中，华人公堂为合伙私贩鸦片的华人21人和爪哇土著6人计27名人犯恳请宽宥。① 由于唐番之间多有合伙生意，因而经常相互各有欠项，也常导致纠纷。如在缎勃蛮、吴英辉、林士敬起诉叶丁五、林必因欠款案中，就反映出前者3人因合伙经营而产生复杂的赊欠关系。②

其次，以经济交往为基础，唐番关系延伸到社会其他领域，构成社会和谐的一面。例如，华人将商店开进土著居住区；华人雇用土著为船工而又为土著运货载人；丧葬中华人雇用土著扛棺同时买用土著打制的墓石；华人交易活动中有时会托付土著捎带账单。③ 唐番之间从共同参与经济活动发展到相互作诉讼证人，后来代理和公证业务发达起来，番人特别是荷兰人就广泛为华人在诉讼、借贷、租赁、承包、财产处理等社会活动作代理和公证，甚至涉及华人立遗嘱、打离婚、过继儿女、物品交接等方面。④

唐番在通婚和经济交往中相互熟悉起来，于是以各种形式介入彼此婚姻等社会活动。《公案簿》显示，华人以婚娶番人女子、购买番人奴仆女婢、雇用番人工人等途径将异族成分引进华人家庭，同时番人也以诱拐甚至买卖华人女子等途径构成另一种形式的唐番通婚，把华人血统引进番人家庭。在此基础上唐番介入相互生活很深，番人可以代华人求婚，参加、主持华人婚礼；华人公堂在处理婚姻纠纷时也允许华人妇女寄居到番人家里；甚至有土著邻居在看到华人妇女私通时马上通报给这家主人。⑤ 我们能看到番人以仆婢、雇工身份介入华

---

① ［荷］包乐史、吴凤斌校注：《公案簿》第1辑，第91页。

② 参见聂德宁、侯真平、吴凤斌、［荷］包乐史校注《公案簿》第7辑，第51、69页。

③ 参见袁冰凌，［法］苏梦尔等校注《公案簿》第2辑，第23页；第4辑，第258、289、308页；［荷］包乐史、吴凤斌等校注，第5辑，第115页；等等。

④ 据《公案簿》所录统计，在1844年至1851年发生的案件中，土著代理华人诉讼4起，为华人纠纷作证22起；荷兰人代理华人诉讼70起，公证华人遗嘱、过继、婚姻、租赁、承包等事务42起，并呈现出日渐频繁和广泛的趋势。

⑤ 参见《公案簿》第3辑，第306页；第6辑，第56、109页；第7辑，第202页；等等。

人生活，同时也能看到华人以乳母等身份介入番人的家庭。①

在行政管理和社会公益事业等层面，唐番之间逐步出现互助、协调和共同参与的和谐局面。例如，据1849年5月11日王文显控陈光文抢婚一案记述，荷兰人缎迷直勿曾受托代华人陈光文向当地头人和荷印政府长官亚实颠挨实嗹陈述情由并控告王文显阻挠婚事。1827年3月30日《奉内澹命，委查详许松与谢甫等多端一案》和1847年7月29日《萧君宗娘叫伊夫彭己爹》等文显示，有番人充任华人居住区警员和甲头的现象。② 在管理华人社区，清理公共墓地乃至维持交通设施等方面，一般是华人出钱，土著出力，各民族协同合作。有时个别土著等预先修理附近桥梁、路段，也可以向华人公堂申请工费补贴。③

继而，经济交往带动了文化活动的共同参与和交流。唐番社区的戏剧演出开始出现人文杂糅的情形。在华人社区，经常从中国大陆聘请教戏师傅来吧授艺或者直接请来演员演戏，而华人戏班也会收养土著为弟子或子女从事演艺，或者雇用土著演员为戏班成员。④ 在戏剧演出期间，唐番社区的居民特别是妇女也会趁机加强往来、结好。从演出内容看，唐番戏剧常常交互上演，土风舞在华人居住区同样流行，其中“浓迎舞”最为著名，深受华人喜闻乐见。⑤ 唐番之间经常共同参与文化活动，组合稳定的合作团队，形成和谐的互助关系。比较典型的是1847年5月18日娘仔闹热起诉黄荣寿请戏违约且因船只沉没造成损失一案，记录表明在娘仔闹热（汉名钟和娘）所掌管的戏

---

① 袁冰凌、[法] 苏尔梦校注：《公案簿》第2辑，第294页；1826年2月9日《甲必丹高长宗为何水生卖弟媳邱娘娜于荷兰人案请知公堂》提到，华人“邱亚六之妻作乌鬼人之乳母，无人看顾家中”。

② 参见袁冰凌、[法] 苏尔梦校注《公案簿》第2辑，第387页；[荷] 包乐史、吴凤斌等校注，第5辑，第174页；吴文斌、[荷] 包乐史等校注，第6辑，第56页。

③ 参见聂德宁、[荷] 包乐史等校注《公案簿》第3辑，第240、307页；聂德宁、[荷] 包乐史等校注，第4辑，第234页。

④ 参见聂德宁、[荷] 包乐史等校注《公案簿》第3辑，第4页；第4辑，第275页；第5辑，第141、215、258页。

⑤ 参见聂德宁、[荷] 包乐史等校注《公案簿》第3辑，第4页；聂德宁、[荷] 包乐史等校注，第4辑，第275页；[荷] 包乐史、吴凤斌等校注，第5辑，第222页。“浓迎舞”也称“多炳浓迎”，或译作“多炳郎迎”，是一种戴面具表演的爪哇舞蹈。王大海《海岛逸志》将“多炳”与“浓迎”视为两种演唱略同的戏剧舞蹈。

班中，戏仔咁呼也、冉媚、务琋、实董、那喜也、诗邦六名，吹鼓手丝纹、丝绒等都是番人；钟和娘即娘仔闹热为华人欧郎之妻，属于华人家庭；事故报信人蒋灯光等则是华人。[①] 可见，这个戏班是由华人与土著共同组成的。此外，这个戏班经常往来于唐番社区和村庄进行演出，这次出行是搭乘了华人黄荣寿雇用番人为船工的航船。

（四）民族融合已见成果，血缘、文化初步同化

唐番融合，一方面是血缘上的逐步同化，其重要标志是土生华人群体的形成。在 19 世纪中叶以前亦即华人妇女极少出洋的时代，吧城华人妻妾多是带有异族血统的女子，因而其子女亦即土生华人无疑也都是带有异族血统的个体，这一特殊群体的产生是吧城华人与异族同化的较早成果。与此同时，华人妇女与番人结婚这一新的通婚方式的出现则为吧城民族交往开拓了另一片天地，由此在番人群体中产生的带有华人血统的混血儿群体也成为这些民族走向同化的早期成果和进一步融合的桥梁。

另一方面是文化上的日益融合。首先在宗教信仰上，据载明代爪哇华人就有改信伊斯兰教者。[②] 而 1833 年 1 月 25 日杨柏娘乞养番人为子案、1845 年 4 月 26 日徐梅娘私通土著里富案、1847 年 6 月 25 日刘已娘再醮案、1849 年 6 月 8 日朱喜淡入伊斯兰教[③]等诸多案例，则反映了 19 世纪上半叶吧城华人继续与穆斯林同化的现象。与此同时，许多穆斯林女子嫁入华人家庭，为华人群体所同化，这更是不争的事实。

其次在语言文字上，在吧城华人的汉语语言里，夹杂着许多外来

---

① 吴凤斌、陈萌红等校注：《公案簿》第 5 辑，第 140—147 页。

② （明）巩珍著，向达校注《西洋番国志》《爪哇国传》云：“而其国人有三等。……一等唐人，皆中国广东及福建漳、泉州下海者，逃居于此。日用事物亦洁净。皆投回回教门。”（中华书局 2000 年版，第 8 页）（明）严从简著，余思黎点校《殊域周咨录》《爪哇传》亦云：“国人大抵三种，西番贾胡久居者，服食皆雅洁。中国流寓者尚回回教，持斋受戒，曰唐人。”（中华书局 2000 年版，第 295 页）

③ 参见聂德宁、［荷］包乐史等校注《公案簿》第 3 辑，第 53—54 页；聂德宁、［荷］包乐史等校注，第 4 辑，第 117 页；［荷］包乐史、吴凤斌等校注，第 5 辑，第 153 页；吴凤斌、［荷］包乐史等校注，第 6 辑，第 76—78 页。

语的成分。其中以马来语为主，文献整理者仅在《公案簿》第1、2辑就辑出118条，包括称谓物名、物产工具、管理制度等诸多方面的用语；稍次是荷兰语，可见49条，同时在汉语书面语言中常常兼用荷兰文；再就是印度语、泰语、葡萄牙语、英语、波利尼西亚语等。可见，吧城华人的语言受到以马来人为主的其他民族的深刻影响。

再次在风俗习惯上，吧城华人生活中渗透了许多外来的东西。饮食方面，有出自东南亚一种单宁酸灌木植物的甘蜜，可以制作饮品，又名黑儿茶；用椰子花酿酒是东南亚土著传统工艺，《宋史》《新元史》《诸蕃志》《殊域周咨录》等汉籍多有记载，同时还有以茴香酿成的亚哖酒，都为华人所习用；咖啡、面包等属于西方食品，也以荷兰人等为媒介渗透到华人生活。礼俗方面，东南亚土著习以妇女外出买卖，吧城华人特别是小商贩家庭多受其影响，妇女自由外出遂成风气；许多案例还反映华人女子早起到港湾河渠里面洗浴，这恐怕也是中国传统礼仪所不允许的。有一种名为“丝里”的东西在吧城华人生活中非常重要，据释这是东南亚一种植物，本来是嚼槟榔的五种配料之一，味辛而香，在土著中习惯充作敬客、求婚、送礼的礼物，而在华人公堂断案过程中，理屈的一方经常手捧丝里赔不是，可见已经衍化成华人的礼俗。与此同时，从大量中国物产销售到东南亚各地的情形看，吧城其他民族无疑也受到华人饮食习惯等多方面的影响。

最后在文化理念上，吧城华人在基本遵循中国传统的同时也或多或少向其他民族文化靠拢。如贞节观念，在中国被人极为看重，但在吧城淡化了许多。在《公案簿》中，大量案件表明华人家庭离婚、再婚现象极其严重。在1717年3月1日至4月6日华人公堂的公告中，“甲必丹与武直迷好几次抱怨唐人婚姻状况不好，有很多没有理由的很小的事却要离婚”①。可见，女子从一而终不再是重要的信条。同时，华人女子私奔、私通等现象也司空见惯，其中不乏闺中少女，可见尽管华人公堂还一再强调妇道和名节，但是普通华人严守门庭和闺

① 转引自［荷］包乐史、吴凤斌《18世纪末吧达维亚唐人社会》，第38页。

阁者已经不多。

总之，吧城唐番通婚在激起双方各个层面文化冲突的同时，更促动双方文化逐步趋向融合。李明欢云："19 世纪的吧城华人社会正处于转变之中，即从一个拥有纯粹华人文化背景的社会逐渐变为一个显然受到当地文化影响的华人移民社会。"[①] 可为佐证。

四　结论

中外文化交流总是以其极为广阔的空间和丰富多样的形式不断进行着。漂洋出海的华人群体，带动中国文化流播广布，构成了异域中外文化交流的重要部分。而在吧城地区，华人更以广泛通婚的方式促使中外文化亲密接触，导致其激烈的碰撞和深度的交融。华人社会不断沾染居留地其他民族的文化，同时也把中国文化注入异质文明。这一过程虽然发生在传统时代国人的视野之外，但在世界文明发展历程中构成了异样灿烂的篇章。我们没有理由不去关注它。

原载《暨南史学》第 7 辑，广西师范大学出版社 2012 年版。

① 李明欢：《变迁中的吧城华人社会：十九世纪丹戎坟山档案资料的启示》，《亚洲文化》2000 年第 24 期，第 90—107 页。

南洋女婢在华人与其他民族交往中的媒介作用

——以吧城华人公馆《公案簿》资料为基础

在古代东南亚华人社会中，吧城（即今巴达维亚）华人的情况具有一定的代表性。伴随该地华人公馆档案资料的陆续面世，学界对吧城华人社会的研究日益加强，迄今已取得不少成果，在专题探讨上涉及经济、婚姻、法律、宗教等诸多领域。不过，从中外关系和民族关系角度关注吧城华人社会者不多，对于华人社会中的异族女婢更是缺乏专门研究。① 而该群体同时贴近吧城华人和其他族籍居民，在吧城民族交往和文化交流中具有突出的中间媒介作用。本文即以此为专题进行考察和探讨，恳请方家指教。

与同时代东南亚其他各地的奴隶相一致，吧城华人社会中的女婢是荷印殖民政府统治下奴隶贸易兴盛的产物。不过华人家庭中的女婢较有特色之处是，她们主要由荷兰殖民者从马巴拉、马六甲、苏威拉西和巴厘等地掠买而来，或由华人从巴厘、苏威拉西、加里曼丹及暹罗等地买来。就其身份而言，这些女婢一方面被纳入华人社会而成为华人社区乃至家庭中的成员，另一方面身为东南亚土著而与马来民族具有天然的密切联系。在实际社会生活中，女婢在华人和其他民族之间交往活动之频繁、密切，往往为其他任何群体所不及。从介入华人

---

① 在仅有的相关成果中，聂德宁《18—19 世纪中叶吧城华人与当地民族的关系》（《南洋问题研究》2005 年第 2 期）关注到吧城华人与其他民族的关系问题，而蒲晶、甘奇《吧城华人社会中的女性——以〈公案簿〉为中心的个案考察》（《海南师范大学学报》2011 年第 5 期）则对吧城华人社会中的女性群体进行了初步研究。

生活之程度看，女婢大多与直接嫁入华人家庭的异族妻妾一样与华人结成婚姻关系，而明显比男奴要深入得多；从与华人以外其他民族群体的关系看，女婢又保持着比华人和成为华人正妻的妇女更为自由、密切和深入的往来。在1676—1683年居住吧城的德国人克里斯托费尔·施魏策尔（时任荷兰东印度公司职员）曾描述华人家庭婢妾与正妻的生活行为差异，在外人拜访之际，一般华人“不愿让妻子露面”，但其“所养的马来女人”亦即婢妾们则“可以自由外出露面”[①]。《公案簿》资料显示，女婢确实与华人妻妾、闺女不同。华人妻妾、闺女必须接受中国传统礼教的诸多约束，外出多会遭到家人限制乃至诉诸公堂。女婢则无此束缚，不但经常在主人指使下外出办事，而且亦可趁闲私自外出活动。华人家庭控告妻女私自外出或与异族男性交往的案件比比皆是，而针对女婢者却没有一件。由此女婢参与或目击了唐番之间诸多交往活动，经常在公共关系领域产生的案件中作为当事人或见证人出现。因而可以说，她们算是华人与其他民族交往和沟通比较重要的媒介。

一　直接介入华人婚姻，沟通华人与其他民族间的血缘关系

这其中主要原因在于许多女婢在华人家庭可以与华人形成事实婚姻，并且因此上升到妻妾，施魏策尔曾提及，“华人买了这些马来女人供自己使唤，可以和她们随意同宿”[②]。甚至有些华人购买女婢或为女婢赎身，就是为了自己能够缔结或者弥补婚姻。据《公案簿》已有10辑资料可见，涉及女婢的华人婚姻纠纷案件多达60余件，女婢上升为妻妾之后产生的婚姻纠纷更远多于此。

在吧城华人社会中，主要流行中国传统上一夫一妻的婚姻制度。不过同样从属于父权家长制，加以华人善于经商，相对富裕，故纳妾

① ［德］克里斯托费尔·弗里克、克里斯托费尔·施魏策尔：《热带猎奇——十七世纪东印度航海记》，姚楠、钱江译，海洋出版社1986年版，第197页。

② 同上。

和购买奴婢之风亦盛。在妾与女婢之间，界限多不分明。因为法律和习俗并不限制主人与女婢之间的事实婚姻，女婢一旦与主人生有子女，便有可能给予自由身份，上升为妾。在1680—1686年漫游东印度地区的克里斯托费尔·弗里克直白叙述了这一情况："吧城华人的妻妾多是从巴厘岛和望加锡买来的女奴……只要养得起，他们要多少妻妾，就可以有多少。"①《公案簿》中所见最典型的例子是雷珍兰高根官的家庭。据其遗嘱资料反映，在高根官家庭中有故妻2人、现妻3人、妾1人、女婢6人。6名女婢中有5人付其出身，亦即解除奴隶身份，可能就是基于她们与高根官已有事实婚姻的缘由。因为遗嘱指出其中武讫人春梅、猫厘人吗哖已与主人生有子女（春梅生子高荣全，时年十六岁；吗哖生子高荣叠，年方三岁），并规定"须抚养其子，候至成人，或回家，方准出去改适"②。妾乃武讫人罗果，生女高意娘，时年二十岁，应该是与主人较早生有子女，早就解除奴隶身份，上升为妾的女婢。其现妻3人中，也必有2人实际是妾的身份，属于异族通婚或买来的异族女婢。因为当时华人正妻理应仅为1人，且禁止纳华人女子为妾。之所以亦称为妻，可能是很早就生有儿子，地位稍高的缘故。

西方史料又云："当某个华人死后，他的继承人便将所有的妻妾再度出售，仅留下死者生前最钟爱的一人，按照遗嘱给予自由，列为正房，其所生子女也就被承认为是真正的华人。不过，这样的妇女在当地并不多，我在那儿时最多只有二十人。"③ 这种情况出现在17世纪，后来有所变化。那就是在主人去世之前或适当时间，与其曾有事实婚姻的女婢多会给予自由身份。如在高根官家庭中，上升为妾的罗果和遗嘱中付其出身的春梅等5位女婢，都属这类情况。非但如此，吧城华人公堂还颁布法令保障这些女婢的权益。如1753年11月13

① ［德］克里斯托费尔·弗里克、克里斯托费尔·施魏策尔：《热带猎奇——十七世纪东印度航海记》，姚楠、钱江译，第34页。

② ［荷］包乐史、吴凤斌校注：《公案簿》第1辑，厦门大学出版社2002年版，第8页。

③ ［德］克里斯托费尔·弗里克、克里斯托费尔·施魏策尔：《热带猎奇——十七世纪东印度航海记》，姚楠、钱江译，第33—34页。

日公告规定：给予女婢自由身份的同时，主人要提供6年的经济帮助。因其所生子女在6年后就得到教堂去求救济，所以规定主人还要缴纳10文给教堂。[①]

此外，不少女婢被直接卖给其他华人做妾，或者与贫穷华人野合为夫妻。这方面资料在《公案簿》中频繁出现，可见其现象非常普遍。

还有一种情况值得注意，一些女婢在华人和异族居民之间多次再婚，客观上加强了二者的联系。如在婴甘媚控伊外孙女黄玉娘逃走一案中，当事人婴甘媚自述：

> 婢原系蔡家女婢出身，随沈阿孟五年，生一男一女，男不育，女即沈邦娘，嫁黄新客为妻（生黄玉娘，年已16岁）。后阿孟身故。三年后，婢再随李阿敢，生二男，一夭亡，一即李文生。及文生年七岁，阿敢身故，停二年，婢再随于番人宝连甘媚，至今已十七年。[②]

这类事情也很常见，不过情况比较复杂，其中有些女婢是在不同民族家庭的奴隶买卖中不断转手，形成多次、多种事实婚姻；有些女婢是直接作为妾来买卖转手，形成多次合法的婚姻；也有一些中间获得了自由身份，自主、自愿地与华人和其他族籍男子结婚。

二　促动非法形式的民族通婚

这里最为典型的例子是沈桂娘、朱秀娘、林春娘3位华人女子私奔案。在该案中，沈桂娘女婢碧莲因见桂娘等3人羡慕荷兰人家庭富贵，私自联系八茶罐[③]一家灯店主人的女婢亡仔及娘仔览冥等，与荷

① ［荷］包乐史、吴凤斌：《18世纪末巴达维亚唐人社会》，厦门大学出版社2002年版，第39页。

② 袁冰凌、［法］苏尔梦校注：《公案簿》第2辑，厦门大学出版社2004年版，第205页。

③ 八茶罐：地名，位于巴达维亚市内。相传为华人最早之场所，以卖茶得名。

兰人高密等通谋，以马车招诱这三位华人少女私奔。案卷中一些审问片段说得非常明白：

> 台（此指华人公堂审讯官员）吊沈桂娘问曰："尔云别无缘故，今秀娘、春娘二人供称，尔婢碧莲同娘仔览冥与尔通谋欲投和兰（荷兰人），其中事情，可据实禀明。"桂娘曰："碧莲实有对氏云：'娘仔若欲投依和兰（荷兰人），何不求娘仔览冥代引透，甚然利便？'但氏未遇娘仔览冥。至于昨夜，云有和兰（荷兰人）并马车前来引接，氏亦未有相见。"台曰："昨夜有马车，是谁通报？"桂娘曰："是女婢碧莲同亡仔通投（报）。"台曰："亡仔是谁家之女婢？"桂娘曰："不知。"台曰："是谁通知于亡仔？"桂娘曰："是亡仔自与和兰（荷兰人）通谋。"
>
> 台吊碧莲问曰："尔娘仔云，尔与亡仔同谋引接和兰（荷兰人）。内中情由，须据实禀明。"碧莲曰："娘仔果有令婢往叫娘仔览冥，但实未有相见。至于昨夜有和兰（荷兰人）并马车前来引接，实系亡仔与和兰（荷兰人）通谋引透。婢实不知情由。"台曰："亡仔是谁家之女婢？"碧莲曰："闻他（她）住在八茶罐做灯店，但不知其主人之名姓。"
>
> ……
>
> 台吊女婢亡仔问曰："尔乃人家女婢，胆敢引透良家闺女逃走！"亡仔答曰："婢实未有作此事。"台曰："昨夜和兰（荷兰人）并马车，非尔引透，他焉敢自来？"亡仔答曰："婢实有对和兰（荷兰人）新蛲高密，并惹咯[①]通谋，但娘仔桂娘、春娘嫌伊贫寒，经已不成。至于昨夜之马车，婢实无同来，不知是谁。"台曰："孽皆由尔货所作，尚敢糊言掩饰？"亡仔低首无对。[②]

为维护华人社会秩序和习俗，华人公堂做出判决，"若碧莲、亡仔，身为奴婢，理合安分守法，胆敢越礼而非，引诱良家闺女，共谋

---

① 惹咯：马来语 Jaga，指某市区的巡守者。

② 袁冰凌、［法］苏尔梦校注：《公案簿》第 2 辑，第 4—9 页。

逃奔，大干国法，律理难容。职等须申详挨实嗹案夺究治，以警后来。即将二婢押交大狗（当地华人俗语，指警察）收禁”①。

不过，由于女婢与华人和其他民族之间的关系非常密切，加上当地风俗所致，类似事件似难禁止，主要反映为这类案件频繁出现，女婢诱使或协助华人女子与异族男子私通者尤其之多。再如李喜控告其妻子林新娘案，李喜家女婢趁主人外出，多次与林新娘夜往异族社区。讯问女婢，则云“娘仔在番监光与番人同坐房中说话”，然而实则夜宿番人家中，“及天明回来”。该案显然是私通异族男子的性质，而女婢在私通行为中的协助作用亦足可见。②

三　在华人商贸往来中充当重要媒介

在吧城地区，华人与其他民族经济往来甚多。为了便于沟通和交易，华人和异族商人都常常委托华人家庭中的女婢销售或代卖货物。例如，在康来娘控告方尧观案中，原告买卖白绞织布、小裙等货物，曾委托被告之女婢代卖，该女婢售货后付钱不足，原告追讨欠款，却遭被告辱骂，因而发生纠纷。③ 再如，在黎阿六控告黄泰山案中，原告之侄黎阿信的女婢生下一女，被黄泰山诈取，用作自己的女婢，“差遣四处卖粿”④。由于华人新客与旧客和土生华人之间存在一定语言或习俗差异，甚至在华人之间也存在颇多女婢代卖货物或参与中间交易事项的情况。如在甘雄观控告郑由观案中，原、被告之间交易赊欠，被告供述所欠货款已经交付记账人郑缎家女婢梅花，但原告又指出被告与梅花已有旧情，结果公堂判女婢不具做证资格，被告必须重新交付欠款；同时因事实婚姻形成，原、被告必须解除梅花的奴隶身份。⑤ 在陈祐控告林炳案中，原告先以金针抵押货款，后来还足欠款赎取金针，被告却借口女婢经手货款，不知实情，昧下金针。公堂判

① 袁冰凌、［法］苏尔梦校注：《公案簿》第2辑，第9页。

② 同上书，第60—61页。

③ ［荷］包乐史、吴凤斌校注：《公案簿》第1辑，第357页。

④ 袁冰凌、［法］苏尔梦校注：《公案簿》第2辑，第17页。

⑤ ［荷］包乐史、吴凤斌校注：《公案簿》第1辑，第84页。

决被告退还金针。[①]

据资料显示，不少华人甚至把商店开到其他民族居住区。在这种情况下，异族出身的女婢在华人与其他民族商业往来之间的作用也就更为重要，而女婢代卖或替代经营的情况更普遍。如谢宣娘控告严丁同伊妻高泗里抹仔案中，作为证人的王福山一家就在乌鬼巷亦即吧城土著居住区开设经营着一处倮（或写作“粿”）子店，而负责买卖的猫汝显然是出身女婢的异族女子。[②]

与此同时，女婢交易本身亦多属于华人与其他民族之间的商业往来行为，由此加强了二者之间的经济联系。一方面，荷印殖民政府时代东南亚奴隶贸易昌盛，买卖奴婢同样是当时华人经济生活中的一个重要方面。华人多从东南亚土著手里购买，而且惯常赴巴厘（如吴远观控告钟来观案中，原告从巴厘岛所买女婢一名，因思念亲人情绪不稳，在途中被身为船主的被告推落海里[③]）、望加锡（如陈正筹申请将女婢春花过名于陈妈抱一案，春花属陈妈抱伯母胡金娘从望加锡买来的女婢[④]）等地购买。有些华人甚至把奴婢买卖当作自己经商的主要业务来进行。如蔡旺控告杨插老案卷显示，蔡旺在从巴厘岛到吧城之间的商贸活动中，以囡仔亦即男女奴婢和燕窝等为主要经营项目。仅在 1788 年 7 月与杨插老的经济纠纷中，就有从巴厘岛买来的 3 名男仆、4 名女婢。[⑤] 再一个现象就是，作为奴隶贸易繁荣的重要特征之一，女婢们往往被频繁转手。据华人公堂调查案卷可知，女婢吗悦原来属于娘仔吗厘干，相继转卖给吗厘甘柔呼哖、亚二吗孙合老哱直、于蛮毛实蛮毛吾，这些主人应该都是马来或荷兰民族；再后来改名月春，先后转卖给华人吴正娘、林国娘等，显然转卖到了华人手里。[⑥] 华人姚东的一名女婢原来属于华人赵准师，尽管已经为赵生了

---

① 袁冰凌、[法] 苏尔梦校注：《公案簿》第 2 辑，第 172 页。

② 同上书，第 22 页。

③ [荷] 包乐史、吴凤斌校注：《公案簿》第 1 辑，第 3 页。

④ 聂德宁、侯真平等校注：《公案簿》第 3 辑，厦门大学出版社 2004 年版，第 46 页。

⑤ [荷] 包乐史、吴凤斌校注：《公案簿》第 1 辑，第 63 页。

⑥ 侯真平、聂德宁等校注：《公案簿》第 4 辑，厦门大学出版社 2005 年版，第 133 页。

一个女儿，还是被赵典卖给（雅女）林甲，之后又“转换变卖有数主”①。

伴随奴婢买卖而产生的生意纠纷案，在《公案簿》中多有记载。例如，在华人杨红娘代其子陈三英控告毛银哖案件中，陈三英向异族居民购买女婢时赊欠1000盾，由毛银哖作保并偿还了欠款，但后来毛银哖重复索要欠款，并将陈三英扣押拘禁。② 再如在林心娘控告陈庄娘案中，纠纷起因则在于原告弟弟林月良把属于自己和姐姐的三名女婢卖给了其他民族居民。③

另一方面，在华人与异族居民之间还存在租赁女婢的现象。同在林心娘控告陈庄娘案中，林月良把两名女婢卖给异族居民后，又从其手里租赁这些女婢使用。后来林月良身故，其姐姐林心娘将女婢赎回，又将其中一名同样租赁给弟媳陈庄娘。不久，该名女婢死去，林向陈讨要赎回女婢的费用。④ 除了家庭生活所役使的女婢，用于其他生活领域的女婢如唱戏的女婢等亦经常租赁。如蒋鸾娘控陈江水欠银一案，陈江水、番亚二以6个月为期租赁蒋鸾娘等16名戏婢，结果欠下租金，构成纠纷。⑤ 此外，女婢甚至可以像商贸物品一样赊欠。如黄嵩控告黄杭案中，黄嵩前在巴厘岛时曾向黄杭赊取女婢一名，后来用自己的一名女婢嫚仔偿还了事。⑥ 可见租赁女婢现象在华人与异族之间及其内部皆甚流行。

四　促进华人与异族文化交流

女婢外出活动范围广泛，除了前述代为买卖货物、追讨欠款等商贸活动外，还常在唐番邻居、亲戚等群体之间传达信息、递送物件、

---

① ［荷］包乐史、吴凤斌校注：《公案簿》第1辑，第260页。

② 侯真平、吴凤斌、［荷］包乐史、聂德宁校注：《公案簿》第8辑，厦门大学出版社2009年版，第306页。

③ ［荷］包乐史、吴凤斌校注：《公案簿》第1辑，第32—33页。

④ 同上书，第197页。

⑤ 吴凤斌等校注：《公案簿》第9辑，厦门大学出版社2009年版，第71—74页。

⑥ ［荷］包乐史、吴凤斌校注：《公案簿》第1辑，第207页。

互通有无，甚至与陌生人亦能自由往来，涉及社会生活方方面面，这些活动客观上带动了唐番两种异质文化之间的碰撞和交流。

女婢对华人社会的影响主要体现在生活习俗和观念上。吧城华人主要出自闽南，中国传统道德观念稳固，移民吧城后仍然固守传统。就《公案簿》资料看，他们对传统礼教非常重视，明文规定以孝友忠厚等观念为基础的 19 条行为准则，对家庭妇女则坚持“七出之条”。子女对父母“出必告，返必面”，妻女更严禁私自出行。对在外留宿、私奔私通等行为深恶痛绝，严刑重罚。[①] 然而就发生案件看，华人妻女触犯此类规矩者愈来愈多。除了部分华人妻子出自番籍，受其他民族风俗文化残留影响外，女婢的影响显然占了主流。

结合东南亚风俗资料看，马来土著与华人文化差异极大。上述为华人所严禁的行为在马来民族生活中则为无可厚非。譬如，由于马来土著本来就习惯由女人对外交易货物，女子自由外出属于习俗常态。同时，马来土著没有“三从四德”等教条束缚，男女关系相对开放，贞节观念亦较淡薄，由此，外出之际隔夜留宿，以及在外交往中产生男女情爱，都是自然而然的事情。同样受这些文化影响的异族女子——女婢与华人妻妾在进入华人社会之后变化态势存在差异。基于在华人家庭中地位和所受关注程度的不同，女婢不像华人妻妾那样受到华人道德准则的严格约束，更多保留了马来文化。《公案簿》资料显示，女婢除了受主人指使外，私自外出亦为常见；外出之际隔夜留宿乃至私自通情皆不足为奇。这在公案簿中资料非常之多，兹不赘述。凡产生纠纷者，或为逃匿不归，触犯了主人的利益；或为私通有妇之夫，对方妻子家人不能相容；再就是携带了华人妻女，导致华人家庭破裂。女婢在华人家庭与华人妻女相处尤多，她们一方面以自己言行影响华人妻女的行为和思想，另一方面则以诱导、协助等方式直接促成华人妻女私自外出、在外留宿乃至私奔、私通等行为。因此，华人妻女类似行为的产生和贞节观念的淡化等都与女婢的影响有着重要关系。

---

① 参见刘永连《从吧城唐番通婚看中外文化冲突与融合》，《暨南史学》第 7 辑，第 220—244 页。

在艺术领域，华人奴婢中的戏婢颇值注意。《公案簿》资料显示，吧城华人社区一般设有剧场，由戏票贌官（荷兰语 Pacher，税收承包商）负责管理或承包；而一些华人豢养着一定数量的戏婢，专门从事戏剧、舞蹈等文艺演出。这些女婢就血缘而言，无疑出身于东南亚土著居民。如华人妇女钟和娘“有掌戏童唱曲”，在 1846 年其所豢养戏童有“番女务王齐、亚智、冉媚、叫于也、银等”，当年 10 月的一次沉船事故中还淹死那于惹、信邦等几名。① 再如在 1847 年丘渊福控告其妻范金娘案中，涉案人员娘仔务勿掌管浓迎。据释，浓迎也称“多炳浓迎”，即马来语 Ronggeng 音译，为马来人流行的一种土风舞，王大海《海岛逸志》将“多炳”与“浓迎”，视为两种演唱略同的戏剧舞蹈。此外，该词又指这种土风舞舞女。② 看来她专门豢养出身东南亚土著的戏婢。③ 这些戏婢被一些华人购买后组成戏班，流动演出于吧城各社区或村庄。

考察其演出内容，应该包括中国传统戏剧和东南亚土风舞等。一方面，中国传统戏剧（据显示多属闽南地方戏剧）当为华人社区较看重的演出内容。各戏班班主经常从唐山亦即中国内地聘请教戏师傅。如 1845 年 8 月 12 日甲必丹叶选遗孀陈英娘向华人公堂递交的申请材料云：“为叶甲选生前经蒙案夺，在唐招来戏司阜贰名，今皆病故，伏请恩准再邀一司阜来吧教戏是幸。”④ 另有陈妈抱控告戏仔梅花一案透露，华人陈权所养土著戏子梅花穿着华人服装上街游逛，结果被妈腰（荷兰语 Major 音译，为吧城华人公堂最高官员的头衔）陈永元责罚并诉诸公堂处理，而梅花则辩解说是为了去安恤庙还愿而穿戴戏装出去，可见梅花所演戏剧应是中国传统戏剧。⑤

---

① 钟和娘又称娘仔闹热，居住在华人社区，为华人欧郎之遗孀。参见吴凤斌、陈萌红等校注《公案簿》第 5 辑，厦门大学出版社 2005 年版，第 140—147 页。

② 参见聂德宁、侯真平、[荷] 包乐史、吴凤斌校注《公案簿》第 3 辑，第 324 页；吴凤斌、陈萌红等校注，第 5 辑，第 222 页。

③ 吴凤斌、[荷] 陈萌红、[荷] 包乐史、聂德宁校注：《公案簿》第 5 辑，第 222 页。

④ 侯真平、聂德宁、[荷] 包乐史、吴凤斌校注：《公案簿》第 4 辑，第 174 页。

⑤ 吴凤斌、[荷] 陈萌红、[荷] 包乐史、聂德宁校注：《公案簿》第 5 辑，第 216 页。

另一方面，东南亚地区土著文艺节目肯定也是华人社区文艺演出的重要组成部分。因为有资料显示，浓迎舞就在华人社区备受欢迎，而且还有常驻华人社区专门表演浓迎舞的戏婢。① 1832 年 6 月 8 日戏票䑛官谢祝生等申告华人公堂云："自和（荷兰，此指西历）1 月至今，赌公司俱无作戏，惟作多炳浓迎以及别款番曲，无给票，是以赌戏票者甚然大亏。"② 1846 年 6 月 13 日掌管赌博和戏税的陈令又申告说，由于过多演出东南土著节目，而中国传统戏剧演出太少，致使以赌戏票为主要内容的赌博生意冷淡，因此申请招来 40 名中国戏剧演员演出 6 个月以救市。③

五　结论

从中外关系史角度来看，华人家庭中的女婢因其出身异族而又多生活于华人家庭这些特殊情况，她们所有的社会交往（包括与华人和与其他民族）都带有异族交往的性质特色，实际上她们在不同民族的交往和文化交流中也确实起着非常突出的媒介作用。她们服务于华人家庭，而且做妾的发展趋向非常突出，因而在婚姻领域的影响尤其大。这也与当时华人社会中严重缺乏女性有关，而且当地法令、习俗并不限制主人与女婢之间的婚姻关系，大量女婢在富裕华人家庭中上升为妾，在普通华人家庭中则往往一开始就是作为妾被购买并融入华人家庭的。同时，作为非妻妾的女婢还能自由外出交往而对华人与其他民族之间的关系形成一定影响。像诱拐、协助华人女子私奔到异族家庭，或与异族私通，都属于此类情况。就华人群体经济特色而言，当时包括吧城地区在内的东南亚华人普遍且善于经商。这一特征使得女婢也多介入到经济领域，帮助华人或异族居民售卖货物甚至经营商贸，成为华人与其他民族之间的经济交往媒介。而基于当时奴隶贸易

① 前述娘仔务勿及其所养浓迎舞女常驻华人社区鸦片和赌博市场。参见吴凤斌、［荷］陈萌红、［荷］包乐史、聂德宁校注《公案簿》第 5 辑，第 222 页。

② 聂德宁、侯真平、［荷］包乐史、吴凤斌校注：《公案簿》第 3 辑，第 4 页。

③ 侯真平、聂德宁、［荷］包乐史、吴凤斌校注：《公案簿》第 4 辑，第 274 页。

之繁荣，女婢买卖和租赁等行为自身也成为华人与其他民族经济往来的一个重要组成部分。女婢在社会生活诸多领域比较频繁的外出活动，也带动了华人与异族群体之间的文化交流。像华人婚姻、贞洁观念的变化以及艺术文化的交流等，都受到女婢群体的重要影响。

原载《东南亚研究》2013 年第 1 期。

从《公案簿》新客资料看中国与巴达维亚之间的技术交流

荷印殖民政府控制下的东印度历来是华人移民的重要地区，但到19世纪上半叶由于殖民政府的政策变化，华人对该地区的移民表现出新的特征。其中最为突出的一点是，荷印政府特别强调了对华人新客工匠身份和技能的要求。这一政策在大大遏制华人移民浪潮的同时，无疑也促进了中国与当地的技术交流。吧城（即巴达维亚）华人公堂留下的《公案簿》，保存着19世纪30—40年代有关华人新客入境的大量资料，它以丰富的案例具体细致地反映了以上问题。

一　荷印政府对新客入境的限制和华人移民特点

19世纪上半叶，刚刚恢复了殖民统治的荷印政府加强了对外来移民的控制，而针对移民主要群体——华人的限制尤其严厉。《公案簿》资料显示，荷印政府为此采取了种种限制措施。例如，在入境手续上，制定了非常复杂的申请和审批程序；在移民条件上，苛刻地限定了入境华人的资格和关系；更为偏激的是，甚至以禁令方式排斥华人船只载运新客进港。对华人新客在工匠身份和技能上的强调，也正是荷印政府限制华人移民的重要措施之一。从《公案簿》新客资料可以看出，荷印政府对此在诸多方面都有明确而严格的规定。

（一）在政策和法律上形成条例，制定标准

在政策上，荷印当局规定华人新客必须是“匠人百工”，至少掌握一项专业生产技术。由于对新客所通手艺的技术含量非常重视，还强调必须是正式工匠才具有入吧资格。同时为了做到有法可依，荷印当局还以法律形式制定了可以比定的案例和衡量标准。如：“挨实嗹[①]于和（荷兰）1844 年 9 月 30 日第 3303 号下 13 号致幻书公堂云：‘为林檬所恳林仕能造荳奁并打面一事，须从本年 3 月 11 日第 8 号国法所定之例。’”[②] 再如，在 1844 年 11 月 2 日第 3731 号下 13 号致公堂文书中又令：“以后若要详复准新客居吧者，须从本月 2 日第 3730 号下 13 号所寄此字，又本年 3 月 16 日第 8 号安夺[③]，又本年和 6 月 18 日第 1979 号下 13 号之字而行……”[④]

为了加强管理，荷印政府在审批新客入境时还将工匠单独归为一类，审批工作也更为细致。如挨实嗹于和（荷兰）1845 年 3 月 7 日第 876 号下 13 号致书妈腰（陈永元）云：“为承所详诸新客之字尚属未妥，可从本月 5 日第 456 号、851 号下 13 号之字，将新客能为匠工者另为类集陈明与猫氏何人住同，又要知果能为匠工乎，具词详复。”[⑤]

---

① 挨实嗹，荷兰语 resident 音译，原意是“驻扎官”，这里指荷印殖民政府在吧城的行政长官。参见聂德宁、侯真平等、［荷］包乐史、吴凤斌注《公案簿》第 3 辑，厦门大学出版社 2004 年版，第 310 页。

② 1844 年 10 月 11 日《查勘详复林檬申请担保居吧新客林仕能造荳奁并打面而可否称厨工一案》，载侯真平、聂德宁、［荷］包乐史、吴凤斌校注《公案簿》第 4 辑，厦门大学出版社 2005 年版，第 3 页。

③ 字，此指文件。案夺，即裁决、判决。参见侯真平、聂德宁、［荷］包乐史、吴凤斌校注《公案簿》第 4 辑，第 416、320 页。

④ 1845 年 1 月 27 日《承挨实嗹命，以后若要详复准新客居吧者，须从之文件规定，并查勘详复林金申请担保之新客果能为工一案》，载侯真平、聂德宁等校注《公案簿》第 4 辑，第 80—81 页。

⑤ 1845 年 3 月 29 日《挨实嗹致书妈腰陈永元，为公堂申详新客情况欠妥，命将新客能为匠工者另行类集陈明与工头何人住同，以及是否能为匠工一案》，载侯真平、聂德宁、［荷］包乐史、吴凤斌校注《公案簿》第 4 辑，第 103 页。

（二）在移民手续上设立专门的技术委员会考试核实

为了保障华人新客所掌握的技术能力真实可靠，荷印当局在移民审批手续上制定了严格的担保制度和勘验制度。在1833年4月6日制定的《安呾[①]新客规例》中，规定担保人必须申明“新客何姓名、做何经纪”[②]，并画押担保情况属实。之后当局还要委托华人公堂对新客情况进行调查核实。一般是由华人公堂组织专门的技术委员会测试新客的技术能力。挨实嗹在1844年11月2日第3731号下13号致公堂文书中规定：“以后若要详复准新客居吧者……须委的妥君眉司查勘确实果能为工乎，庶几后来不得推为不知。”[③] 此外，荷印政府还在其他文件中反复强调。

关于负责具体测试新客技能的专门委员会——君眉司，一般由两名同行业工匠组成。从对数十案卷的归纳来看，君眉司成员相对固定，如在19世纪三四十年代，木匠行业一般请李亚友、李亚三出任，染布行业一般由黄颜、李彦充当，铁匠行业一般以黄炎芳、古亚三的考查为准，泥瓦工技术一般由谢启明、陈刊来确认。其他在金匠行业中常是刘连聪和彭亚三，在饮食行业中常是张发光、郑盛宝或白勇、林柳，在棺材制作行业常是蓝昶等。可见，被选中的工匠既要熟悉或精通该行业技术，又要在当地具有较高的地位和可靠的声誉。

（三）对名不副实者严令驱回

如果新客所报技能与实际不符，就会被逐回原籍。如新客许协自1845年9月申请定居吧城，在10月24日公堂复审中被否决，到次年

---

① 安呾，马来语antar音译，指担保或担保人，参见聂德宁、侯真平、［荷］包乐史、吴凤斌《公案簿》第3辑，厦门大学出版社2004年版，第311页。

② 1833年4月6日《挨实嗹寄来安呾新客人字头、安呾新客规例》，载聂德宁、侯真平等校注《公案簿》第3辑，厦门大学出版社2004年版，第70页。

③ 1845年1月27日《承挨实嗹命，以后若要详复准新客居吧者，须从之文件规定，并查勘详复林金申请担保之新客果能为工一案》，载侯真平、聂德宁、［荷］包乐史、吴凤斌校注《公案簿》第4辑，厦门大学出版社2005年版，第80—81页。

1月17日得重新查勘，查实是投靠叔父许陇来吧。可能是因为得不到顺利批准，该客在1946年农历四月十三不得不搭船回唐。再如新客蔡月、黄捷报等虽然没有被逐回唐，但是蔡氏初报染布工以“所言无实”被否决，后来确定做棺材工才获准居吧；黄氏初报代掌数项被否决，后来改学漆工才获准居吧。①

以上诸多规定，导致19世纪上半叶华人对东印度特别是巴达维亚地区的移民形成了极其鲜明的特点。那就是，一方面入境定居的华人新客在人数上比前减少，另一方面这一新客群体基本上是一支掌握着生产技术的高素质队伍。笔者在考察《公案簿》资料之后发现，能够移民入境的新客几无例外地经过技术测试，被确认掌握着某项生产技术。这无疑促动了诸多行业的生产技术从中国大陆滚滚流入巴达维亚。

二　中国生产技术在吧城的传播

为了搞清中国生产技术流入巴达维亚的具体状况，笔者从行业分工角度对所有新客资料作了全面考察，初步编制成详细列表，并由此分析不同行业技术流入巴达维亚的程度（见下表）。

---

① 参见1845年10月24日《承挨实嗹命，查勘详复黄亚权、许陇、黄春申请担保新客陈活、许协、黄捷报居吧充当漆工、帮理事务并作茄实、做油生意并代掌钱款三案》，载侯真平、聂德宁［荷］包乐史、吴凤斌校注《公案簿》第4辑，第189—190页。《承挨实嗹命，查勘详复蔡金水申请担保新客蔡月充当棺材工一案》，载侯真平、聂德宁、［荷］包乐史、吴凤斌校注《公案簿》第4辑，第191页。《承挨实嗹命，查勘详复吴吝申请担保新客蔡月居吧充当染布工一案》，载侯真平、聂德宁、［荷］包乐史、吴凤斌校注《公案簿》第4辑，第194页。1846年1月17日《承挨实嗹命，按照1844年3月16日第8号“虽然非是匠工，其情有可原，亦当受其恳”案夺，重新查勘1845年11月1日详文否决蔡金水、叶文德、黄春、许陇、吴琳、李奎炳申请担保之新客蔡月、叶宇、黄捷报、许叶（协）、陈景生居吧资格一案》，载侯真平、聂德宁、［荷］包乐史、吴凤斌校注《公案簿》第4辑，第218页。1846年6月26日《挨实嗹命，查勘详复蔡金水、叶文德、黄春、许陇、李奎炳、吴齐申请担保新客蔡月、叶宇、黄捷报、许协、陈景星（生）居吧充当棺木工、染布工、财副、茄实六案》等案卷，载侯真平、聂德宁、［荷］包乐史、吴凤斌校注《公案簿》第4辑，第295—296页。

1843 年 2 月至 1846 年 1 月入吧华人新客技术状况调查

时间①	姓名	技能状况	所出案卷
1833 年 2 月 2 日	新客 200 名	做甲板船	《缎得唧与李定四立君得口六②，议约入新客 200 名在海屿做甲板船》
	新客 25 名	以为木匠龟理	《承挨实嚏命，查勘赖亚壬入字恳求在唐招募新客廿五名来吧为龟理事》
1833 年 4 月 26 日	陈龙、陈南生、陈亚合、陈贤	能染猫泽③	《承挨实嚏命，委查陈龙、陈南生、陈亚合、陈贤入境资格》
1844 年 4 月 19 日	张亚元、常亚汝、朱亚无等新客 10 人	铁匠，能铸鼎	《承挨实嚏命查勘详复，为刘望南入字恳求允许铁匠十人住吧为用事》
	黄分明、吴亚祖、黎亚根等新客 16 名	用以伐树，学习木匠工艺	《承挨实嚏命查勘详复，为刘望南入字恳求十六名新客住吧为用事》
1844 年 4 月 26 日	邱放、邱辉、邱娇	染布之事可称其能	《承挨实嚏命查勘详复，为邱枢、邱提等入字恳求允许新客邱放、邱辉、邱娇搭安南船从寮④来吧》
	叶亚四	为打铁司	《承挨实嚏命查勘详复，为叶丁五恳求允许新客六名居吧事》
	罗亚二	土水司	
	何亚二	裁缝司	
	钟亚元	作烛	
	邓亚三、曾炳二	理记	

① 该时间为华人公堂经过查勘核实呈文上复荷兰殖民政府的日期。

② 君得口六，又称君得力，马来语 kontrak 音译，意为合同书、协议书。参见聂德宁、侯真平、［荷］包乐史、吴凤斌校注《公案簿》第 3 辑，第 343 页。

③ 猫泽，马来语 batik 音译，指东印度群岛特产的花裙布。参见侯真平、聂德宁、［荷］包乐史等校注《公案簿》第 4 辑，第 374 页。

④ 寮，即寮国，老挝旧称。参见聂德宁、侯真平、［荷］包乐史、吴凤斌《公案簿》第 3 辑，第 348 页。

续表

时间	姓名	技能状况	所出案卷
1844 年 10 月 11 日	林仕	能造荳僉并打面①	《公堂嗹喳唠续：承挨实嗹命，查勘详复林樣申请担保居吧新客林仕能造荳僉并打面而可否称厨工一案》
1844 年 10 月 25 日	林漳、林有	为染布生理	《承挨实嗹命，查勘详复林金申请担保新客林漳、林有居吧充当染布工一案》
1844 年 12 月 13 日	方茄走	能染布	《承挨实嗹命，查勘详复新客方茄走申请居吧充当染布工一案》
	朱扳、朱石	能为裁缝	《承兰得力③命，查勘详复朱森申请新客朱扳、朱石居吧充当裁缝一案》
	唐潭	财副②	《承挨实嗹命，查勘详复钦赐雷珍兰李长申请担保新客唐潭居吧协助掌理账目一案》
	陈茂柏	初学木匠工	《承挨实嗹命，查勘详复陈润二申请担保儿子新客陈茂柏居吧充当木匠一案》
	方两	能染布	《承挨实嗹命，查勘详复朱云、陈振才申请担保方两居吧充当染布工一案》
	郑长江	新学财副	《承挨实嗹命，查勘详复沈玉成、陈旋步申请担保新客郑长江、程明居吧充当财副、医生一案》
	程明	为医生	

① 荳僉，闽南话，一种类似面干的面食制品。打面，闽南话，制作面条。后文“扑面”义同。参见侯真平、聂德宁、［荷］包乐史、吴凤斌校注《公案簿》第 4 辑，第 339、335、380 页。

② 财副，闽南话，指主管账目及器具者。参见侯真平、聂德宁、［荷］包乐史、吴凤斌校注《公案簿》第 4 辑，第 326 页。

③ 兰得力，荷兰语 landraad 音译，意思是地方法院，指印殖民机构中专门审理土著事务的州长法庭。参见侯真平、聂德宁、［荷］包乐史、吴凤斌校注《公案簿》第 4 辑，第 364 页。

续表

<table>
<tr><th>时间</th><th>姓名</th><th>技能状况</th><th>所出案卷</th></tr>
<tr><td rowspan="17">1844 年 12 月 13 日</td><td>林捷才、叶来观</td><td>初学木匠</td><td rowspan="9">《承挨实嗹命，查勘详复林亚三、伍亚福、叶丁五、姚新郎、何振兴、饶亚万、詹接生、秦朗眼、郭凤麟申请担保新客林捷才、叶来观、伍亚清、伍亚胜、伍亚厚、吴日、詹亚福、林国居、陈亚井、许夺盛、钟传二、田亚秀、刘朝麟居吧充当马车匠、木匠、面包师、铁匠、金匠、泥瓦匠、棺木匠一案》</td></tr>
<tr><td>伍亚清、伍亚胜、伍亚厚、吴日</td><td>能为木匠</td></tr>
<tr><td>詹亚福</td><td>能做劳智①</td></tr>
<tr><td>陈亚井</td><td>能打金</td></tr>
<tr><td>林国基（居）</td><td>精工打铁</td></tr>
<tr><td>许夺盛</td><td>新学做泥水工②</td></tr>
<tr><td>钟传二</td><td>能做官柴③</td></tr>
<tr><td>田亚秀</td><td>新学木匠</td></tr>
<tr><td>刘朝麟</td><td>新学做泥水工</td></tr>
<tr><td>朱亚义</td><td>新学打铁</td><td rowspan="8">《承挨实嗹命，查勘详复古亚全、林亚三、谢亚四、李庚华、陈官爹、刘润昌、饶亚万、古茂合申请担保新客朱亚义、萧壬三、古元观、古插六、关林嵩、苏亚是、周锦盛、张德桂、古友淑、古亚轩、周金顺居吧充当马车匠、木匠、泥瓦匠一案》</td></tr>
<tr><td>古元观</td><td>新学打铁</td></tr>
<tr><td>古插六、萧壬三</td><td>能打铁</td></tr>
<tr><td>关林嵩</td><td>新学木匠工</td></tr>
<tr><td>周锦盛</td><td>新学木匠工</td></tr>
<tr><td>苏亚是</td><td>新学泥水工</td></tr>
<tr><td>张德桂</td><td>新学木匠工</td></tr>
<tr><td>古友淑、古亚轩、周金顺</td><td>能为泥水</td></tr>
</table>

① 劳智，马来语 roti 音译，即面包。参见侯真平、聂德宁、［荷］包乐史、吴凤斌校注《公案簿》第 4 辑，第 365 页。

② 泥水工，闽南话，指泥瓦匠。参见侯真平、聂德宁、［荷］包乐史、吴凤斌校注《公案簿》第 4 辑，第 378 页。

③ 官柴，闽南话，即棺材。参见侯真平、聂德宁、［荷］包乐史、吴凤斌校注《公案簿》第 4 辑，第 348 页。

续表

时间	姓名	技能状况	所出案卷
1845 年 1 月 24 日	邱炎、邱曲、邱摈	能染猫泽	《承挨实嗹命，查勘详复邱昌、邱敬宗、邱极、邱文理、邱时申请担保新客邱炎、邱曲、邱摈居吧充当染布工一案》
	李亚满	为木匠	《承挨实嗹命，查勘详复罗银哥申请担保新客李亚满居吧充当木匠一案》
	张振、张盖、张开、程宇、王三、徐亚焕	筑厝①为木匠	《承挨实嗹命，查勘详复蓝奇杰申请担保新客张振、张盖、张开、程宇、王三、徐亚焕、王约、朱来、蔡或、蔡广、柳枪、陈甲、沈如、毛林、徐洪、饶沈全居吧充当木匠、泥瓦匠一案》
	王约、朱来、蔡或、蔡广、柳枪、陈甲、沈如、毛林、徐洪、饶沈全	筑厝为土水②	
	甘锦、甘盛	新学染布工可堪	《承挨实嗹命，查勘详复沈桥申请担保新客甘锦、甘盛居吧充当染布工一案》
	陈扳	做唐人果③	《承挨实嗹命，查勘详复陈霁请担保新客陈扳居吧充当唐人果小工一案》

① 厝，闽南话，指房屋。参见侯真平、聂德宁、［荷］包乐史、吴凤斌校注《公案簿》第 4 辑，第 334 页。

② 土水即泥水，指泥瓦匠。参见侯真平、聂德宁、［荷］包乐史、吴凤斌校注《公案簿》第 4 辑，第 394 页。

③ 唐人果，泛指中国式米制糕饼。参见侯真平、聂德宁、［荷］包乐史、吴凤斌校注《公案簿》第 4 辑，第 393 页。

续表

时间	姓名	技能状况	所出案卷
1845 年 1 月 27 日	黄增兴、黄增收	能为木匠	《承挨实嗹命，查勘详复黄景昭、黄太和、张丁五申请担保新客黄贤二、黄奕昌、黄增收、黄增兴居吧充当泥瓦匠、木匠一案》
	黄奕昌、黄贤二	能为泥水	
	陈盛柏、罗亚添、罗运郎	能为木匠工师	《承挨实嗹命，查勘详复陈官爹、罗凤三申请担保新客陈盛柏、罗亚添、罗运郎、罗亚旺、罗华兴、罗亚三居吧充当木匠一案》
	罗亚旺、罗华兴、罗亚三	新学木匠工	
1845 年 3 月 29 日	林亚二	做荷兰鞋	《承挨实嗹命，查勘详复林淑郎申请担保新客林亚二居吧充当荷兰鞋鞋匠一案》
1845 年 6 月 27 日	张刊、张讲	精于烧瓦烧砖	《承挨实嗹命，查勘详复张升申请担保新客张刊、张讲居吧充当瓦窑工一案》
	陈淑郎、陈亚三	能做马车工艺	《承挨实嗹命，查勘详复陈亚清、古汉清申请担保新客陈淑郎、陈亚三、范亚七居吧充当马车工、裁缝工一案》
	范亚七	能晓做裁缝	
1845 年 8 月 4 日	叶顺	充当书记、帮理事务	《承挨实嗹命，查勘详复叶水申请继子叶顺居吧俸侍晚年，并充当书记，帮理事务一案》

续表

时间	姓名	技能状况	所出案卷
1845 年 9 月 19 日	蔡红	染布、做鲑菜工	《承挨实嗹命，查勘详复蔡成、洪律、叶花、陈令、王壬癸、蔡梧、蔡朝宗（已故甲必丹叶选妻陈英娘代理人）、陈光瑞、陈蜜、黄亚五、理事聘、竹汉水、陈长庚、郑浅、掌声鳌、林芬、刘弼、叶正、简敬忠、李夔、李佛议、林实、熊亨麟、叶科申请担保新客蔡红、曾交、叶治、陈良遂、陈良记、陈昌水、陈琴复、林阔、郭彩男、蔡座、戏是福、陈盏、陈计、陈春遂、黄泰俸、彭亮发、李潭、朱有、陈龙、江周南、郭金塔、郑兑、简守轸、林西公、刘晚、叶恐、简井、李煜玉、梁禄谦、林浸、蔡理、张亚二、林嵩岳、黄亮居吧充当染布工、理璋、教读诗书、俸侍父兄、脚戏师傅、马仕健工、亲丁、剪制药材、做酱油、医生、养病等二十七案》
	曾交	茄实	
	陈良遂	代掌数项	
	陈良记、陈长水、陈琴福、林阔、郭彩男	为茄实、财富	
	王福	教读诗书	
	蔡座	财富	
	教戏司阜①	教戏	
	陈盏	财副	
	陈计、陈春遂	茄实	
	李潭	财副	
	黄泰俸、彭亮发	财副	
	朱有	做马事健	
	陈龙、江周南、郭金塔	亲丁、财副	
	郑兑	剪制药材	
	简守轸	剪制药材	
	林西公	做豆油②	
	刘晚	做裁缝	
	叶恐	掌数项	
	简井	财副兼商	
	李煜玉（立）	财副	
	梁禄谦	医生	
	林浸	帮理事务	
	张亚二	医生	
	林嵩岳	理数	
	黄亮	掌数项	

① 司阜，闽南话，即“师傅”，对有技艺者的尊称。参见侯真平、聂德宁、［荷］包乐史、吴凤斌校注《公案簿》第4辑，第391页。

② 豆油，闽南话，指豆油。参见侯真平、聂德宁、［荷］包乐史、吴凤斌校注《公案簿》第4辑，第339页。

续表

时间	姓名	技能状况	所出案卷
1845年10月24日	叶仁	做寿板工	《承挨实嗹命，查勘详复林栋、杨协、陈檬、陈梓、陈岳申请担保新客叶仁、杨色、陈宗生、陈庆、洪阵、李雾居吧充当棺材工、砖窑工、财副、亲丁、面店伙计等五案》
	杨色	做窑工	
	黄作、黄粟	做漆工	《承挨实嗹命，查勘详复黄权高申请担保新客黄作、黄粟居吧充当漆工一案》
	陈九	看店，自做补鞋工	《承挨实嗹命，查勘详复陈檬、洪律、郑荣、张丁五申请担保新客陈梓、陈九、洪抄、许达、张禀增、张增淑居吧充当宰猪工、医生、店伙计、扑面工、泥瓦匠、财副六案》
	洪抄	医生	
	许达	扑面	
	张禀增	为泥水司①	
	张增淑	财副	
	陈活（该客在批准前身故）	为漆工	《承挨实嗹命，查勘详复黄亚权、许陇、黄春申请担保新客陈活、帮理事务、财富居吧充当漆工、帮理事务并作茄实、做油生意并代掌钱款三案》
	陈斗	帮理事务	《承挨实嗹命，查勘详复陈清风、薛向、叶文德申请担保新客陈斗、林叹、财富居吧帮理事务并俸侍老年、做砖、掌理账款三案》
	林叹	做砖	
	蔡兴	做砖窑工	《承挨实嗹命，查勘详复蔡佛、李奎炳申请担保新客蔡兴、则副居吧充当砖窑工、财副二案》

① 泥水司，即泥水师傅。参见侯真平、聂德宁、［荷］包乐史、吴凤斌校注：《公案簿》第4辑，第378页。

续表

<table>
<tr><th>时间</th><th>姓名</th><th>技能状况</th><th>所出案卷</th></tr>
<tr><td rowspan="6">1845 年 11 月 14 日</td><td>巫嘉祥、巫麟祥</td><td>学做水土工艺</td><td>《承挨实嗹命，查勘详复张丁五申请担保新客巫嘉祥、巫麟祥居吧充当泥瓦匠一案》</td></tr>
<tr><td>钟壬三</td><td>能晓做鞋</td><td rowspan="5">《承挨实嗹命，查勘详复钟亚二、王光炎、饶亚任、胡亚细、翁籐申请担保新客钟壬三、王修、饶元、饶重喜、陈亚二、孙亚鄰、饶亚佛、张亚寿、翁有情居吧充当鞋匠、染布工、木匠、铁匠、泥瓦匠五案》</td></tr>
<tr><td>王光炎</td><td>能晓染布</td></tr>
<tr><td>饶元、饶重喜、陈亚二</td><td>能为木匠</td></tr>
<tr><td>孙亚鄰、饶亚佛、张亚寿</td><td>能晓打铁</td></tr>
<tr><td>翁有情</td><td>能为泥水</td></tr>
<tr><td rowspan="2">1846 年 1 月 16 日</td><td>张亚德</td><td>做木匠，学习筑室工艺</td><td rowspan="2">《承挨实嗹命，查勘详复张锦官、许捷申请担保新客张亚德、许日升、饶亚壬①居吧充当木匠、裁缝二案》</td></tr>
<tr><td>许日升</td><td>裁缝</td></tr>
<tr><td rowspan="6">1846 年 1 月 17 日</td><td>许叶（协）</td><td>帮理事务，并代掌钱项</td><td rowspan="5">《承挨实嗹命，按照 1844 年 3 月 16 日第 8 号“虽然非是工匠，其情有可原，亦当受其恳”案夺，重新查勘 1845 年 11 月 1 日详文否决蔡金水、叶文德、黄春、许陇、吴吝、李奎炳申请担保新客蔡月、叶宇、黄捷报、许叶、陈景生居吧资格一案》</td></tr>
<tr><td>黄捷报</td><td>学做漆工</td></tr>
<tr><td>蔡月</td><td>做棺柴工</td></tr>
<tr><td>陈景生（星）</td><td>做泥瓦匠</td></tr>
<tr><td>叶宇（该客在批准前身故）</td><td>代理数项</td></tr>
<tr><td>李茂</td><td>能为财副</td><td>《承挨实嗹命，查勘详复蓝奇养申请担保新客李茂居吧充当财副一案》</td></tr>
</table>

根据以上列表统计可知，当时流入巴达维亚的新客身份主要有木匠、铁匠、造船匠、建筑工匠、织染工匠、裁缝鞋工、马车匠、金银

① 该案卷中记述，饶亚壬已定居吧城做铁匠，不属新客。此处案卷标题有误。

匠、染漆工、加工食品师傅、做蜡烛的手艺人以及财副、文书、管家、医生、教师、艺人等，包括日常手工业十几种行业，并涉及工商经济、医疗卫生、教育文艺等多个领域。相比较之下，流入较多，影响较大的主要是手工制作等实用技术行业。造船工匠流入规模最大，一次就曾入境200名做甲板船的工匠。不过，木匠、铁匠和建筑、织染、服装和食品加工等行业的技师流入则更为明显频繁。在流入新客中，木匠行业包括棺材工等特殊工种先后有17批，共64人；建筑工匠包括泥瓦匠、烧砖瓦工人、建房木匠等工种先后亦17批，共40人；铁匠行业包括做车马配件等特殊工种先后有9批，共19人；织染工匠先后亦9批，共14人；服装行业包括裁缝、做鞋工、补鞋工等先后有8批，共10人；食品加工行业有6人，但涉及造荳簽、做唐人果、做鲑菜、做豆油及扑面、打面等许多工种。此外，尚有包括医生、剪制药材等工种在内的医疗行业，包括通马车工艺及做马事建的马车制造业，以及会打金器、做蜡烛、漆家具的工匠，流入人数相对较少，但也会对巴达维亚的生产技术形成一定影响。值得注意的是，由于华人工商实业较为发达，巴达维亚对工商管理类的人才有大量需求，其中包括管账的理记、理数、财副、茄实和管家的书记、帮理事务、代掌数项等，先后达24批，共30人。1846年7月荷印政府稍微放宽政策后，巴达维亚华人公堂进一步要求引进260名华人财副，以应付华人社区的需要。

有迹象表明，中国生产技术传入巴达维亚后，并未一直局限于该地，而是向其他地区继续流动。从《公案簿》资料看，吧城华人工匠和猫氏有时招聘东南亚其他地区的土生华人等来吧学习技术并做小工。如1845年11月14日《承挨实嗹命，查勘详复张丁五申请担保新客巫嘉祥、巫麟祥居吧充当泥瓦匠一案》记述：

> 峇氏①张丁五（住蛤汶若堿）入字挨实嗹云："为现乏用人之际，适有口力峇峇一名巫嘉祥，一名巫麟祥，于本年和（荷

① 峇氏，即猫氏，指工头或包工者。参见侯真平、聂德宁、［荷］包乐史、吴凤斌校注《公案簿》第4辑，第320页。

兰）1月8日从口力来吧，经与晚学做土水工艺，故敢恳此二人居吧帮助事务……”

峇峇，马来语 baba 或 babah 音译，指在东印度群岛或马来亚生长的男性华人；口力峇峇则指在实口力即今新加坡生长的男性华人。[①]在调查过程中，新客巫氏二人也自述：“晚今年十四、十一岁，系是在口力生长，现与饶亚万同住，学习泥水即丁五之工艺，所供是实。”可见巫氏二人是到吧城来学习泥瓦匠技术的东南亚土生华人，通过他们在东南亚各地的流动，从中国传入吧地的生产技术往往传播到吧城以外的其他地区。

三　吧城华人对东南亚生产技术的学习及向中国的传播

来吧新客中有部分纯属投亲靠友的情况，一般是在入境定居之后学习吧城生产技术，作为以后谋生的出路。该部分人开始时，这部分人数较少，但自1844年下半年荷印政府稍微放宽移民政策后渐渐增多。在1845年3月29日一份汇报文书中，针对申详新客情况工作华人公堂曾向荷印政府解释说：“论新客在唐闻王上开禁，故来吧地寻亲为工求活者，非猫氏承受新客，乃是亲客[②]之亲人安呾亲客，并出船税等费，俟后日入猫氏之手学习工艺，始有定着，本堂求缓至年终一暨（概）造报。”[③] 这部分华人新客，则对东南亚生产技术的传播起到一定作用。

就现能见到的资料可知，染猫泽是东南亚生产技术中为华人新客较多学习的一种。猫泽是马来语 batik 音译，特指东印度群岛特产的

---

① 参见侯真平、聂德宁、［荷］包乐史、吴凤斌校注《公案簿》第4辑，第320、365、389页。

② 文中“亲客”应是“新客”之误。

③ 1845年3月29日《挨实嗹致书妈腰陈永元，为公堂申详新客情况欠妥，命将新客能为匠工者另行类集陈明与工头何人住同，以及是否能为匠工一案》。参见侯真平、聂德宁、［荷］包乐史、吴凤斌校注《公案簿》第4辑，第103—104页。

花裙布，染猫泽则是东南亚特有的一种染布技术。华人对染布技术并不陌生，有些甚至在移民前已经学会中国的染布技术，学染猫泽比较容易；同时这种花裙布是东南亚人日常所需，市场空间较大，染猫泽也比较容易谋生。因此，纯属投亲靠友的华人新客往往乐于学习染猫泽技术。《公案簿》中有多个案例证明了这一点。如据新客邱炎、邱曲、邱挨入境一案记录，旧客邱昌曾在当月14日向挨实嗹书面报告说："晚住五脚桥为染布生活，因乏用工之事，适有新客（名邱炎）搭舟牙仔船由口力而来，经于晚学染布工艺……"之后华人公堂官员命令黄颜、李彦组成君眉司进行查勘，据云"邱炎能晓染猫泽是实"。邱曲、邱挨二人情况与邱炎一致。[①] 另有数案记录，新客陈龙、陈南生、陈亚合、陈贤"能染猫泽"，甘锦、甘盛等也是来吧学习染布工艺的。[②]

同时，华人新客所学习和掌握的技术中还有做劳智、做荷兰鞋等，笔者认为当属中国传统生产技术之外的工种。在1844年12月13日查勘林捷才等13名新客所学技术一案中记录，新客詹亚福就是专做劳智的。所谓劳智，属马来语 roti 音译而来，即面包之意。从其名词来源和技术内容推测，这很可能是东南亚土著在荷、英等欧洲人影响下兴起的一种食品加工技术。1845年3月29日审查新客林亚二居吧资格一案，则有"做和兰（荷兰）鞋林淑郎入字挨实嗹云：'恳安咀新客林亚二与晚同住做和兰（荷兰）鞋……'"[③] 看来，新客林亚二和旧客林淑郎都是学习荷兰鞋制作技术的。尽管我们一时不能搞清这种技术的具体特点，但是从"荷兰鞋"的名称上来看，其性质当类似于劳智，应该是荷兰人影响下在东南亚流行的一种生产技术。

---

① 1845年1月24日《承挨实嗹命，查勘详复邱昌、邱敬宗、邱极、邱文理、邱时申请担保新客邱炎、邱曲、邱挨居吧充当染布工一案》。参见侯真平、聂德宁、［荷］包乐史、吴凤斌校注《公案簿》第4辑，第73页。

② 参见1833年4月26日《承挨实嗹命，委查陈龙、陈南生、陈亚合、陈贤入境资格》，参见聂德宁、侯真平、［荷］包乐史、吴凤斌校注《公案簿》第3辑，第76页。1845年1月24日《承挨实嗹命，查勘详沈桥申请担保新客甘锦、甘盛居吧充当染布工一案》等。参见侯真平、聂德宁、［荷］包乐史、吴凤斌校注《公案簿》第4辑，第76—77页。

③ 1845年3月29日《承挨实嗹命，查勘详复林淑郎申请担保新客林亚二居吧充当荷兰鞋鞋匠一案》。参见侯真平、聂德宁、［荷］包乐史、吴凤斌校注《公案簿》第4辑，第103页。

最后值得一提的是，《公案簿》资料还显示，由于中国与东印度地区的密切交往，有不少华人在移民若干年后，由于种种原因而返回祖国。正是这一群体中学习过客居地生产技术的华人，将这些技术带回祖国，丰富了中国的社会生产。

原载《海交史研究》2007 年第 2 期。

丝绸外销与广州外贸制度及其演变

在传统贸易中，丝绸历来是中国的主要出口商品。16 世纪以后，丝绸外销进一步与欧美市场紧密相连。因此，在广州口岸支撑中国外贸大局的时代，丝绸外销与广州外贸制度有着极其密切的关系。概言之，丝绸外销是伴随着广州外贸制度的改进而繁荣起来的，同时它又对广州外贸制度的演变起着引领和推动作用。对于前一方面，笔者已在前人研究基础上做过深入和系统的探讨；① 然而关于后一方面，笔者认为尚有必要专门研究。在丝绸外销过程中，中国商人和官方都吸取了西方贸易制度中的先进因素，形成了种种约定俗成的贸易习惯，建立起一套颇具特色的管埋方式，从而大大丰富了广州外贸制度的内容，并促动其向近代化迈进。具体而言，可从以下几点来看。

一　从出口方式到货款结算

——几项重要的贸易制度

围绕着丝绸出口而采取的交易方式、结算手续、货币手段以及其他贸易习惯，构成了近代广东对外丝绸贸易制度的主要内容。其中，较具时代和地方特色者如下：

（一）丝绸出口方式

近代广东丝绸出口的贸易方式，简单来说可以分为丝庄交易和出

① 参见刘永连《近代广东对外丝绸贸易研究》绪论和上篇，中华书局 2006 年版。

口商交易。[1] 丝庄交易是20世纪30年代以前较为流行的贸易方式。这些丝庄专门代理丝绸出口业务，又称"洋庄"。"其所负之任务，颇为繁杂，一方面须代办各丝厂银口钱庄往来，税饷缴纳，生丝交收诸事项，另一方面又须雇一买手（俗称孖毡）担任奔走洋行，接洽生丝贩卖事件。"按照规矩，交易成功之后，"在卖出之丝价内，照例每千元丝庄可扣回佣金八元，以为代办之酬劳费"[2]。关于具体交易手续，一般要经过五个环节：第一，看货。丝庄先派孖毡搜集生丝样品，拿去丝行让对方察看优劣。第二，议价。丝行看货之后，根据货物质量与孖毡讨价还价。第三，成交。如果议价顺利，一般先在丝行和孖毡之间商妥价格，然后孖毡回到丝庄报价并请司理定夺，司理满意双方就可成交。第四，交易货款并初步检验。成交后丝庄根据原来议项如期交货，同时接受丝行进行初步检验货物质量，如有不合格之处，丝行可以折价抵偿。第五，最后检验。如果生丝要出口，运输外洋到了买家那里，还要进行最后的检验，验收完毕而无异议生意才算最后圆满完成。相反，如果在最后检验中发现质量问题，同样还是丝庄折价赔偿。必须指出的是，丝庄的交易对象不是外国丝绸消费者，而只是代理报关和运输出口的洋行。它们所承担的出口业务仅限于海关之内丝绸流转的部分手续，并非完整意义上的出口交易。同时，由于必须依赖洋行办理出关、检验等手续，丝庄在交易中"处处授人之柄"，一任洋行宰割，是中国半殖民地时代对外贸易受人操纵的典型表现。

出口商交易又包括洋行交易、办庄交易和华行直接出口三种方式。洋行出口丝绸，其经营方式不外三种：（1）受本国丝织厂或政府委托收购、供应丝绸；（2）为本国生丝输入商代理采办并寄往欧美推销；（3）洋行为自己向欧美推销而采办、出口丝绸。其具体业务，一般先是买入货物，要经过看货、议价、成交、检验等程式；接着运输

---

① 参见佚名《粤丝贸易状况调查》，《中行月刊》第7卷第6期（1933年12月），第153页。

② 全国经济委员会蚕丝改良委员会：《蚕丝改良事业工作报告》之《广东省蚕丝业之近况》，民国二十三年（1934）油印本，第17页。

出关，要办理保险、签证、交付轮船等手续，最后到银行凭货单提款。由于洋行在多方面具有优势，它们经营着大部分丝绸出口业务，收取比较高的佣金（一般情况下为货价的15‰，是丝庄所收佣金的近2倍，比华行也高出不少），并操纵着粤丝出口，“向来掌握粤丝输出事业之权威”①，因而洋行出口成为广东丝绸尤其生丝出口的主要方式。所谓“办庄”，即由国内商人投资经营进出口生意的庄铺，“专代客商选办洋货，及推销土产”②。它们一般把总部设立在香港或国外，在广东各口岸或商埠则广泛设立分店或联营商号，20世纪30年代，各种办庄在香港有200多家，在广州有30多家。它们大多专门经营一种货物或专对一国、一地贸易。30年代广州的丝绸办庄中的“孟买庄”，就是专门从事向孟买出口粗丝或纱绸之生意的庄口。至于佣金，一般由丝绸商人付给，或者由办庄在货价中扣除。③ 华行直接出口的方式出现较晚。1867年，黎召民组建“肇兴商行”开始尝试。1919年，丝商岑国华创办永泰隆出口商行，并派员到欧美考察市场和推销生丝。“以永泰隆为嚆失”④，民生、协和、兴祥等华行相继跟进，在20世纪二三十年代成为重要出口方式。在办理出口手续方面，华行与洋行类似。不过由于交易手续不熟、辅助条件欠缺等原因，华行经营比较困难。它们大多只能招揽一些次要的生意，向一些经济欠发达地区出口粗丝、纱绸。1933年营业的华行有19家，“其中多数系办丝往孟买之庄口”⑤，就很能说明问题。

---

① 全国经济委员会蚕丝改良委员会：《蚕丝改良事业工作报告》之《广东省蚕丝业之近况》，第18页。

② 国立中央研究院社会科学研究所、广东省银行经济研究室：《粤省对外贸易调查报告》，商务印书馆1939年版，第9页。

③ 第一部分所间接引用的资料，除上注出处外还有李泰初《广东丝业贸易概况》（广州红轮印业1928年印刷）、广东建设厅《广东建设月刊·蚕丝专号》（第1卷第11期，1934年）和国民政府西南委员会、国外贸易委员会《广东工商业》丛刊第5种《丝》（1934年铅印本）等文献，特此说明，不再一一注释。

④ 全国经济委员会蚕丝改良委员会：《蚕丝改良事业工作报告》之《广东省蚕丝业之近况》，第19页。

⑤ 苏鼎新：《广东蚕丝业现在之实际概况》，载广东省建设厅蚕丝改良局《广东采纳丝业复兴运动专刊》概述部分，1933年版，第40页。

具体到丝绸各类货物而言，其主要部分——生丝，在19世纪80年代以前，多由丝行从缫丝农户或小商人手里收购，然后成批卖给洋行或办庄；从19世纪80年代到20世纪30年代抗日战争爆发前夕，多由丝厂委托出口商代理出口和销售；20世纪三四十年代实行了蚕丝统制制度，出口生丝则一律由国民政府贸易委员会驻广州办事处统一收购，然后转售给沙面的各国洋商。至于纱绸等类，一般是通过办庄收购，销售到南洋、美国等地，专供当地华侨消费。据蔡谦在1939年的统计，出口纱绸有58%通过香港的办庄经手转售。此外部分“不假中间人手”，由粤商直接出口到南洋一带。由于南洋一带华侨密集，与广东沿海亲缘关系密切，在商业上早就建有非常稳固的网络，广货出口到南洋，多由粤商直接经营。

（二）结算手续和货币单位

近代广东对外贸易还有一个极具特色之处，即“广州各进出口商，大多与平日较熟之洋行或办庄交易”，“其结帐方式，均视各商之信用及其与洋行或办庄感情之不同而各异”①。

在丝绸出口方面，一般出口丝商也多习惯与相熟洋行及办庄进行交易。一等双方将货价、品质、数量等议妥，出口商就代办报关缴税等手续。丝绸装船后，出口商再凭货物提单向洋行或办庄收取货款。如果买主近在香港，出口商就将提单邮寄给买主，届期派人到香港催收货款。至于直接输出至南洋的丝绸，一般是出口商在收到买主货款后通过邮局直接将货物寄出，对相熟的客户则只要收到其订货信件就将货发出，等买主收到货物后再汇还货款。

至于货款支付方式，以收缴现银和累计记账最为普遍。与进口贸易比较，广东出口商人一般资本微薄，周转短绌，因而采取现银交易者居多。此外用信用票据贴现的办法也长期流行，然而每逢社会动荡，经济剧变，出现信用危机之时这种方式就难以行通。累计记账一般要定期清结，其期限长短不一，有的每星期一结算，也有的按月份

① 国立中央研究院社会科学研究所、广东省银行经济研究室：《粤省对外贸易调查报告》，第13页。

或季度甚至年度来结算。其中每月一结算者较为普通。根据蔡谦的调查，20 世纪 30 年代的广东出口贸易，一般结算货价采取现银交易者约占 76%，采取记账方式者约占 24%。1937 年日本发动全面侵华战争，导致广东商业界信用紧缩，本年度出口货价结算，现收占 85%，记账仅占 15%。若从当年战争爆发后的 8 月算起，则无论出口进口，现银交易均占 90% 以上。

由于多种因素的影响，近代广东对外丝绸贸易在货物结算单位方面表现出相当复杂的情况：在不同品类的进出口货物中出现了多样的货币结算单位。例如在出口货物中，“售与洋行之生丝……等或均以港币为结价单位”，而“爆竹、木材、土纸及一部分之纱绸与蔬菜等货系按港币行情折合毫券结价”①。不过有一个明显特点，即港币在货款结算中起着最为重要的作用。这是因为，香港以其特殊的地理位置和经济地位形成对广东外贸举足轻重的影响。“粤省以内与外洋通商最早，且密迩香港，金融方面又与香港有密切的联系，故其对外贸易之机构自有其特点，与他省不同。”② 广州是深受港币影响的典型地区。就其地位而言，民国时期香港经济已经凌驾于华南之上，而广州则成为“香港金融之一环”。据蔡谦等人在 20 世纪 30 年代的调查统计可知，“港币之势力现遍及广州与粤省濒海各县”③，“广州对外贸易现大部分均以港币为结价之货币单位”④。再从进出口贸易的角度来看，广州是广东对外贸易集中之地，广东出口货物一般都要在广州的黄埔港口装船出海。“仅就广州一地而言，为支付进出口货价，月即需港币千余万元之巨。”⑤ 从以上调查资料可知，广东出口丝绸皆以港币或按港币折合广东毫元券来结算。

---

① 国立中央研究院社会科学研究所、广东省银行经济研究室：《粤省对外贸易调查报告》，第 15 页。

② 同上书，第 8 页。

③ 同上书，第 14 页。

④ 同上书，第 15 页。

⑤ 同上。

二　从官方制度到民间习惯
——贸易管理的基本内容

贸易管理制度在粤丝贸易业中的重要性在于，无论是民间自发还是政府自觉而进行的管理，都对粤丝贸易规范和通畅与否产生直接的作用。在商品经济日趋发达的近代社会，管理体现了贸易的发展水平，更关系到贸易业的兴衰成败。与其他各国丝业相比较，粤丝贸易从正反两方面都典型地表现了这一特点。如果从管理实体及其在丝绸贸易过程中所处的环节来看，粤丝贸易管理一般可分以下几种。

（一）海关管理

粤海关分为旧关和新关。旧关早在1685年就建立了，而具有近代意义的新关是在19世纪60年代初才创建起来的。由于近代广东海关是在西方列强控制了中国一系列主权的条件下由资本主义殖民侵略分子一手包办而建立的，海关的管理大权被牢固操纵在以英国为首的外国人手里。

关于粤海关对海外贸易的管理范围，就旧关而言，主要包括接受外洋商船和国内十三公行的报关、纳税以及对他们的货物稽查、严防走私等。任何进出口货物必须到海关上报货物品类、数量、出自何地、出口地区以及运输船只的大小、类型和有关出海人员身份等。对在某一时期限制出口的货物，必须办理出口许可证明。在鸦片战争之前很长时期内，中国生丝在广州海关的出口就属严格限制之列。就新关而言，海关不但在平时严格稽查、记录进出口的船只、货物以及相关人员的各个方面，而且每月、每季度和每年度都有周密细致的报表和报告。粤海关税务司在每年度和每十年必须亲自撰写专门的贸易总结报告，上报海关总税务署。其报告要对贸易的各个方面进行汇报，从总的贸易出超或入超情况、变化原因，到进出口每一项货物的数量、价格、价值、出产地区、贸易去向、相关船只、相关人员以及每一方面的细致变化和原因，无不加以叙述和分析，并在统计基础上列表阐述。作为出口土货中的大宗，生丝以及绸缎的贸易动态是海关重点关注的一个方面。在粤海关税务司每一份贸易报告中，几乎毫无例外地首先汇报生丝贸易的情况，在统计分析上也比其他各项细致得多。生丝每一品种的进出口数量、每一月份的市场价格、每一季度年份的价值折算，文中都有确切的统计数字；每一种类生丝在每一时期进出口的来源、去向、质量，文中都有周密的叙述和深刻的分析；对于生丝在进出口方面所发生的重大变化，报告更是关注之至。如粤海关代理税务司裴士楷（Bobert. E. Breden）对1876年海关贸易所做的报告，用了差不多有三分之一的篇幅来分析几乎每一日、月的生丝价格的变化及其原因。至于如生丝水分处理、质量规格等方面的问题以及争端、措施、建议之类，从贸易报告中也都能见到不少分析论述。

（二）广东地方政府的管理

政府部门对粤丝出口贸易的行政性管理，在近代表现得不甚突出，专门机构的设立也比较晚。进入近代以来，在外国殖民主义势力强大压力之下，中国被迫开放对外贸易。特别是由于关税自主权的丧失，中国政府对出口贸易难以实施有效的自主管理，很少见到以前那样对丝绸出口收放自如的行政性管理。查阅相关档案文册，从晚清到民国，对丝绸出口的行政性管理一般表现在中央政府对丝绸出口税率的调整等方面，如五口通商之后清政府平均内地货物运往各口之转运税的规定，民国十九年（1930）、二十一年（1932）财政部关务署对丝绸类货物（先后宣布有绸缎、匹头、绣品、生丝及茧衣等）免征出口税的训令等。[①] 至于广东地方政府，到了20世纪二三十年代，粤丝出口贸易的统一管理成了一个突出问题，才把粤丝出口纳入行政性管理之下。比较突出者有两个方面。

一是生丝检查所及生丝出口检验工作。生丝检查所是广东省建设厅下属业务性行政单位，主管生丝检验。该机构从民国十六年（1927）李禄超主持实业部政务时委任蚕丝改良局局长傅保光等开始筹办，到民国二十年（1931）广东丝业危机已经十分严重，对生丝出

① 参见中华人民共和国广州海关接管粤海关档案《秘书课类·丝类专卷》002364、002367、002375、002378、002380等号，《秘书课类·土货运销专卷》005850等号。

口的管理需求迫在眉睫，筹备工作加快了脚步，2 月份检查生丝所需仪器订购齐备，聘任技师来粤就职，工作场所在靠近洋行的沙面地方也构筑竣工。3 月 1 日生丝检查所正式成立，由傅保光兼任所长。根据生丝检查所的组织规程，其管理目的是促进广东生丝改良并保证其信誉。组织上设立所长兼技正 1 人，由建设厅荐请省政府委任，管理全所事务；选聘外国技师一名，襄助所长办理检验工作及研究技术改进。所长以下设立总务股、分量股和品质股，其中分量股设股长兼技正 1 人、技左 3 人、计算员 4 人、练习员 8 人，主管生丝重量检验，研究生丝分级，核算检验数据并填发证书，兼理生丝收发、仓库保管等业务；品质股设股长 1 人、技左 2 人、计算员 2 人、练习员 4 人，主管检验生丝质量、等级以及核算业务，并编制生丝等级标准；总务股主管行政财政业务，兼及调查、统计生丝出口和编制生丝检验、出口证书等。①

按照行政命令，凡是在广东出口的生丝必须接受检查所的检验。若出口商违反规定，则由检查所呈请建设厅核实后扣留充公或处罚。检查过程中出口商必须缴纳一定手续费用，一般是每包生丝（以 80 斤计）抽取大洋 1 元 5 角。其检验项目，在分量方面包括净量、公量和胶量，质量方面包括均匀度、清洁度和条分、断头、拉力等。只要经粤海关出口，无论以哪种方式进行交易的生丝货物一概以检查所验定的公量为标准。照章检验之后，检查所填发相关证书，由出口商交给海关验证无误，才能办理出口手续。办理生丝检验过程，一般手续有：（1）出口商向检查所专办人员领取检验申请单；（2）出口商填写申请单完毕后缴检查所核实；（3）检查所派员往出口商行内取丝检验；（4）核实后检查所发给运输收据。

接受检验的生丝，其数量不得少于 1 包。检验过程中的开包和封包必须由检查所工作人员经手完成。如有必要，出口商可到场监视。检验之后必须交由检查所用其经过检验的特制布包打包并封印。检验过的生丝必须按照检查所编制的号码编排。检验布包上面必须粘贴填

---

① 参见广东省《修正广东建设厅生丝检查所组织规程》，《广东建设月刊》1932—1933 年第 1 卷，第 6—9 页。

有出口商行名、号码、批数及每包号码数的货签。一般检验完毕后检查所即发给证书，接着出口商出具出口日期、运载船名、受货地点，便可以领取出口证书。①

二是蚕丝贸易统制委员会对生丝出口贸易的统制管理。蚕丝统制和蚕丝复兴运动是政府在粤丝贸易方面管理意识进一步加强的重要表现，而且对蚕丝贸易的统制是政府对粤丝贸易真正起到管理作用的具体行政性行为。从复兴蚕丝运动中一些颇有代表性的政府官员在粤丝贸易方面的言论来看，30年代初粤丝贸易的严重衰退给广东政府敲了一记警钟，从而使政府部门确实意识到政府对粤丝贸易进行管理的重要意义。而从蚕丝统制政策中茧丝专卖方案来看，其规章和措施全面而具体，较重要者如下：

> 第一款第十五条：取缔蚕种私行贩卖。
>
> 第三款第二十八条：凡广东全省所产之茧丝（包括机器制丝、炉子丝、土丝），由广东蚕丝业统制茧丝专卖委员会购买及贩卖，人民不得私行买卖。
>
> 第二十九条：凡直接向蚕农购入之茧丝价格，由统委会按照生丝成本公定价格收买。
>
> 第三十条：广东全省之茧市场、茧栈、土丝市场，由统委会接收管理。
>
> 第三十一条：蚕统委会指定原来的茧丝市场为茧丝购买机关，茧栈为烘茧机关。
>
> 第三十四条：统委会所收蚕茧交给指定机器丝厂、炉子丝场缫制，缫成丝后仍旧运回蚕统委会运销。
>
> 第三十六条：蚕统委会在国外或内地设立推销机关。
>
> 第三十七条：由广东省政府拨付法币五百万元，组织广东蚕丝业金融统制机关（银行），直属统委会，以调剂全省蚕丝业之

① 参见广东省《广东建设厅生丝检查所检验细则》，《广东建设月刊》1932—1933年第1卷，第10—12页。

金融。[1]

在蚕丝统制委员会组织机构中，有购买部和贩卖部两个部门对粤丝贸易进行专门的管理和控制，负责各项条例的具体实施。同时设立丝业银行，对丝绸出口金融方面实行统制管理。

（三）民间指导性机构的管理

对粤丝贸易的指导性管理，一般由一些专业性科研和教育机构来实施。民国七年（1918），广东丝业研究所与广东商会、英国商会、法国商会共同组织了广东万国丝业改良会，引进国外巴斯德（Pastuer）检验蚕蛾法制造蚕种，推广到蚕农手里，使蚕农大得收益。同年，岭南大学蚕学院在美国商会资助下成立，从此有一批专业人员从事粤丝改良的科研工作，对广东蚕丝业发展起了不小作用。此外，广东地方农林实验场、农业专门学校以及广东大学农科学院均设立蚕桑科，并专门派员到各地巡回讲演，开办丝业，大力推动丝业发展。出口商人还组织成立了中西丝商会（《蚕丝改良事业工作报告》写作“中国丝商会”）、出口洋装丝商同业公会等，通过相互达成协议或树立规矩等形式直接对丝绸出口贸易起着规范作用。总的来看，对粤丝事业指导性管理出现得较晚，多在民国时期，并且较少直接针对粤丝贸易的指导性机构和活动。不过，20 世纪 20 年代粤丝贸易的鼎盛是完全建立在粤丝事业繁荣基础之上的，这些指导性机构在粤丝出口业上的推进之功是不可忽视的。

（四）广州公证行

广州公证行是西方经济生活方式影响广东的重要表现。19 世纪初欧洲就出现了公证行，到 80 年代随着广东对外丝绸贸易日益发展和趋向近代化，广州公证行应运而生。广州公证行设立的直接原因是生丝出口过程中华洋商人针对生丝重量和质量变化而引发的争端和纠

---

① 广东省蚕丝统制委员会：《广东蚕丝业统制与茧丝专卖方案》，载沈文纬《中国蚕丝业与社会化经营》附录七，生活书店 1937 年版，第 333—347 页。

纷。由于珠三角一带雨水过多，在广州出口的生丝难以干燥存放，更无法避免在潮湿的天气装船起运。而“丝是吸水的物质，生丝受潮通常会使重量发生明显变化。广州出口生丝重量的变化率约为8%—18%”[①]。这样，在运到欧美口岸后，生丝一般在重量上要有所损耗，有些还发霉变质。“这就必然引起买卖双方有关重量的争论而可能招致买方索赔。”[②] 为此，欧美生丝买主与广东出口商人之间常常引起纠纷。“经常在潮湿条件下装船出口，无疑会使广州生丝在欧洲市场处于不利地位。年内因生丝受潮，在欧洲成交的生丝重量损失严重，质量也因而降低。”[③] “不幸的事实促使大的船务公司仿照里昂采用的办法，请公开挂牌经营的公证行检验确定生丝装船前的水分比例。”[④] 1880年问题愈加严重，“全年出口备货情况很差，即使干燥季节，运到国外市场的生丝仍然潮湿，已成惯例，以致引起前段所提起的纠纷”[⑤]。于是由洋商们发起酝酿设立广州公证行，并于1881年6月6日正式开业。[⑥]

公证行的职能是对生丝所含水分比例及质量状况进行公证，当买卖双方产生异议或争端时提供证明。“广州生丝出口在起运地和目的地的重量差距有时很可观，此外生丝经常或多或少受潮，有时运到后买方发现货物已变质，因而广州公证行必须采取措施补救。公正查明双方所提情况，以达到预期的优质服务目的。有时这里公证行查明的重量和欧洲公证行查明的重量不同，这就需要双方业务负责人注意充分协商，共同细心调查出差异的原因。”[⑦]

---

① 粤海关税务司：《1881年广州口岸贸易报告》，广州市地方志编纂委员会办公室、广州海关志编纂委员会编《近代广州口岸经济社会概况——粤海关报告汇集》，暨南大学出版社1995年版，第263页。

② 同上书，第264页。

③ 粤海关税务司：《1880年广州口岸贸易报告》，广州市地方志编纂委员会办公室、广州海关志编纂委员会编《近代广州口岸经济社会概况——粤海关报告汇集》，第247页。

④ 同上书，第248页。

⑤ 同上书，第249页。

⑥ 同上书，第250页。

⑦ 粤海关税务司：《1881年广州口岸贸易报告》，广州市地方志编纂委员会办公室、广州海关志编纂委员会编《近代广州口岸经济社会概况——粤海关报告汇集》，第265页。

广州公证行对广东生丝出口产生了直接影响。作为外贸发展的表现，它以解决生丝买卖双方的争端为目的，有利于生丝出口贸易的顺利进行。不过作为半殖民地经济背景之下为洋人所操纵的机构，工作过程中它不可避免地损害中国商人的利益。例如，它以超出欧美生丝检验常规的方式要求粤丝的干燥程度。正因如此，华商一致反对这种不公平的公证制度，“从 1882 年丝季开始，中国商人团结一致，不按公证重量销售，每家交付 1000 元押金，作为严格执行协议的保证”①。到 1883 年 9 月 10 日，广州商人甚至采取暴力方式，一把火烧毁了生丝公证行。不过因为有殖民主义势力和不平等条约撑腰，外国商人一次次占了上风。公证所成立之初就“有些中国商人企图制造障碍，但被欧洲买主的力量克服”②。1882 年“丝季末期，中国商人已中止互相达成的协议，各自行动，并开始恢复按公证重量出售”③。直到 20 世纪 30 年代初广东生丝检查所成立，广州公证行始终垄断着粤丝出口的检验业务。

这些贸易习惯和管理方式，对丝绸出口贸易的发展变化起着重要的作用。通过对贸易制度的研究和分析，我们可以看出近代广东对外丝绸贸易历经兴衰的某些背景和根源。

三　走向近代化

——贸易制度的前后嬗变

近代及其稍前是广东对外贸易制度发生重大变化的时期。从最初传统的“朝贡贸易”和“市舶制度”，经过渡阶段的粤海旧关和“公行制度”，到新式海关和“自由贸易制度”的建立，使对外贸易逐步突破封建政府的层层限制和束缚，发展为近似资本主义形式下自由竞

---

① 粤海关税务司：《1882 年广州口岸贸易报告》，广州市地方志编纂委员会办公室、广州海关志编纂委员会编《近代广州口岸经济社会概况——粤海关报告汇集》，第 273 页。

② 粤海关税务司：《1881 年广州口岸贸易报告》，广州市地方志编纂委员会办公室、广州海关志编纂委员会编《近代广州口岸经济社会概况——粤海关报告汇集》，第 268 页。

③ 粤海关税务司：《1882 年广州口岸贸易报告》，广州市地方志编纂委员会办公室、广州海关志编纂委员会编《近代广州口岸经济社会概况——粤海关报告汇集》，第 274 页。

争的商业贸易制度。换言之，这是一个近代化的过程。在这一过程中，不时体现出丝绸贸易的作用和影响。

（一）"公行制度"的解体和近代商业自由贸易制度的建立

尽管"公行制度"时代的中外贸易以垄断为突出特点（在国内由公行商人独占合法的对外贸易，在国外则由英国东印度公司控制着出口局面），但在其夹缝中却顽强地生长着自由贸易的因素，并最终导致公行和东印度公司垄断地位的丧失。

在广东沿海，铺户对丝绸之类货物的走私活动一直在暗中进行着。他们脱手的丝绸往往比行商的价格低廉，"因为他们不像后者那样，要负担繁多的税款"。同时他们不像行商一样制订固定价格，而是可以讨价还价，根据市场供求状况达成对外商较为有利的协议。"结果，东印度公司的代理人尊重行商的特权，而英国散商以及美国商人却发现同铺户做打总货品交易，比同行商交易获利更多。"① 这些吸引了不少外商，英国散商和其他自由商人尤其乐于交易。这样，铺户就以市场优势从行商手里争去不少丝绸生意。"19 世纪 20 年代生丝贸易中，一些英国散商要购买比清朝官方允许的出口额更多的生丝，他们从铺户那里买进，并且通过伶仃洋的船只走私出口。……同一时期，美国商人也非常广泛地同行外商人做买卖。普希金洋行波士顿行在 19 世纪 20 年代末和 30 年代初同一个叫叶兴（音 Yeshing）的'行外人'做过一宗相当大的丝绸生意"，因此，"许多铺户作为生丝、土布、地席以及其他许多次要货品的贸易商和生产者，积聚了大量的财富"②。为了避免政府查禁所造成的不必要损失，对于量额巨大的丝绸交易，铺户有时采取假借行商旗号的办法。与此同时，由于洋行各商情况不一，部分惨淡经营的行商为了收取一定费用，也情愿将他们的公行商号名分暂时借给铺户进行交易。这一点将"公行制度"撕开了一个更大的口子，加速了"公行制度"的解体。在行商和英国

---

① ［美］郝延平：《中国近代商业革命》，陈潮、陈任译，上海人民出版社 1991 年版，第 18 页。

② 同上书，第 18—19 页。

东印度公司的强烈要求下，政府一度严厉打击这种行外“非法贸易”。例如1817年，两广总督封闭了200多家铺户。然而自由贸易日益发展的趋势已经难以阻遏，在各国自由商人的压力之下，清政府不得不予以妥协。1820年铺户被允准经营一些“行商认为微不足道而且不愿做的生意”；1928年官方进一步允许铺户合法经营包括丝绸在内的大宗货物。此后铺户越发壮大，成为建立自由贸易制度的重要力量。

就国外情况而言，散商势力反对英国东印度公司垄断的斗争也是近代自由贸易制度建立的积极因素。首先，英国散商借港脚贸易的逐步兴隆而发展起来。18世纪下叶，英国政府特许下的港脚贸易扩展到广东沿海。散商们从广东向英国出口丝茶，由英国向印度出口棉、毛制品，再从印度向广东出口原棉和鸦片，由此迅速积累了大量财富。最初他们在经营上还受东印度公司的很大限制，例如在金融信贷上必须使用由公司所特许的印度账户，港脚贸易所得必须交付公司的账房，换取公司的伦敦董事会或印度英领区的由公司承兑的汇票，然后再以公司汇票继续贩卖丝茶。后来港脚贸易的规模远远超过了东印度公司对丝茶投资的需求，于是散商们另辟蹊径，或者购买东印度公司的信用状独立经营，或者寻求以船货抵押作保证的短期贷款，或者通过走私鸦片直接换取中国白银，或者干脆与美国商人合作，相互达成信贷协议。从19世纪二三十年代开始，不少英国散商摆脱东印度公司限制，在广州建立了代理商行，代理销售洋货，购买丝茶，从中收取佣金。这是中国近代商业史上外国洋行的起源。由于散商势力逐步雄厚和反垄断斗争越发强烈，1813年英国政府被迫公布“特许令”，法律上允许散商自由贸易。之后又经过20余年的斗争，到1834年终于彻底结束东印度公司对贸易的垄断。

（二）近代商业自由贸易体制的演变

在近代大约100年的时间里，广东对外丝绸贸易体现了自由贸易体制内部多方面、多层次的变化。

19世纪40—60年代，与自由贸易体制确立相应，广东对外丝绸贸易在交易途径上有了丰富和发展。鸦片战争前，外国商人从中国出口丝绸的途径比较单一，基本上是在通商口岸的丝茶市场直接购买。

原因是他们在中国内地还未能建立任何贸易据点，对内地也缺乏应有的了解，加上到内地活动还未得到法律或条约允许，因而只能在沿海通商口岸进行贸易。就广东而言，广州及澳门等地是外国商人购买生丝和绸缎的主要市场。19 世纪 40 年代起，一系列条约加强了外商权益，外商对内地的了解也逐步深入，其势力得以向内地渗透。为了换取丝绸，外商运来大量银圆。首先在广州一带，外国银圆逐渐成为市面流行的硬通货；资本主义金融信贷制度也被带到中国，并在广东对外丝绸贸易中较早体现出来。现金交易的形式除了用传统的纹银和银票、钱票结算外又兴起银圆和汇票等新结算方式。更重要的是丝绸收购有了新的途径，外商可以采取放款借贷的方式，与中国丝商签订合同，由其到内地收购定质定量的丝绸。有时外国洋行甚至直接派遣买办携带银元或汇票深入珠江三角洲的大小乡村，到处收购生丝或纱绸。于是作为一种新途径，深入到内地蚕桑丝绸生产区域收购丝绸逐步流行起来。根据对国内外一些贸易档案的研究，我们可以初步明确，“1860 年，对内地丝茶新的大规模收购充分发展”；“19 世纪中叶以后，中国的独立商人和西方贸易商的代理人从条约口岸到内地直接向农民和生产者收购丝茶。到 19 世纪 60 年代初，这种内地收购制度已十分发达”①。

19 世纪 60 年代以后，广东对外丝绸贸易在贸易制度上表现出复杂的变化。该时期，“出口茶叶和生丝，对于在华外国商行，变得竞争性更强而获利更少了”。收购生丝方面，从通商口岸到产丝区域都存在相当激烈的竞争。许多拥有实力的外国洋行纷纷抢先大规模收购生丝，造成市场价格变化无常。由此“外国商行认识到，一般在中国进行贸易，特别是进行生丝贸易，对他们是无利可图的”②。在销售领域，快速及时成为生意成功和获利的重要条件。在签订合同之后，外国洋行便要求中国商人迅速将生丝运出，“以至有些账款无法收回，

① ［美］郝延平：《中国近代商业革命》，陈潮、陈任译，第 152、154 页。

② 同上书，第 194、209 页。

而且生丝运抵时玷污破损，一些货物遭到拒收”[①]。不过，“有时一些出口商即使从中国购买到价格便宜的丝绸，结果也无法获取利润，甚至遭受损失”[②]。面对这种困境，外国洋行不得不改进丝绸出口业务。其一，削减佣金比率。买进丝绸等货的公定佣金比率从1850年的4%降低到3%（到20世纪30年代进一步降低到1.5%）。其二，加强合伙经营。许多洋行成为丝茶商人的合伙人，分担丝茶亏盈的风险，也在中介佣金外分享更多利润。其三，投资更加多样化。许多洋行超出原来代理业务的范围，开始经营包括丝茶购销和金融、交通等行业的生意。在该时期，中国生丝经常以合伙贸易的方式出口。同时有些中国商人苦于自身资本薄弱、市场陌生因素，也积极参与合伙贸易，“他们经常与西方商人合伙将茶叶和生丝运往国外市场”[③]。为了获取最大利润，洋行一般利用放款方式控制中国商人，要求他们提供低廉货物和市场情报。以怡和洋行为例子，该洋行正是通过向中国商人提供短期贷款方式，扩大了其丝茶收购规模。

原载《中国社会经济史研究》2010年第4期。

① 怡和档案，1852年7月14日报告，转引自［美］郝延平《中国近代商业革命》，陈潮、陈任译，第210页。

② ［美］郝延平：《中国近代商业革命》，陈潮、陈任译，第217页。

③ 同上书，第192页。

从海洋意识看中国海疆问题

——以广东地方力量对东沙群岛的认知与管理为例

关于海疆问题，目前研究者已经很多，南海方面成果尤为丰硕。不过，很少有人从根源上来探讨此类问题。近代以来的海疆争端大多起于管理上的空白和薄弱。即使该岛早为某方所拥有，但如果在管理上不到位，就可能给外人留有主权口实和可乘之机。而管理上的欠缺，则往往由于对海洋的关注不够和海疆意识不强所致。作为以陆地文明为根基，向来重陆轻海，而海疆极为广阔的国度，中国在海洋意识影响下所产生的此类海疆问题堪称普遍，而南海海域尤其频发和复杂。本文即以东沙群岛问题为个案，分析海洋意识、行政管理与海疆问题之间的密切关系，期望有助于改进当前我国海疆主权的维护工作。

一　粤闽渔民、商人在东沙群岛的活动和认知

作为开发海疆的主要力量，中国南海沿岸居民，包括商人和渔民，早就活跃于南海地区，故而对南海诸岛的认知相应亦早。晋代裴渊《广州记》云：“珊瑚洲，在（东莞）县南五百里，昔有人于海中捕鱼，得珊瑚。”① 韩振华注：“在东莞县南面（当南偏东）五百里的珊瑚洲，殆指今之东沙群岛。”② 可见，大概早自1600年前的晋朝时

① （宋）乐史著，王文楚等点校：《太平寰宇记》卷157《岭南道一·广州·东莞县》，中华书局2007年版，第3019页。

② 韩振华编：《中国南海诸岛史料汇编》，东方出版社1988年版，第27页。

期，这些地方民众就到东沙群岛一带打鱼、捞海，对这一带自然已有了解。

1974 年，福建师大历史系等合编《东西南沙群岛文献目录及重要资料选辑》收录了一份采访资料，福州居民方均称 1935 年东沙群岛马蹄礁上发现汉到清代的古钱："福州朱紫坊居民方均，今年七十八岁，1935 年曾任国民党政府海军部东沙群岛气象台台长。夏日与气象台人员在浅海马蹄礁游泳，经常在礁石上拾到凝结在珊瑚沙石块上的古铜钱。"据其提供的实物统计，有唐代以前铜钱一种，为五铢钱；唐代铜钱 1 种，为开元通宝；宋代铜钱 15 种，分别为仁宗时期的景祐元宝、皇宋通宝、至和通宝，徽宗时期的圣宋元宝，宁宗时期的庆元通宝、嘉泰通宝、开禧通宝、嘉定通宝，理宗时期的大宋元宝、绍定元宝、嘉熙通宝、淳祐元宝、皇宋元宝、开庆通宝，度宗时期的咸淳元宝；元代铜钱有 1 种，为至正通宝；明代铜钱 3 种，为洪武通宝、永乐通宝以及朱元璋吴王时期的大中通宝；清代铜钱 4 种，为雍正通宝、乾隆通宝、嘉庆通宝、光绪通宝。其中宋钱尤多，达 55 枚，宋代以后流行纸币，铜钱少用，而亦发现 20 多种。[①] 后来经考古工作者剥离方氏上交的两个珊瑚礁块，又陆续发现宋代神宗时期的熙宁重宝、元丰通宝，哲宗时期的元祐通宝，理宗时期景定元宝等，通计隋代以上铜钱 1 种 1 枚，唐代 2 种 5 枚，北宋 23 种 99 枚，金代 1 种 3 枚，南宋 16 种 99 枚，元代 2 种 4 枚，明代 3 种 46 枚，总数 300 余枚（见图 1、图 2）。[②] 可见自宋朝民间贸易发展起来以后，就有更多的中国商人、渔民等经过此地或在此活动。

汪大渊《岛夷志略》万里石塘条云："石塘之骨，由潮州而生，迤逦如长蛇，横亘海中，越海诸国俗云万里石塘。以余推之，岂止万里而已哉？舶由玳屿门，挂四帆，乘风破浪，海上若飞，至西洋，或百日之外，以一日一夜百里计之，万里曾不足。故原其地脉，历历可

① 韩振华编：《中国南海诸岛史料汇编》，第 100—102 页。

② 广东省博物馆：《东沙群岛发现的古代铜钱》，《文物》1976 年第 9 期，第 31—34 页。

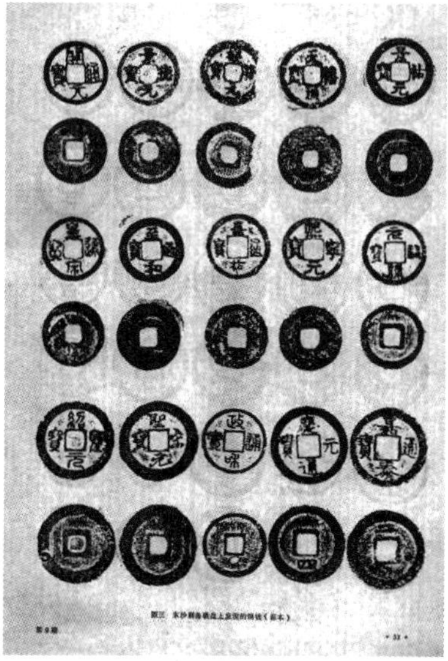

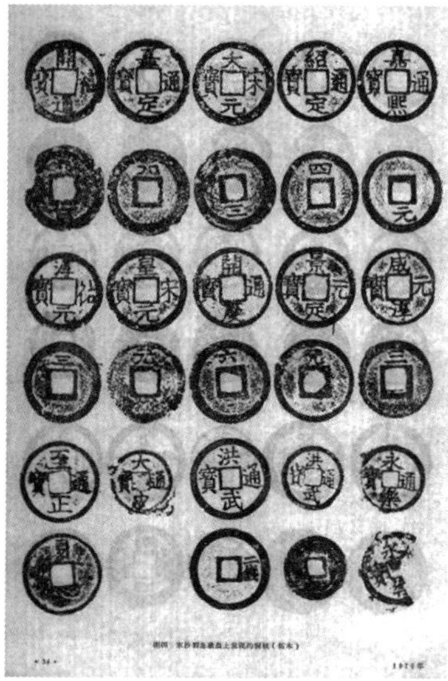

图1、图2　东沙群岛发现的古代钱币及其拓片

（资料来源：广东省博物馆《东沙群岛发现的古代铜钱》，《文物》1976 年第 9 期，第 31、33、34 页。）

考。一脉至爪哇；一脉至勃泥及古里地闷；一脉至西洋遐昆仑之地。盖紫阳朱子谓海外之地与中原地脉相连者，其以是欤。”① 据韩振华注释，玳屿门在福建泉州东南 50 里地方，勃泥即加里曼丹岛，古里地闷即今帝汶，西洋遐昆仑之地指南沙群岛一带。章潢《古南海夷考略》则云：“有山名万里石塘，起自东海琉球国，直至南海龙牙山。”② 龙牙山或称龙牙门，即新加坡及其附近的 Lenga 群岛。可见宋元以来，中国人已经了解南海乃至西太平洋地脉岛礁延伸大势。

到清代前期，中国民间已对东沙群岛形成相当具体的认识。

《指南正法》“南澳气”条云：“南澳有一条水屿，俱各有树木。东边有一个屿仔，有沙湾拖尾，看似万里长沙样。近看南势有一湾，可抛舡，是泥地，若遇此山可防。西南边流界甚急，其中门后急可过

① （元）汪大渊著，苏继庼校释：《岛夷志略校释》，中华书局 2000 年版，第 318 页。

② （明）章潢：《古今图书编》卷 59，转引自韩振华《中国南海诸岛史料汇编》，东方出版社 1988 年版，第 64 页。

舡。西北边有沉礁，东北边有沙坡，看似万里长沙，拖尾在东势，流水尽皆拖东，可记可记。若见此山，用乾戌使陇，是大星。”[①] 该书成书时间向达先生考证为康熙末年即18世纪初。[②] 而对照东沙群岛情形，其岛礁布局、洋流走势皆能吻合。可见清朝初期中国渔民商人等对东沙群岛已能准确认识。[③]

更早出版的陈伦炯《海国闻见录》云（见图3）：“南澳气，居南澳之东南，屿小而平，四面挂脚，皆嵝古石。底生水草，长丈余。湾有沙洲，吸四面之流，船不可到。入溜则吸搁不能返。隔南澳水程七更，古为落漈。北浮沉皆沙垠，约长二百里，计水程三更余。尽北处有两山，名曰东狮象。与台湾沙马崎对峙，隔洋阔四更，洋名沙马崎头门。气悬海中，南续沙垠至粤海，为万里长沙头，南隔断一洋，名曰长沙门。又从南首复生沙垠至琼海万州，曰万里长沙。沙之南，又生嵝古石至七洲洋，名曰千里石塘。长沙一门，南北（东北?）与南澳，西南与平海之大星，鼎足三峙。长沙门，南北约阔五更。广之番舶洋艘，往东南洋吕宋、文莱、苏禄等国者，皆从长沙门而出。北风以南澳为准，南风以大星为准。惟江、浙、闽省往东南洋者，从台湾沙马崎头门过，而至吕宋诸国。……沙有海鸟，大小不同，少见人，遇舟飞宿，人捉不识惧，搏其背吐鱼虾以为羹。”[④] 据韩振华考据，万里长沙头指从东沙群岛南续的沙垠；大星在今广东省惠东县南海上。

与此同时，陈氏还将南海诸岛刻绘成图，在南海注明“气”“沙头”“长沙”“石塘”和“七洲洋”等地名。据韩振华先生考据，其中“气”即“南澳气”，亦即东沙群岛。[⑤] 据考，陈书完成于康熙二十一年（1682）。这里反映出，至迟在17世纪末，中国民间对东沙群岛位置、地形、洋流乃至资源等方面细节有了相当深入的了解。

---

① （清）佚名著，向达校注：《两种海道针经》乙种《指南正法》，中华书局2000年版，第121—122页。

② 向达校注：《海道针经·指南正法》，中华书局1961年版，第121页。

③ （清）佚名著，向达校注：《两种海道针经》序言，中华书局1961年版，第4页。

④ （清）陈伦炯：《海国闻见录》卷上，《中国史学丛书续编》第35种，台湾学生书局1984年版，第38页。

⑤ 韩振华编：《中国南海诸岛史料汇编》，东方出版社1988年版，第95页。

又有乾隆时期谢清高《海录》云：“船由吕宋北行，四五日可至台湾，入中国境。若西北行，五六日经东沙，又日余见担干山，又数十里即入万山，到广州矣。东沙者，海中浮沙也，在万山东，故呼为东沙，往吕宋、苏禄者所必经。其沙有二：一东一西，中有小港可以通行。西沙稍高，然浮于水面者亦仅有丈许。故海舶至北遇风雨，往往迷离，至于破坏也。凡往潮、闽、江、浙、天津各船往往被风至北，泊入港内，可以避风。掘井，西沙可得水。沙之正南为石塘，避风于此者慎不可妄动也。”① 对照现当代东沙岛地图资料，可见至乾隆年间，粤闽民间已经非常熟悉东沙群岛海面地理情况，并习惯称呼这里为“东沙”了。

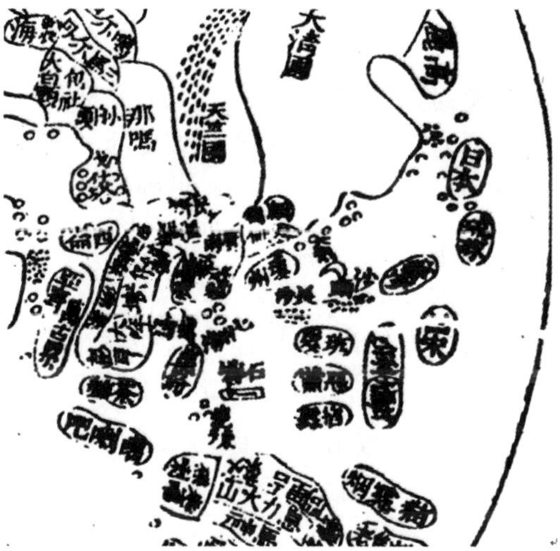

图3　陈伦炯所绘“四海总图”

（资料来源：陈伦炯《海国闻见录》卷下，《中国史学丛书续编》第35种，台湾学生书局1984年版，第162页。）

---

① （清）谢清高口述，杨炳南笔录，安京校释：《海录校释》卷中小吕宋条，商务印书馆2002年版，第194页。

二 广东地方政府对东沙群岛的认知和管理

与民间力量相比，我国各级政权包括广东地方政府对东沙群岛的认知为时颇晚，且在之后长时期内模糊不清。

宋人王象之《舆地纪胜》引《琼管志》云："南与占城对，西则真腊、交趾，东则千里长沙、万里石塘。上下渺茫，千里一色，舟船往来，飞鸟附其颠颈而不惊。"① 韩振华据此认为千里长沙、万里石塘泛指南海诸岛，"在宋朝早已属于广南西路琼管（即海南四州军）的管辖范围"，"是中国宋朝广南西路琼管吉阳军的海疆之一"②。不过笔者认为，此时宋朝政府虽可能已将南海诸岛视为管辖范围，但对其认识还很模糊，并无对东、西、中、南沙诸群岛的区别和认定。

非但如此，稍晚赵汝适《诸蕃志》云："海南，汉朱崖、儋耳也。……南对占城，西望真腊，东则千里长沙、万里石床。渺茫无际，天水一色，舟舶往来，惟以指南针为则，昼夜守视唯谨，毫厘之差，生死系焉。"③ 杨博文认为："千里长沙当指为今我国之西沙群岛，万里石床当指为今我国之南沙群岛。"韩振华认为："千里长沙、万里石塘，泛指南海诸岛。"④ 作为宋朝泉州市舶司提举，赵氏是当时颇有见识的官员，而且因其主持泉州对外贸易，经常与内外商人打交道，代表着官方对南海认识的最高水平。然而即使如此，其所了解的南海诸岛虽可能已经包括东沙群岛，但同样笼统、模糊。

此后，14 世纪末至 15 世纪初成书的蔡微《琼海方舆志》、明代正德十六年（1521）官修《琼台志》等皆云："南则占城，西则真

---

① （宋）王象之：《舆地纪胜》卷127《广南西路 · 吉阳军》，江苏古籍出版社 1991 年版，第 953 页。

② 韩振华编：《中国南海诸岛史料汇编》，第 33—34 页。

③ （宋）赵汝适著，杨博文校释：《诸蕃志校释》卷下《志物》附海南条，第 216 页。杨注，"万里石床"或作"万里石塘"。

④ 韩振华编：《中国南海诸岛史料汇编》，第 33 页。

腊、交趾，东则千里长沙、万里石塘。”[①] 对南海诸岛的认识并未提高。而清代雍正官修《广东通志》则云：“长沙海、石塘海，俱在城东海外洋。古志云：万州有千里长沙、万里石塘。然俱在外海，莫稽其实。”[②] 可见，广东地方政府对南海诸岛仍无具体了解。道光《广东通志》关于千里长沙、万里石塘的记述袭用雍正《广东通志》词条，文字无异，则见官方相当被动和保守的海洋意识。

官方对东沙群岛的方位区别当从18世纪下半叶开始。考察明清时期地图资料，最迟在乾隆三十二年（1767），黄证孙《大清万年一统天下全图》开始标识出“南澳气”地名。此后，1810年、1817年所出两种大清一统全图，及1895年《古今地舆全图》等，基本沿袭了这一地名；乾隆五十五年（1790）《七省沿海图》、嘉庆戊午年（1798）《咸朝七省详图》、同年《七省沿海图》、道光辛卯年（1831）《皇朝舆地图略》等，则标识“气沙头”或“气”，亦即东沙群岛别名。

不过，这一印象在官方头脑中并不深刻。直到20世纪初东沙岛主权交涉前夕，广东地方政府等政权机构仍然不清楚东沙岛位置，甚或尚未知道还有东沙岛这个地方。

这一时期，东沙群岛已经是广大渔民等民间力量频繁活动的地区。清末有私人著述《天目斋笔记》云：“大东沙岛，在广东汕头正南，向属碣石镇，孤悬海外，北距惠州甲子门约百二十海里，东别距汕头约百四十海里，西北距香港约百七十海里。东北、西北两端突出，中成凹状，高出海面四十余尺，地质纯系积沙，有大沙环其四周，此沙岛之所以名也。是岛向为闽粤渔户营业之所，由来已久。岛上有大王庙，为各渔户所公立，沿海渔船不下数百艘，而在此捞海采矿之小艇，亦不可胜数。从前英人普拉打士（即Pratas，一般译作‘蒲拉他士’）曾航海至此，西图即以蒲拉打士名之，英书亦言中国

① （明）唐胄：《琼台志》卷4《疆域》，上海古籍出版社影印天一阁藏正德十四年（1519）刻本。

② （清）郝玉麟：《广东通志》卷13《山川·万州》，广东人民出版社2011年影印雍正九年（1731）刻本。

人至此捕鱼，已捕知若干年。”[①] 据清末民初调查，东沙群岛资源丰富，粤闽沿海百姓“每年获利，大船自数百金至数千金不等。现在（指宣统三年，即1911年）沿海著名富户，若陈德利、蔡有三、蔡桂生、周存栈、冯东秀、赖奇头等，积资或数十万，或数百万，皆自该岛起家者也”[②]。因此，广东有谚语云，“欲发财，趁东沙”，闽粤百姓在该海域获利之丰、熟悉程度之高皆可想见。

然而，中国各级政府对东沙群岛认识仍然滞留在以前阶段，认识模糊甚至缺乏印象。1909年《东方杂志》刊文转载日本《朝日新闻》关于日本政府宣布东沙岛为其领土的报道，评价此事云：“按右条所谓蒲拉达斯，即东沙岛之西名也。日人指为无人岛，自是一面之词，然报言当时已与驻日清使及上海关道交涉，则固已关会我国官吏，彼时不知如何对待，忽确定为全无所属，此不可解之事也。”[③] 可以推测，这时候中国政府官员中许多人甚至专管洋面的上海关道官员尚不知本国还有东沙岛这个地方。

或许有人以为，当时日本人无意或有意地将所占岛屿定位于北纬十四度而非北纬二十度，确实会误导听闻。然而可以肯定，当时我国官方对南海洋面岛屿情况也了解不深，各处有无岛屿并不清楚。

与此同时，清末各级政府明显对海疆问题仍然不够关心。据当时媒体舆论云：“西泽占领东沙岛事，日人视为至荣，报纸争相揭载。而吾国官场及留心时事之人，似尚无所知。故无起而议其后者。以此知吾国官、学两界，极宜留意探讨外事……”[④]

至于广东地方政府对东沙群岛的管理则更为滞后。据黄佐《广东通志》云：“海寇有三路，设巡海备倭官以守之。春末夏初，风迅之时，督发兵船出海防御。中路自东莞县南头城，出佛堂门、十字门、冷水角、诸海澳。”[⑤] 明代广东水师的巡海，由于是出于防备海上倭寇

---

① 韩振华编：《中国南海诸岛史料汇编》，第165页。

② 佚名：《广东东沙岛问题记实》，《东方杂志》1909年第6卷第4期，第65页。

③ 同上书，第60—61页。

④ 同上书，第63页。

⑤ （明）黄佐：《广东通志》卷66《外志三·夷情上·番夷海寇》，第1724页。

的目的，主要在沿海各岛巡视，而东沙群岛尚未在其管理之列。广东地方政府针对东沙群岛的管理行为，晚至清末数十年内才逐步体现出来。

同治七年（1868），出于南海航行安全的需要，各国公使曾致函总理衙门和海关总税务司赫德等，提请在东沙岛上设立灯塔。据查民国初期专门研究南海问题的陈天锡所收录“总税务司赫德第二十号传单”，当时海关择定20处准备设立灯塔，并规划，“一千八百七十四年内，应筑成灯塔各处：东沙岛（即蒲拉他士）、阿木和尔斯特（译音）”[1]。可见，中国政府机构对东沙群岛已有规划式管理。不过，这一规划并未落实。而且此后英国及香港政府曾在1882年、1902年、1909年数次向清政府提请在东沙岛设立灯塔和气象台，事皆未果。可见，包括广东地方政府在内的中国各级政府对东沙群岛的管理行为并未显现出来。

广东地方政府对东沙群岛的管理举措始于对西泽窃据东沙岛事件的调查。光绪三十四年（1908）8月，两广总督张人骏致电外务部云：

> 据洋务委员转接广州英领函称，中国海内距香港东南一百七十英里有一小岛或群小岛，名蒲拉他士。该岛并无居民，显系无所统属之地，但每年之中，间有中国渔船驶到该岛。英政府前曾提议应否于该岛建立灯塔，后以不能决断该岛应属于何国，应由何人设灯，遂作罢议。现奉本国外部论饬将该岛情形及属于何国详细查复等因，函请确查案卷，该岛是否中国属岛，政府有无宣布明文等情，转秉前来。
>
> 查上年九月，曾奉大部电查日本人西泽占据海岛一事，嗣按午帅（指两江总督端方）九月艳电，据驻宁日本领事称，该岛实在台湾之西南、香港之东南，距香港一百七十余英里，即新译《中国江海险要图说》内之蒲拉他士岛，又名蒲晃他士岛。上年两江派员所绘海图亦有此岛等，因经电商午帅派员往探在案。英领现函明知系我属地，竟称欲在该岛设灯，似系意存尝试。应否

① 陈天锡：《西沙岛、东沙岛成案汇编》东沙岛部分，商务印书馆1928年版，第279页。

由钧部布告英、日两使，声明蒲拉他士岛系中国属岛，一面请午帅派员前往探明，酌立标志，以杜外人觊觎。乞卓裁示复。①

粤督此电，对东沙岛已有主权意识，请求外务部照会英、日两国驻华使节，宣布中国对东沙岛领土主权。同时建议对东沙岛立即进行实地勘察，由于当时广东尚无可抗风浪的大型轮船，故而转请身兼南洋大臣的两江总督端方派遣军舰南下。

此后，为与日本驻广州领事交涉东沙岛主权事宜，两广总督委派专员协同南洋军舰和海关海政船先后两次勘察东沙岛，并从广东沿海渔民商户群体中调查日商驱逐华人、毁坏设施、盗采海产等情况，在重获东沙岛主权后还通告沿海渔民可以到东沙岛打鱼，草拟《试办东沙岛海产章程》以规划开发，逐步将对东沙岛的管辖、管理落实下来。

不过，政府落实管理的情况比较复杂，其实此后数十年中经常形成另外一种状态，亦即力不到位。

首先，在清末数年两广总督开发东沙岛的过程中，初期招徕商人不至，商办计划落空；中间出现假冒技师等舞弊情节；后来官办无成，却留下费用万端。继而辛亥革命爆发，清廷覆亡，东沙岛无人管顾，结果不但开发中断，甚至守岛兵勇也陷入绝境，病饿而死。

其次，到20世纪20年代，北洋政府从日属台湾殖民地手里再次收回东沙群岛，同时经英国和香港政府力请，委派海军部上海巡防处着手在东沙岛筹建灯塔和气象、无线电台，并将该片海域划为军事管辖区。② 但此时政府完全忽略了资源权益问题，松下嘉一郎等日本商人趁机勾结东沙电台军官，以少许贿赂驻扎东沙海域，再次染指中国

① 两广总督张人骏致外务部电，台湾“中研院”近代史所藏清档案01－10－001－012－005光绪三十四年八月外务部收两广总督张人骏电两广总督张人骏致外务部电《香港东南蒲拉他士岛拟请端帅派员探明标志由》。

② 1926年北洋政府海军部全国海岸巡防处通告云：“海军出于航海公益，在东沙岛设建无线电台并灯塔，乃海军军事区域所有岛中，一切行政期限由本处遵令办理。□□商民人等，受人愚弄，希图渔利。□□该岛行政范围以内之事，无论与何机关私自订立契约□□，一律无效，并查究。□□周知，特此公告。”（广东省档案馆藏档案，档号6－1－10，《周骏烈、陈荷朝等请开采东沙岛海产材料及日人窃取东沙岛海产案件经过材料（一）》，第59页）

海产资源。1927 年南京国民政府接管东沙岛后，这种情况持续下去。当广东承办商人在省政府建设厅批准下前去作业时，反而遭到东沙电台军人的阻拦和驱逐。

最后，1927 年，广东地方政府向中央国民政府申诉收回东沙群岛管辖权，中间经国民革命军总司令部等斡旋，次年终于解决部门之间的争端，广东地方获得开发资源之权，遣散日本商人、渔民，重新着手开发。不过从此至 30 年代，广东国民政府管理开发东沙岛仍然未能尽如人意。一是重走了清末开发失败的老路，从商办到官督商办再到官办，皆不顺利；二是招商程序出现问题，缺乏调查审核，导致承办商人私自勾结、依赖日本商人和水手等，权益仍有外溢弊端；三是未能鼓励、支持地方商人、渔民，导致我方百姓在与日本盗采势力对峙和争夺海产资源的过程中受尽欺负，不得不退出东沙海域。到 20 世纪 30 年代日本发动南洋战争，东沙岛被日本海军夺取，不但日本商人占尽东沙之利，连中国守台军人亦被俘虏而去。

这种管理上的欠缺，就东沙群岛而言可以找到诸多原因。如改朝换代、政权更迭及战争影响等，都干扰了政府对地方的持续管理。然而，更主要的原因则源自政府海疆意识不够明朗、全面和强烈。

其一，北洋政府等对资源权益完全忽视，坐视外人染指我国资源。在建立灯塔、气象和无线电台之后，北洋政府曾专门派驻海军某部数十人驻岛，最高长官衔至中校。不过，这数十人除了配有武器，职在防守外，主要任务就是观测天气、维修机器，无人管理海产维护和经营。这种对资源权益的完全忽视，给外人盗采留有很大的空间。与此同时，驻守东沙电台的长官为谋私利，擅自容留日本商人和渔民，以分红合同性质授权他们开采东沙海产，而北洋政府对此熟视无睹。将究其根底，可见北洋政府及东沙岛驻军对海疆主权都缺乏全面的认知。

其二，包括广东地方，各级国民政府和机构对海洋权益重视程度不够，或仍然容许外人染指东沙资源，或对开发监管不严，章程、措施疏漏，从而出现种种弊端。南京政府派员接管东沙群岛之后，驻台军官同样接受日本商人贿赂，继续授权外人开采资源。长时期内，国民政府对此同样听之任之。1928 年 4 月，甚至出现一次极端事件：当广东地方承办商人准备登上东沙岛时，驻岛军官黄琇竟然指挥官兵射击阻拦，百般恐吓。后来经广东省府与军方周旋，商人得以登岛，但一方面黄琇将其控制，切断信息渠道；另一方面以与日人合同未满为由，拖延时间，私许日本商人带走所有已采海产，顺利地全身而退。早在清末，就出现东沙商人假冒技师的舞弊事件。后来广东国民政府主持开发东沙资源，但对承办商缺乏必要的调查和考核，导致承办人勾结日商、私雇外人等，其中弊端重重，利权大量外溢。

其三，各级政府对维护和经营海疆见识不足，策略失误。在开发经营海疆问题上，中国政府既不能以切实可行的招商制度鼓励中国商人、渔民开发资源，又不去支持中国民众在开发资源过程中与染指日人对抗，与日本政府形成鲜明对照。日本商人在染指东沙资源过程中，不但能够在当时日本已经成熟的资本主义制度框架下扶持商人海外殖民的政策中获得巨额利润，而且直接受到日本各级政府支持，后来日本驻台湾总督府甚至派遣军舰护送日本商人、渔民进入东沙海域，使其无所顾忌，强行盘踞东沙群岛。与此相反，广东国民政府只看重收缴所谓特许和管理费用，稍不如意就强令承办商人终止作业，使其空费资金，无所获利；同时对商人、渔民控诉遭遇日人驱逐等情节漠不关心，不作扶持。这种极大的反差，反映出两国政府在海洋意识和海疆管理见识上的巨大差异。

三　海洋意识与海疆国际争端的关系

海洋意识直接影响海疆认知和管理问题，而管理开始的早晚和到位程度是可能引发海疆问题的重要因素。我们可以从三个方面来分析这对关系。

第一，地方政府对海疆行政管理的欠缺和滞后是南海海疆争端产生的重要原因。

由于官方比较欠缺海洋意识，行政管理相应滞后，导致在海疆问题上长时期内留有主权空白。

例如，由于我国政府向来重陆轻海，对南海岛屿疏于管理，沿海地方缺乏大型船舰，平时对海岛巡视不够，导致官方并不了解岛屿概况，头脑和文献里对海岛皆认识模糊，因而让外国势力钻了空子。日商西泽窃据东沙岛就是典型的例子。

再如，与日本交涉东沙群岛问题时，两广总督张人骏就给外务部的电文中就指出，官方主持下编修的中国地方志书向来“只详陆地之事，而海中各岛素多疏略”①；“沿海岛屿，往往只有土名，而未详记图志”②。这种情况甚至为其他国家所熟悉，因而狡诈的日本人强调中方“须有地方志书，及该岛应归何官何营管辖确据”，“坚以志书有语，方能作据为言”。“与之反复辩论，彼始终执一索据之说，议无归著。”③

正是在这种情况下，我国海疆主权难以显现，国际争端纷纭而生。

第二，民间力量对海疆问题的重视和洞察使其成为解决海疆问题的重要推动力。

在日商西泽窃据东沙岛事件曝光之后，广东地方各界予以高度关注。

> 惠州周君孔博，联合绅商学各界，订于（1909）闰（二）月二十一日，在府学官内开大会集议。是日县令暨绅商各界，到者千余人，提议办法有只有四个办法：（一）联合各界，分电督宪高大臣恳尽维持之法；（二）分函粤绅商自治两会，及北京同乡官，协同筹议维持之法；（三）分函各属绅商学界，调查一切；（四）一切费用，由商、学二界担任。④
>
> 又据广州消息，近日惠州士民除已由自治研究社派代表至省，与自治会诸绅联合议争外，昨有李兆书（归善廪生）特作一书，由邮局寄往京师，呈递摄政王。书中痛陈该岛被占有五害，

---

① 台湾“中研院”近代史所藏清外务部档案 02－10－001－018 宣统元年闰二月初一日外务部收两广总督张人骏电《东沙岛事日领索据甚坚，已请午帅寄图，再由粤详考证据应否由钧部电商胡使与日外部交涉乞酌示由由》。

② 台湾“中研院”近代史所藏清外务部档案 02－10－001－024 宣统元年闰二月初六日外务部收两广总督张人骏电《东沙岛案现正搜求证据》。

③ 台湾“中研院”近代史所藏清外务部档案 02－10－001－018 宣统元年闰二月初一日外务部收两广总督张人骏电《东沙岛事日领索据甚坚，已请午帅寄图，再由粤详考证据应否由钧部电商胡使与日外部交涉乞酌示由由》。

④ 原文提氏为五条，但该新闻扳通仅引四条，特此说明。

并历举该地为中国领土有四证，请摄政王饬外部照会日使，刻日开议，以全疆土云云。

又据粤报言，某日广州自治会集议时，有关君佐田提议，谓彼于东沙前曾亲历其境。二三十年前已有南海廪生胡维桐上书当道，详言该处一带岛屿极为紧要。该廪原文，尚可以搜出。岛内埋有华人之骨骸甚多，天后庙亦建立未久，均有实据可寻。从前海洋剧盗张宝仔横行一时，即以此岛为巢穴云云。

按丹徒陈君庆年，近因此事，致书江都端制君，即引陈伦炯之《海国闻见录》为证。①

又据香港《南清早报》云：某日，粤督张人骏接到商人梁某来禀一道。该商人于日本人到大东沙岛时，尚在该岛营业。来禀指明该商营业之程度，并撮录在该岛营业之数目。又谓日人毁去庙堂两间，华人坟墓约一百八十座，并华人渔舟数艘。日人何时初到该岛，尽能调取证人，为之指证初次只有数人到岛中，惟随后有轮船载人续到云云。来禀末节，恳求设法晚会该商营业权利，估计华人所失之利益，要索日人赔偿云。②

在夺回东沙海岛主权的过程中，广东民间力量不但积极促动政府积极与日本交涉，而且筹议各种办法，付诸实际行动，提供海岛主权归属的种种证据，鼓动媒体宣传和国际舆论。当时日本国内亦看到“广东人对此问题非常热心，咸注意解决。……七十二行及自治会颇煽动杯葛之热。……当此人心激昂之际，其气焰之炽，殆不可向尔”，因而认为“东沙岛问题，非如间岛问题之复杂。此岛果是清国所属与否，立时直可解决。……外务当局，宜勉公平无私，调查事实，以速解决之。政务局长仓知亦以为此岛非帝国领土之一部。然则为清国所属，已可确证。日本政府承认其领土主权，自无待踌躇”③。国内时论

---

① 佚名：《广东东沙岛问题记实续篇》，《东方杂志》1909 年第 6 卷第 5 期，第 135 页。

② 同上书，第 135—136 页。

③ 佚名：《广东东沙岛问题记实》转引日本大阪《朝日新闻》时论文章，《东方杂志》1909 年第 6 卷第 4 期，第 68—69 页。

亦评价说："我国士民，咸颇注意于是，争搜求颠扑不破之证据，以为官吏之后盾，足以颇无人岛之谬说。此吾人所不可不知者也。"① 可见，正是由于广东民间力量的促动，使日人知难而退，从而东沙岛才得以顺利回到祖国的怀抱。

第三，地方政府对海疆行政管理久未到位导致南海海疆问题在长期以来持续存在。

清朝覆亡之后，驻守兵勇绝粮死尽，东沙岛再度变成无人定居的岛屿。这时候，日属台湾殖民地商人松下嘉一郎趁机染指。

后来，北洋政府在东沙建立灯塔和电台之后，日本商人不甘失去经济利益，采取贿赂驻岛军官的手段，得以继续开采东沙资源。

1926 年，广东所特许承办商人周骏烈呈报：

> 日本人石丸氏（住台湾基隆），已于（本年）阳历三月初间雇琉球人六十名，乘友德轮船先到该岛，窃取海产。查石丸氏曾到该岛窃取多年，声称渠系北京政府许可，实则绝无此事，概恐他人与之竞争，故特托词蒙骗耳。闻去年曾被吾海军破获一次，罚伍佰元了事。只以该岛间无人居住，又去大陆甚远，贼人遂得乘间再来窃取。且本年三月廿六七日，又有日本大阪人松下氏招工人百二十名，乘第三竹丸船（约百吨），并电船两艘，一名宝珊，一名改福，由基隆出发，继赴该岛，与石丸氏竞争，冒称得我广东政府许可，遂将石丸氏驱逐。此事台湾《日日新报》发表其详。②

广东省档案馆现藏 1926 年台湾《日日新报》译文云：

① 佚名：《广东东沙岛问题记实续篇》，《东方杂志》1909 年第 6 卷第 5 期，第 134 页。

② 民国十五年（1926）五月三日周骏烈呈（广东省）实业厅《为日人冒称我政府特许，窃取东沙岛海草产，恳速请外交部交涉并派兵驱逐出境，扣留所窃海产由》，广东省档案馆藏档案，档号 6－1－10，《周骏烈、陈荷朝等请开采东沙岛海产材料及日人窃取东沙岛海产案件经过材料（一）》，第 43 页。

东沙岛竞争采取螺贝及海草者，基隆石丸氏与大阪松下某二氏，此次冒险向南海东沙岛采取螺贝及海草，目下向北京与某强国密约建设大无线电台及灯塔于东沙岛。基隆石丸氏多年在该岛采取螺贝及海草，诸暗礁甚熟悉，代建设者引导水路。今日大阪事业家松下某受广东政府许可东沙岛螺贝及海草采取权，已备第三竹丸（百吨）发动机船一只，又宝珊（二十马力）、改福（二十马力）电船两只，买入粮食及日常必需品，雇琉球人潜水夫百二十名，在基隆□（该字模糊）东沙岛出发。但前记石丸氏亦有采取特权，未审究竟如何。①

1927年9月，又有广东特许承办商人陈荷朝呈诉：

及后黄琇继任为该台长，与海防处长吴振南，以假公济私，串通日人松本嘉一郎（原呈误写——笔者注）前往该岛经营海产，并将渔业批与日人妙中利三郎及松永民男等，又由该处长吴振南以指令专任奸商陈宝生驻港，勾引日人前往东、西沙群岛经营事业，并声明以该岛为海军军事区域，不能干预等语。②

而广东省实业厅也得报实情，并向国民政府申诉云：

西沙岛地方据询查所得，则有所谓南兴实业公司坪田本永及难波鹿太其人，在彼从事实业。此数人者，均属日本国人。该处不以对待本国人者对待日本国人，反以对待日本国人者对待本国人，未免冠履倒置。究竟该处是否本国机关？抑为日本机关？其

① 民国十五年（1926）五月三日周骏烈呈文所“粘附台湾《日日新报》一纸”，广东省档案馆藏档案，档号6-1-10，《周骏烈、陈荷朝等请开采东沙岛海产材料及日人窃取东沙岛海产案件经过材料（一）》，第47页。

② 民国十六年九月十三日陈荷朝呈（广东省）实业厅《为勾引外人丧失国权饰词瞒报希图肥己乞赐查究以挽利权由》，广东省档案馆藏档案，档号6-1-11，《周骏烈、陈荷朝等请开采东沙岛海产材料及日人窃取东沙岛海产案件经过材料（二）》，第43页。

职务是否保护本国人？抑系保护保护日本人？①

1927年由《工商报》9月1日刊文亦云：

比有黄琇者，奉派守台，视事之后，不知何心，将该岛渔业利益，尽行让于日人松下嘉一郎、妙中利三郎、松永民男等经理，估计每年渔获利益，可达十万之巨。查渔获物之大部分，多运汕头、厦门、澳门等地出售。②

此后，该类事情不断出现。如1928年陈荷朝呈报，东沙台台长黄琇又“着香港人蔡海公，招日本人松下嘉一郎前往采取，闻已缴费进行”③。

南京国民政府统治下的广东地方政府，在主持开发东沙海产的过程中，由于监管不严，导致承办商人勾结日本商人，私自雇用外人，仍然造成不少权益外流。

承办商人勾结日人之事，起自北洋政府管辖之末。当海军驻守东沙台长官私自特许日本商人开采海产曝光之后，迫于舆论改为招揽中国商人承办。“但查海军方面，本年已给粤人冯德安承办，乃系串通日本人松下氏前往经营。”④ 而大阪《每日新闻》刊登于1926年6月13日的文章披露得更为翔实：

① 民国十六年九月十九日（广东省）实业厅呈复省府公文，广东省档案馆藏档案，档号6-1-11，《周骏烈、陈荷朝等请开采东沙岛海产材料及日人窃取东沙岛海产案件经过材料（二）》，第35页。

② 民国十六年九月一日《工商报》特讯《东沙岛渔业利权又让于日人》，广东省档案馆藏档案，档号6-1-11，《周骏烈、陈荷朝等请开采东沙岛海产材料及日人窃取东沙岛海产案件经过材料（二）》，第45页。

③ 民国十七年一月二十八日陈荷朝呈实业厅《为侵夺国权乞为严抗由》，广东省档案馆藏档案，档号6-1-11，《周骏烈、陈荷朝等请开采东沙岛海产材料及日人窃取东沙岛海产案件经过材料（二）》，第87页。

④ 周骏烈致广东实业厅厅长李禄超函，广东省档案馆藏档案，档号6-1-10，《周骏烈、陈荷朝等请开采东沙岛海产材料及日人窃取东沙岛海产案件经过材料（一）》，第73页。

> 南支那海的无人岛，日本名之曰东沙岛……五六年前，台湾石丸昌公氏得大阪藤泽吉友之援助，在该岛从事采取高赖贝及海人草。十四年七月，上海全国海岸巡防署在该岛建设无线电台及观象台。向来渔业权有支那国籍之限制，而石丸氏乃与该岛无线电台总办徐庆文氏私约。石氏利便许氏建设无线电台，而许氏报酬石氏在该岛继续渔业权。本年二月，冲绳县松下三郎氏及嘉一郎氏，与徐庆文挚友香港人冯德安私约，由冯氏出名，向徐庆文取得该岛海草及高赖贝采取权。而松下氏即以一万元为抵押金，并将所有收入十分之二给与许氏。于是本国人石丸氏与松下氏遂惹竞争。①

1926 年 4 月，闽南商人周骏烈向广东省实业厅申请承办开采东沙岛海人草并获得批准。当时实业厅批文申诫云："核准采取东沙海草，十年为期，并饬不得招募外股……尤应以招募外股或与外人串通行动为大戒。否则国法所关，固非仅予撤销原案所能了事也。勉之慎之！"②

1929 年 8 月 3 日，与周骏烈同时获取东沙岛开采特权的承办商人陈荷朝揭露其勾结日本商人、雇用日本人员和船只，并抢掠中国商人的行为：

> 周骏烈财雄势大，更有日商守田增市、日妇河川伟津（应该是河村惠津之讹）为之奔走钻营。……迨本月十三日，该伴郑池搭由厦门海关运伙食往岛之丙贞船，回厦门转海阳船抵香港，报称：驻岛骏记公司不论司事、工头、水夫均系日人，载运亦系日本渔船。初时有华工三十名，前月为日工排斥，持枪殴逐。幸多系厦门人与观象台长同乡，避入台内，闭门保护。翌日，即用船遣送香港转回厦门。近该日人等恃人众有枪，尽将我货仓器械舢

---

① 广东省档案馆藏档案，档号 6－1－10，《周骏烈、陈荷朝等请开采东沙岛海产材料及日人窃取东沙岛海产案件经过材料（一）》，第 76 页。

② 民国十五年四月十七日广东省实业厅批文，广东省档案馆藏档案，档号 6－1－10，《周骏烈、陈荷朝等请开采东沙岛海产材料及日人窃取东沙岛海产案件经过材料（一）》，第 36 页。

> 板强行掠夺。伴力寡莫奈何，迫将货仓上盖拆除。伊又强夺占住，每借故挑衅，冀将房舍一概夺取。伴等在岛，惟有闭门，情如囚禁等语。查日人不得赴岛偷采，敝国素有禁例。周骏烈在基隆招雇水夫赴岛……至骏记公司驻岛司事概系日人，不只系雇用日本潜水夫。可见该周骏烈系冒藉揽承，非但违背章程，抑且有辱国体。①

不久，陈又揭露周骏烈勾结日本商人松下嘉一郎，冒领特许开办执照后任由松下私占东沙岛开采海产，自己坐收渔利。实业厅查清无误后，吊销了周的特许执照。然而，陈荷朝又是什么样的承办商？陈荷朝，中山籍香港商人，1927 年 6 月 8 日申请承办开采云母壳等水产，10 日获得实业厅批准。但是，1928 年 1 月 28 日，陈就公然呈请实业厅批准自己到境外雇用外人作业。其文云：

> 窃商承领开采东沙岛云母壳海草海产等，现经着手进行。惟潜水采取海产，以台湾琉球人最为适宜。盖琉球人潜水耐久，我粤人所不及。商拟雇琉球人五十六名，为潜水工作。乞咨日领事转咨台湾政府知照，俾商前往招工，以利进行，实为德便。

当时台湾属于日本殖民地，而琉球更为日本吞并，成为日本领土。陈荷朝此请显然违反了权益不能外流的规定。然而广东省实业厅竟然照样批准，并为其转咨交涉署照会日本领事，积极办理手续批准其到台湾招揽工人。

不久，陈荷朝得寸进尺，竟然申请雇用日本船只及与日商合作开采海产：

---

① 陈荷朝致广东省府“呈为冒藉违章揽承强掠恳恩严令查究撤办追偿事商业　将周骏烈由基隆招雇日本水夫奥浜加那志等四十八人名报关出口名册及赴岛运载海产之泉盛胜利同川等日本渔船又该日工在岛采产时工作情状分别摄影粘呈钧厅暨省府”，广东省档案馆藏档案，档号 6－2－517，《东沙岛商人陈荷朝控告周骏烈勾结日人非法开采该岛海产案件的文书材料（之一）》，第 1 页。

窃商前先后奉钧厅批准承采东沙岛海草云母壳等海产，现已着手进行。惟该岛航线，粤人不谙。盖我粤人罕有涉足于其间，且岛悬海中，四围暗石，只有一口出入，船只来往该处附近，多被礁触，沉没者不知凡几。查有日船熟悉该处航线，商拟暂雇日船来往，派我粤人随从学熟其航线，两个月后即不雇用日船，自行备船驾驶。此实临时利用权宜计也。兹商订雇日本石油发动机渔船三艘，名为第一玉城丸，第二玉城丸，船东名玉城进一；幸来丸，船东名山田伊太郎，为采取海产输运之用。订定合约，雇请第一、二玉城丸，每艘月租五百元；幸来丸，月租三百元。兹据船东称，奉香港日领事谕，须由钧厅转咨驻粤日本领事，照会香港台湾各日领事，给予执照，方可施行等情。故特具呈钧厅察核。

谨将商与日人承租石油发动机渔船开列于后：

(1) 高雄州高雄市哨船町二丁目一二船东玉城进一 船籍港高雄港 船名第一玉城丸 船种西洋形石油发动机付渔船 总吨数三八七吨一三 登簿吨数一三吨一零。

(2) 高雄州高雄市哨船町二丁目一二船东玉城进一 船籍港高雄港 船名第二玉城丸 船种西洋形石油发动机付渔船 总吨数三六吨五五 登簿吨数一二吨九五 昭和三年二月十七日高雄州。

(3) 高雄州高雄市港町三丁目二五番船东山田伊太郎 船籍港高雄港 船名幸来丸 船种石油发动机付日本形渔船 总吨数二零吨七六 登簿吨数七吨五六 大正十年五月二十七日高雄州。[①]

不久，有人揭露，“陈之代表人冯德安仍系转引日人到岛，实与志昌行之引松下异曲同工”，黄琇则称“陈荷朝仍系日人资本”[②]，

---

① 民国十七年五月一日陈荷朝呈实业厅《请咨交涉署转咨驻粤日领照会香港、台湾日领准予给照以便运输海产接济工人伙食由》，广东省档案馆藏档案，档号6-1-12，《周骏烈、陈荷朝等请开采东沙岛海产材料及日人窃取东沙岛海产案件经过材料（三）》，第17—20页。

② 广东省档案馆藏档案，档号6-1-12，《周骏烈、陈荷朝等请开采东沙岛海产材料及日人窃取东沙岛海产案件经过材料（三）》，第36—37、44页。

“陈荷朝等悉系假托，而前赴该岛则为英籍民冯德安并日人石丸氏等”①。

在民国时期，广东地方政府虽然已经认识到开发建设海疆对固守主权的有效作用。如1926年广东省实业厅厅长李禄超就说：“自清季由粤督几费磋磨，向日本收回之后，鉴于外人觊觎之欲，知非从事开拓，不足以固属图，先后或拟招商经营，或核准由商人前往开采磷矿海产……”② 但是由于实施过程中监管不力，漏洞较多，致使东沙利权外溢。在对周骏烈、陈荷朝等人的调查、审核和监督问题上，就暴露出这一点。

四　结论

关于东沙群岛主权，从历史事实上讲毫无疑问当属中国。然而，为什么还会产生主权争端问题呢？我国政府由于海洋意识滞后所导致地方行政管理上的长期空白，为关键因素。好在当时不但地方民众的生产活动在该岛和文献上都留有明显史迹和记载，而且民众以高度的热情鼓动交涉，寻找证据，提供对策，使得我国政府得以顺利收回东沙主权。那么，既然清末中国收回了该岛，为什么主权纷争竟然反复产生，持续下去呢？这又与广东地方政府在海洋意识薄弱背景下管理久未落实或不到位有着直接关系。在中国海疆，像西沙群岛、南沙群岛及钓鱼岛等其他海域，同样存在这种问题。

原载《国家航海》2015年第1期。

① 广东省档案馆藏档案，档号6-1-18，《东沙岛商人陈荷朝控告周骏烈勾结日人非法开采该岛海产案件的文书材料（二）》，第12页。

② 民国十五年七月十日李禄超致外交部宣传局韦局长函，广东省档案馆藏档案，档号6-1-10，《周骏烈、陈荷朝等请开采东沙岛海产材料及日人窃取东沙岛海产案件经过材料（一）》，第78页。

斗争与合作：从粤档看英国“客邮”从中国的撤出

“客邮”指列强在中国所设立的派出邮政机构，是近代中国社会半殖民地化的产物之一，因西方殖民势力侵入而产生，又因其殖民势力消退而撤出。关于“客邮”问题，学术界已有一定相关成果，但研究空间尚为可观。“客邮”曾广泛存在于中国沿海乃至中西部某些地区，在各通商口岸尤其发达，然而只有数篇论文作以面上概论或对北京、汉口及福建等少数口岸和地区进行探讨。① 作为近世中国对外交往的前沿阵地，广州是最早设立“客邮”的口岸城市，并以其发展和影响而在中国邮政近代化进程中占据重要地位，但迄今尚无专文探讨，略有涉及者则因史料的局限而语焉不详，剖析不深。② 笔者最近在广东省档案馆检出有关20世纪20年代“客邮”从广州等口岸撤出的专卷资料，其中多达数百页的外文私人书信和公事备忘录等珍贵文献，非常翔实地记录了这一过程的诸多细节，并从较深层面反映了当时中西方势力斗争与合作交织出现、相互渗透的复杂关系。

---

① 面上的概括性研究请参见刘亚中《试论“客邮”》（《淮北煤师院学报》1989年第4期）、吕元元《略论“客邮”的兴衰》（《中山大学研究生学刊》1996年第3期）、杨新明《近代中国邮权的丧失和收回》（《求索》1997年第2期）、易伟新《略论晚清“客邮”》（《益阳师专学报》2000年第2期）等；针对地区和城市的专门探讨请参见刘肇宁《北京“客邮”史略》及其续篇（《集邮博览》2002年第2、3期）、陈波《汉口五国租界“客邮”始末》（《集邮博览》2004年第6期）、胡中升《近代福建“客邮”》（《福建乡土》2006年第2期）、胡中升等《客邮对福建邮政的影响》（《重庆邮电大学学报》2007年第4期）等。

② 参见谭友谊《广东近代邮政的创办与发展》（《文史博览》2008年第10期）、曾繁花《民国时期广州邮政业述略》（《重庆邮电大学学报》2009年第2期）等。

综合考察列强“客邮”在中国发展的情况，南方地区以英、法、日、德所设为主，其中英国因其客邮机构及其利益的广泛存在而在客邮撤出过程中与中国政府交涉最繁，关系复杂，最具代表性。本文即以在案卷中所占比例最大的英文资料为基础，考察中英双方为交涉英国客邮撤出中国问题而斗争和合作的历程，并评价其作用和意义。

一 斗争

众所周知，由于严重侵犯了中国邮政主权，并给中国带来了鸦片走私等恶劣问题，客邮自产生起就不断激起中西之间的斗争。直至1921年2月1日，华盛顿会议通过了“撤出客邮决议案”，明确规定在1922年年底以前撤出所有在中国设立的客邮机构，该领域的斗争终于有了一个结果。关于该问题已有学者论述,① 兹不赘言。然而，双方斗争并没有就此消除，而在实施决议案的过程中更为具体地表现出来。

在英文案卷中，时间较早的是1922年3月24日英国伦敦邮政总局局长秘书代签转发给香港邮政总局局长 S. B. C. Ross 的一封指示性的书信。该信开篇就说：“邮政总局局长让我告知您，在英国邮局没有确切的步骤撤出中国之前，华盛顿会议上所做的决定还需要等待一段时间才能批准。”② 接着指出，香港邮政总局上交的“（撤出客邮）提纲中所提到的步骤可能会被放弃”；“除非外国邮局的逐步关闭是真的给你带来便利，否则邮政总局局长更希望他们的服务持续到关闭的

① 参见刘亚中《试论“客邮”》（《淮北煤师院学报》1989年第4期）、吕元元《略论“客邮”的兴衰》（《中山大学研究生学刊》1996年第3期）、杨新明《近代中国邮权的丧失和收回》（《求索》1997年第2期）等。

② 广东省档案馆第29全宗，第1号目录，第146卷宗，广东邮政关于撤销帝国主义在中国设立的“客邮”机构的文书材料（英文），第35页。该卷多为英文书信和无标题文件，以下注释简写为“粤档：全宗号—目录号—卷宗号—页码”。

前一天”[①]。显而易见，基于固有利益上的考虑，英国政府并不特别看重华盛顿会议的决议案，而是在撤出问题上一味迁延，一年之后仍无任何准备撤出的计划和举措。这样，双方交涉和斗争势在难免。

与此同时，中国政府则极力推进这一进程。为了尽快接收在各地的邮政主权，并将邮政事业顺利发展下去，中国邮政部门想方设法探求客邮固有的经营机制和相关商业机密。例如，早在 1922 年 4 月 11 日国民政府交通部合作总干事、邮政总局局长 Rousse 在给广州邮政总局局长 Tolliday 的信中就指示说：“在 12 月底所有的安排应要完成，我期待尽快地从你那里接到你所提出的规划。请再让罗斯先生秘密地解释一下香港是如何运行邮政汇票体制的，这样可以让我更快地做安排。”[②] 在同年 4—5 月份，广州邮政总局通过交涉和调查等手段，获取了各国客邮在广州、汕头、琼州、北海等邮区经营的诸多信息，主要包括了六个方面：（1）房屋和土地；（2）办公场所；（3）材料物资及其供应；（4）汽车运输；（5）员工；（6）外国邮政服务，内容非常详细。[③] 依据这些资料，交通部邮政总局及广州邮政总局形成了诸多备忘录式的文件，[④] 为其筹备接管客邮邮政业务打下了的重要基础。

在后来陆续的交涉中，双方经常遇到一方强调某方面利益，而另一方表现出矜持的态度。在 1922 年 5 月 15 日汕头英国领事 King 致英国外交大臣 Beilby Alston 的信里提到，英国政府随时关注撤出客邮对其侨民所造成的影响，并于 3 月 22 日拍发急件，通知各地领事汇报情况。同时，还对中国邮政提出诸多要求，如为了使英国商人在此后仍能将钱款顺利汇寄到英国及其殖民地，认为内地必须修改现行的邮政汇票体系；为了加快邮件发送的速度，根据汕头英国商会的建议有必要在相同的邮路上创建邮装箱体系。总之，“我们还要保证没有给民众带来生活上的不便，没有给英国政府带来很大的金钱和名誉上的

---

① 粤档：29 - 1 - 146，第 34 页。该卷宗文件页码部分错乱，后文不做专注，特此说明。

② 同上书，第 30 页。

③ 同上书，第 37—51 页。

④ 同上书，第 70—76 页。

损失”①。

迫于情势，香港邮政总局向英国在中国各派出或代理机构发出正式通知，正式公布了英国客邮从中国撤出的步骤和日程：

> 到达该地的邮件的派送：
>
> 外国邮件将会在那个日子（7月14日）之前派送，如此就能让它们不晚于10月底到达。
>
> 伦敦的邮件的派送将在9月30日停止。
>
> 香港的邮件将在9月15日停止派送。
>
> 代理机构向外派送邮件：
>
> 邮件将从代理机构邮寄往世界各地（不包括中国的其他代理机构）的截止日期为9月30日，从一个代理机构邮寄往另外一个代理机构的截止日期为9月15日。
>
> 8月1日以后将不会接收收费包裹。
>
> 当地的邮政票据（Postal Notes）将在9月30日之前兑换完毕。
>
> 当地的邮政票据不能够在12月15日之后在另一个代理机构发行兑换，但他们能够在香港发行兑换直至12月30日。
>
> 代理机构可以发行邮政汇票（Money Order），该邮政汇票可兑换的截止日期为12月30日。
>
> 大英帝国发行的邮政票据（Postal Notes）兑换的截止日期为12月30日。②

但是，在7月7日中国政府交通部下达广州的第31819号工作备忘录里，合作总干事的主任秘书（文件签署人）提到直到此时外国邮政管理部门仍然不肯放弃在中国的既得利益，“外国邮政管理部门意欲继续在中国运行其代理机构，目前谈判正在进行，希望在今年年底

① 粤档：29-1-146，第62页。

② 同上书，第81页。

之前能够同外国相关部门达成协议”①。就英国政府而言，同样即使明知客邮之撤出势在必然，英国政府也从不轻易让步，而是千方百计争取其在中国最大限度的权益。交涉之前英国政府就对香港邮政总局强调了几个应该解决的问题及其方案：（1）香港邮政总局至少在9月底之前保持经营发送邮件、邮政汇票和包裹的业务，直到“关闭的最后时刻”务必接收外来邮件、邮政汇票和包裹等。（2）所有（在英国客邮供职）的中国员工将“在年底的一个既定的日子一次性调配到中国邮局”，而且“被接收的中国员工不必要再按照之前那样在中国的任何一个省区工作要动手写书面申请”。（3）“除了上海之外，其他地方邮局的设备应该尽可能地在当地卖掉或处理掉。”（4）由香港邮政总局指定章程进行财产清查。② 之后直至该年年底以前，英国政府还在外国邮政服务方面与中国政府讨价还价；甚至晚至1955年，它才撤出设立在西藏地区的客邮。

不过，比较激烈的冲突出现在增加邮资问题上。据1922年7月5日Rousse给Ross的信笺可知，中国邮政总局打算在撤出客邮的过程中，与英国邮政部门达成协议同时提高邮寄手续价格，结果遭到了英方的强烈反对。为此，Rousse解释道：“在外国代理机构撤出中国之前中国政府对邮资进行加价，是避免在外国代理机构撤出之后公众利用中国邮局新开始运作这一新情况来要求中国邮局减价，使得中国邮政管理部门遭受众多的批评和指责。如果中国邮局在外国代理机构完全撤出中国以后才开始加价，那么势必会招来公众更多的批评。如果现在广州和香港之间邮资资费上涨至每20克4美分的话，在英国邮局撤出前后将会有效地阻止公众的抱怨。”③ 然而，Ross则认为：“我希望您站在我的立场上考虑这件事。香港邮局去年获得很多的利润，是往年来最多的。大家也都知道代理机构以获得相当多的利润来运转。香港当地的报纸最近议论得沸沸扬扬，说鉴于邮局的高利润要减邮资。我当然不会注意报纸的议论声，但我也不能简单地认为10月1

① 粤档：29－1－146，第95页。

② 参见粤档29－1－146，第33—35页。

③ 粤档：29－1－146，第86页。

日香港去往广州的邮件邮资加价的做法是合理的。香港和广州之间的邮资资费一直都是固定的，存在了20多年，英国代理机构在12月31日就会撤出香港，试问我能够用什么理由来说服总督先生在英国代理机构在香港的最后三个月内加价呢?”① 结果，增加邮资之议不了了之。

二 合 作

进入20世纪，世界民族解放运动不断高涨，迫使西方殖民势力逐步消退，原来的世界殖民体系渐趋瓦解。在这一背景下，中国政府收回主权的斗争陆续取得一些成果，而客邮从中国的撤出亦成为必然之事。正如香港邮政总局局长在与中国政府交通部对外合作总干事商讨增加邮资问题时所透露的那样，“现在邮局的生意很不好”②，英国政府维系客邮还有着经济效益上的顾虑。故而乐意顺水推舟，趁此撤出在中国的邮政机构。为此，英国政府任命香港总局局长代表本国邮政局与中国邮政部门进行谈判，并早在伦敦邮政总局给香港邮政总局所下达的文件中就透露出祈求与中国政府合作的倾向：“如果您能够提供在我派出邮政机构服务的员工愿意到中国邮局工作的人员的名单和详细资料，邮政总局局长将会非常感激您。中国邮政总局局长在安排员工调配工作之前，可能也需要您提供的这份资料。”③

与此同时，中国政府也在为顺利接收和发展各地邮政事业而努力。基于广州与香港在地域和经济、社会诸多方面的密切关系，广州邮政总局在中英双方的沟通和磋商过程中起到了重要的桥梁作用。在Rousse第一次向英国政府交涉的时候，就通过Tolliday全盘接受了英国在撤出客邮问题上所提出的方法、步骤及相关要求，认为“Ross先生的计划实施起来没有困难”，并明确表态，“这届政府会非常乐意做

---

① 粤档：29-1-146，第87页。

② 同上。

③ 同上书，第33页。

任何事情来满足香港邮政总局的需要”①。

（一）斗争中的妥协与合作

从1922年4月11日Rousse给Tolliday的信中可以看出，Ross及时地把伦敦所发关于英国客邮撤出前解决某些重点问题的指示内容经由Tolliday转达给了Rousse。② 4月19日Tolliday根据Rousse的回复向Ross明确表达了以下几点：（1）赞同英国香港邮政总局所提出的关于撤出客邮的方案。（2）关于邮政汇票的汇兑问题可以进一步磋商。（3）中国尽可能满足英国要求，建议Ross提出一个官方的工作方案开展香港与广州、上海等口岸之间的邮政汇票的交易。（4）要求英国按时完成撤出客邮的任务，“在12月底所有的安排应该完成”。（5）请求Ross“秘密地解释一下香港是如何运行邮政汇票体制的，这样可以让我更快做安排”③。

4月12日，Ross告诉Tolliday，英国邮政总局局长给他的关于英国客邮撤出具体步骤的信件已于3月24日发出，而他本人在得到指示之前“想要逐渐撤出，在12月31日之前完全撤出这里”④。稍后据Tolliday分别致Rousse和Ross的信件可知，中英双方迅速达成了邮政汇票交易上的谅解，并把合作拓展到外国邮政服务等事项上。Tolliday甚至兴奋地表示：“我们一行人将会在翌日早晨，亦即星期五出发去香港。如果您和罗斯夫人没有什么行程，当天晚上能来香港酒店与我们聚餐，我们将会非常高兴。我们将在下午5点钟到达香港，晚上8点15分开宴，我们希望届时与您共舞一曲。”⑤ Ross也报之以李，主动帮助广州邮政总局筹划了在英国客邮撤出后经营对外邮政业务所必需的人力资源问题，“依照您在1922年3月22日机密信件，我认真地看了员工的资料，在英国邮局撤出中国之后我认为你们还需要4个员工，一个邮务生在邮政汇票办公室帮忙，一个精通语言的分拣员在

① 粤档：29-1-146，第31页。
② 同上书，第30页。
③ 同上书，第31页。
④ 同上书，第26页。
⑤ 同上书，第29页。

接收和派发信件办公室，一个邮务生在邮政包裹办公室，一个精通语言的分拣员在邮票出售办公室（两个邮务生和两个精通语言的分拣员）”；“在深思熟虑之后，我认为中国邮局最好现在开始雇佣一个邮务生和一个精通语言的分拣员，并让他们工作一个月或者更长时间以观察什么样的人合乎要求，因为目前很难判断受雇员工所需要的素质”①。

6月23日，Ross又以回答问卷的形式，向Tolliday透露了英国客邮在内地经营的大量信息。信中写道：“关于您的问卷，我的回答是（你们可以）接收我们在中国的所有邮局包括威海卫的邮局。……（这些邮局与）英国、直布罗陀（西班牙）、马耳他、英吉利海峡都有业务往来，但同后三个地方的业务往来可以忽略不计。邮政汇票：（1）我相信伦敦和日本方面已经就英镑和日元的兑换率达成了共识，签订了协议，那就是遵循固定的兑换率，每日元等于2.5先令（1871年之前，一英镑等于20先令；而1先令又等于12便士，1英镑等于240便士）。美英也签订了同样的协议，每4.82美元等于1英镑。（2）（小费）通常都是0.5便士。投保信件：（1）所有邮局（都有经营）。（2）同我们签订协议的所有国家，收取的小费标准统为每120元25美分。……在您的授权下，我把所有的邮政汇票列成一个清单，直到您能够同那些国家有直接的业务往来，那些国家是现在您想要我们作为中介同其进行邮政汇票交易业务的国家。明天我将向您汇报有关船舶运输方面的事项。我期待马上能够收到您的电报。希望对方向您连续提出问题的时候您不要显得太仓促。”②

在双方意见出现分歧的时候，如前述在增加邮资问题上，北京与香港出现重大分歧的时候，广州往往起着一定的调和作用。当时Ross在给Rousse的信里就提到，“我已经就这个问题正式的同Tolliday先生商量了，我相信他是赞同我的观点的”。③ 结果不出Ross所料，之后Tolliday在分别给Rousse和Ross的信里用同样的语句表示了自己的

① 粤档：29－1－146，第32页。

② 同上书，第77—78页。

③ 同上书，第93页。

态度："将广州和香港之间、广州和澳门之间的邮资由2美分加至4美分这个问题的确值得注意，但是随着外国代理机构撤出的日期越来越近，我的观点是目前不是一个给邮资加价的合适时间，它可能会给人一种不良印象。我们可以在几个月之后，当外国代理机构撤出中国，影响逐渐消失，人们不会以怀疑眼光来看待邮资加价问题时，来考虑这件事。"① 广州的态度，在这里成了左右中英双方关系的重要因素。

1922年7月17日，香港邮政总局通过广州转达了英国政府将其客邮撤出中国的正式文件，公布了该项工作的具体步骤和日程。② 不过，这时候国内形势骤然恶化，特别是广州局势不稳，反而迫使中国政府将接收客邮的步子缓慢下来。据 Tolliday 的信件透露，"（广州）当地情况没有任何的改善，相反，局势进一步恶化紧张。据说未来的四五天内局势将会更加紧张，因为孙中山先生目前仍滞留在驶离沙面的舰队上。孙文先生在14日已经派出了一小队全副武装的舰队开往据说已经被陈炯明部占领的江门，但翌日从江门来的信件中宣称江门已经在陆军的重新控制之下。北伐军仍然每天进攻韶州，但是似乎没有取得任何的进展。如果韶州方面遭遇到'顽强'的抵抗，那么孙中山先生重新拿下广州的期望就会落空，他可能转而会重新炮轰这个城市"③。

基于以上诸多因素，中英双方在对待撤出广州等口岸的英国客邮亟待解决的问题上形成了明确的合作倾向，比较容易地解决了其中关于人力资源、工作制度等多方面的问题。1922年11月15日中国邮政总局合作总干事在通知广东各地客邮负责人的信件里指出：

> 华盛顿会议上决定的外国邮政机构撤出中国的日期正在逼近，将会在今年年底之前全部撤走。可以预见得到，在外国代理机构撤走之后，中国邮局将会增加很多工作量。受该影响严重的

① 粤档：29－1－146，第87页。

② 同上书，第85页。

③ 同上。

> 地区被命令提早雇佣、训练一定数量的精通语言的员工，以便让他们在今年年底之前能够应对新情况。如果这是我们在等待过程中所做出的必要的预防措施，那么现在外国邮局的撤出是铁板上钉钉的事情，我们的当务之急就是要给所有的邮局配备合适的员工。眼下，我们有处理这件事情的充分理由。（客邮中）各个级别的中国员工希望转至中国邮局工作，而且所拿到的工薪、奖金和津贴与原来一样。除了邮递员、分拣员和低级别的员工他们可能会被立刻安排在现有的工作岗位上，其他高级员工将不分级别，先试用6个月，然后据其工作能力安排工作岗位。
>
> 对于您想要的资料，我已将如今在美、英和日邮政代理机构任职且有意转至中国邮局工作的员工的具体信息制成了一张表，附在了这封信上。您现在可通过他们的上司通知他们任命情况。在收到其申请书后，再以官方形式任命他们。[①]

而各客邮机构致国民政府广东各地邮政长官的信件也表示，"您会从第2881/11312号广州备忘录中发现，您有权从以上邮政代理机构任命员工，这些员工将会满足您的需要，我确信这些能够解决您信中所提到的问题"[②]。可见双方配合十分默契。

从11月23日客邮机构回复Tolliday的信件里可以看出，双方又就工作制度做了磋商和磨合。文中提到，"轮船白天出发傍晚抵达，早上6点钟直到傍晚都会接收和邮寄邮件。任何在晚上7点之前抵达的邮件将在当天邮寄。同样从潮州或者更远的地方来的邮件晚上7点钟到达，甚至火车晚点至8点我们都要将邮件邮寄出去"；"邮件邮寄的时间固定在上午9点，中午12点，下午2点，下午4点和晚上7点。但是要严格遵守时间是不可能实现的——正如前面所提的那样——因为邮轮很有可能没有正点到达（请参见我之前的备忘录，标题5，当地邮件的邮寄和急件的应急措施）"；"邮递员7点钟上班，但是没有邮轮抵达的话他们可以回到室内直至9点，因此他们每天的工作时间是11到13个小

① 粤档：29－1－146，第118—119页。

② 同上书，第134页。

时，中间的两个小时是吃午饭的时间”；“我们目前对于缩短工作时长无能为力，如果把最后的邮寄时间定在晚上 6 点钟，就会招致中方和外方的双重抱怨。目前，我不能建议改变邮递员的工作时长。在周日和节假日，同样也会有信件需要邮寄，我建议他们在 11 点钟开始邮寄第一封邮件，这样就可以让他们（除了换班的人）多休息一会儿。（在周日和节假日）现在已经不能再延迟时间了，但是如果我们通知民众我们将在中午 12 点钟开始工作，这样邮递员将有半天的休假时间”；“船夫将从早上 6 点工作至傍晚 6 点，如果在潮州的邮件到达之后，有补充的邮件需要邮寄的话，他们还要轮流工作至晚上 8 点钟。因此他们的工作时长为每天大概 11 到 12 个小时，除去中午吃饭用去的两个小时，我不能建议缩短他们的工作时间。如果他们的工作时长被允许缩减，公众会有所抱怨的。在周日他们当中只能有一个人休息，其余人照常工作。每个人工作了 7 个星期之后都有一天的休息时间，除非增加了员工，否则现如今对周日和节假日的日程安排不变。”①

（二）撤出后的合作

第一，邮政汇票的合作。

关于邮政汇票（即汇款票据）的合作，英国邮局基于巨大利润的存在，对其备感兴趣。早在最初的交涉中，英方就提出在英国客邮撤出后能够在香港与广州、上海等口岸之间开展邮政汇票交易业务的要求。在 1922 年 4 月 12 日给广州邮政总局局长 Tolliday 的信里，香港邮政总局局长 Ross 迫不及待地要求，“您可以私底下问北平当局，上海和英国是否达成了有关邮政汇票交易的协议，能够在 1923 年 1 月 1 日开始实行双方的交易。或许我们修改一下临时的计划能够帮我们渡过难关。我很渴望排除所有的困难来帮助您，我知道您不想让广州和上海方面发现这样一个很好的计划搁浅了，这样您肯定要挨骂的。”②

就中国一方而言，尽管因内地与香港邮政汇票的汇兑制度不同而表示过疑惑，但是为了弥补中国邮局对外邮政业务上的严重缺陷，暂

---

① 粤档：29－1－146，第 127 页。

② 同上书，第 26 页。

时需要香港邮政机关的中介作用，对该项合作予以积极配合。Tolliday率先表示，"至于您让私底下问北平方面是否能让上海和英国互通邮政汇票的业务，以便于在1923年1月1日开始实行双方的交易，我很乐意这样做"①。

5月3日，Rousse代表北京复信并提出建议：一是中国内地发行的邮政汇票在香港地区的兑换。Rousse认为"目前这项业务进行得不是很顺畅"，主要是因为国内一些邮局直接参与了国际邮政汇票的兑换，而且除了国际邮政汇票管理办公室之外各邮局皆无权以外币发行邮政汇票。不过"由于港币现在能够在中国内地使用，因此中国内地汇率评估体系也能在香港应用"，"我现在考虑要让中国其他几家邮政汇票管理局有在香港地区以港币发行特定数额的邮政汇票的权利"。Rousse介绍说，中国内地有一套运行得很好的兑换体系，"我们不会把发行地的一元货币转换成支付地的一元货币"。在此基础上，内地邮局"可据当天货币兑换率将邮政汇票转换成港币，只收取平常的一些小费"②。二是香港地区发行的邮政汇票在内陆地区的交换。Rousse表示"如果香港能在中国所有的邮局发行特定数额的邮政汇票，这将对我们有非常大的便利"。同时他提出两项建议：其一是香港发往广州的汇票应能在广东、广西、福建、云南四省兑换使用；其二是在香港设立邮政汇票交易机构，统一兑换四省区之外中国其他省区的邮政汇票。由于香港地区与其他地区兑换邮政汇票的情况比较复杂，Rousse还建议中国方面随时向香港提供邮政汇票兑换的汇率等；而香港方面及时收集市民对内地利率的看法通报给内地政府。"当然香港方面可以要求获得合理的佣金。"③ 其三是国际邮政汇票问题。Rousse通报说，中国政府已与一些国家和地区在兑换邮政汇票问题上达成共识，并表示"如果香港政府能够作为媒介让中国邮政汇票在我们还没有达成共识的国家发行的话，这将对我们是一个巨大的帮助"④。由于

---

① 粤档：29－1－146，第29页。另，基于港币在广州可以流通，互通邮政汇票业务在香港与广州之间早就不成问题，故而Ross未再提及。

② 粤档：29－1－146，第52页。

③ 同上书，第53页。

④ 同上。

当时中英当局也正商讨兑换邮政汇票事宜，而进展不大，也希望香港方面给予协调。

基于两地情况差异，Ross痛快地接受了北平的意见，也适时表达了自己的看法，态度积极、友善。在6月28日信中，他回复道："我已经认真地考虑过了您5月23日信件中所提及到的问题，现在逐段逐段地将我们的信息列示出来。"关于中方在香港发行邮政汇票的动议，Ross表示欢迎，"您的建议非常便于工作，我准备接受"。关于港方在中国内地发行邮政汇票问题，Ross也积极配合。"我现在准备搜集邮政汇票溢价的比率，将在年度报表中列示出来。"同时，还确定了香港收取中介费用的比例，"在我看来，0.5%或1%的佣金是合适的"。关于国际邮政汇票问题。Ross介绍说，香港已经成为澳大利亚与日本、新加坡与美国之间的中介，"我们将非常高兴成为中国与其所期望发展关系的国家之间的中间人"。为了尽快达成协议，Ross主动通报了香港收取中介费用的惯例和方法，表示"我会附上与我们达成协议的国家的名单，并期待了解您想要香港成为中国与哪些国家之间的中介"。①

8月11日，在由Rousse的秘书H. Picard Destelan签署的复信里，双方已把该项合作深入到内地在香港应该发行邮政汇票的数量、香港收取佣金的比例和方式以及实施兑换的各种细节等问题。在内地与香港之间兑换邮政汇票问题上，Rousse考虑到了邮政汇票在租界兑换的折算方式、汇率波动的应对手段、香港对溢价部分的支付币种等问题。关于国际邮政汇票问题，Rousse甚至试探能否将业务扩大到美国、加拿大、澳大利亚、英属印度、南非联合王国、英属殖民地海峡、马来西亚半岛等国家和地区。同时，中国政府初步拟订了中国内地与香港之间的合作协议。Rousse告诉Ross，"这份草案合适与否或需修改请通知我，我会在正式的签署文件之前等待您的回复"②。

8月21日，Ross同意草案并做了新的补充。例如，建议将经手汇票分两部分管理：第一部分仅仅是记录香港的邮政汇票，第二部分是

① 粤档：29-1-146，第55页。

② 同上书，第102—105页。

包括澳门在内的中国内地的邮政汇票单。再如，汇款人使用的语言，“如果汇款人和收款人是亚洲人的话，就用本国语言”。还有，邮寄过程中，“要求将通知单和邮政汇票附在邮政汇票单上”一起处理；香港邮政总局为邮政汇票开具证明；香港以黄金货币建立一个与中国内地往来的账户等。①

8 月 24 日，Ross 又依次答复了 Picard Destelan 提出的问题。关于邮政汇票清单，“在香港与上海之间每个邮局将会自由寄送，香港将依据银行利率发行邮政汇票，不管墨西哥国货币如何升值；所有升值差额将通过广州邮局以港币折算交给中国政府。因为上海欠香港的余额可能一部分将由香港欠广州的余额抵消，反之亦然”。关于香港收取的中介费用问题，“每 1 美分 0.5% 的佣金将以中国账户所收集的溢价的利率计算”。关于香港以外币发行邮政汇票的数量，确定为：“英国货币：40；卢比：600；殖民地货币：400；黄金：100。”此外，并在中介费用的收取和到期余额的支付等问题上继续商榷。②

在以上基础上，中英之间陆续形成了两个协议文件。一是中国政府与香港之间的协议。内容要点有六：（1）在香港和中国内地如广州、上海等地分别设立汇兑银行等机构；（2）香港可以在中国以银圆为单位发行邮政汇票；（3）香港邮政管理部门为中国当局代收邮运保险费，相应中国方面应以 0.5% 的比例向香港方面支付佣金；（4）为了便利香港与有邮政汇票交易的国家办理汇兑，中国邮局在向这些国家邮寄汇票时应对香港邮局提示过境汇票数量；（5）上述邮政汇票数量不能超过香港在邮寄目的地国家所发行邮政汇票的最大量，支付佣金亦须在以上基础上再加 0.5%，而且汇票退还给汇款人时中介费用一概不予退还；（6）香港邮政管理部门应同中国内地方面商议邮政汇票交易的国家范围，并接受双方商定的汇票限量。③

二是中国政府与英国之间的协议也在香港促进下落实成文。其内容除了上述条款外，最后强调两点：其一，“英国邮局如欲以中国邮

---

① 粤档：29－1－146，第 106 页。

② 同上书，第 107—108 页。

③ 同上书，第 102—103 页。

局作为媒介向同中国有邮政汇票业务的国家寄送邮政汇票，也应遵循上述条款”；其二，“无论何方进行该类合作业务，邮政汇票数量限额须经双方同意，佣金由作为中介的一方提取”。①

第二，在对外国邮政服务方面的合作。

在1922年4月13日给Rousse的信里，Tolliday特别提醒，“就英国邮局来说，他们最关心的是您第811号通告中的第六个问题——外国邮政服务”②。在这方面，双方合作涉及收发与外国往来的小包裹、由香港中介代理内地对外国的邮政业务等事项。

关于合作小包裹业务，5月3日Rousse在给Ross的信里还提到，“香港政府目前没有与其他国家（合作）小包裹业务，但正在考虑这个问题。我注意到您可能非常乐意在香港和中国政府之间协调，做一个暂时的协议，来商讨小包裹业务的收费问题。我将非常感谢您在该问题上提出任何建议和意见”③。6月28日在Ross致Rousse的信件里进一步商谈：

> 因为您同伦敦方面达成了邮政汇票的协议，所以在付费包裹的安排上应该没有困难。我相信您已发现上海是唯一一个盈利的通商口岸。那里付费包裹的交易额去年达到了1000元。
>
> 如果您不能同伦敦就付费包裹的业务达成协议，香港很乐意作中国和英国的媒介。我毫不怀疑您能够同伦敦方面达成协议，但万一不能的话，我将非常乐意同伦敦进行记账和结账工作的商谈。
>
> 比如说，您从伦敦方面接收到了价值215163元的20个付费包裹，您可能在收到一笔款项之后，还要退还给我收款卡，给我一英镑。该汇款单将会由我签名寄往伦敦。向公众收取的付费包裹邮递的小费为20美分，一半的小费将分配给香港方面，因为

① 粤档：29-1-146，第54页。

② 同上书，第28页。

③ 同上书，第52页。

他们同英国方面斡旋。①

在8月11日和10月2日的信里，Rousse则表示，“我已经同伦敦当局商议了付费包裹的业务，我期望能够尽快得到满意的答复。不管怎样，我都非常感谢您让香港方面作为中介人，在我们需要的情况下提供服务”②；“至于在您的代理机构11月30日还没有邮寄出去的信件和包裹，它们会转交给中国邮局，中国邮局将尽一切可能在11月30日之前将其邮寄出去。而已经注册登记的信件和包裹，它们情况良好”③。

香港作为中介进行邮政代理，这既是英国政府争取客邮撤出后它在中国的邮政权益最大化的结果，也是中国政府迫于自身对外国邮政服务业务不够成熟而采取的权宜之计。1922年9月22日，Ross通知北平交通部的Picard Destelan，“我想您可能希望私下了解一个细节，香港政府已经授权给我，在我们的代理机构撤出之后，在中国所有需要寄往外国代理机构的邮件都需要由香港转寄”④。10月2日Picard Destelan回复表示并无异议。

三　结论

英国客邮从中国的撤出，典型地反映了中西方复杂的关系。以往言及“客邮”，多注重从斗争层面来论述，对其合作层面则缺乏认识。而就该卷资料看，合作的成分有时会大于斗争，并对事物发展起着更大的作用。进而宏观考察这类问题，斗争与合作总会同时存在于中西关系的矛盾统一体里，二者相辅相成，缺一不可。即使在以斗争为主旋律的西方势力入侵中国的过程里，一方斗争的目的往往不是消灭对方，而是追求利益的最大化。这一目的的实现最终离不开合作。这在

① 粤档：29-1-146，第90—91页。

② 同上书，第103页。

③ 同上书，第111页。

④ 同上书，第112页。

以和平发展为主流的当今世界尤有借鉴意义。

原载《暨南学报》（哲学社会科学版）2013 年第 5 期，原名为《从英国“客邮”撤出看近代中西关系的复杂层面——以广东省档案馆藏文献为基础》。